河南博物院院刊

Henan Museum Journal

第三辑

河南博物院 编

中原出版传媒集团
中原传媒股份公司

大象出版社

·郑州·

图书在版编目（CIP）数据

河南博物院院刊. 第三辑 / 河南博物院编. — 郑州：大象出版社，2021.3
ISBN 978-7-5711-0914-1

Ⅰ. ①河… Ⅱ. ①河… Ⅲ. ①博物馆-河南-丛刊
Ⅳ. ①G269.276.1-55

中国版本图书馆CIP数据核字（2020）第259751号

河南博物院院刊（第三辑）
HENAN BOWUYUAN YUANKAN（DISANJI）

河南博物院　编

出 版 人	汪林中
责任编辑	郑强胜
责任校对	毛　路
装帧设计	王　敏

出版发行	大象出版社（郑州市郑东新区祥盛街27号　邮政编码450016）
	发行科　0371-63863551　总编室　0371-65597936
网　　址	www.daxiang.cn
印　　刷	河南瑞之光印刷股份有限公司
经　　销	各地新华书店经销
开　　本	890 mm×1040 mm　1/16
印　　张	10
字　　数	222千字
版　　次	2021年3月第1版　2021年3月第1次印刷
定　　价	58.00元

若发现印、装质量问题，影响阅读，请与承印厂联系调换。
印厂地址　武陟县产业集聚区东区（詹店镇）泰安路与昌平路交叉口
邮政编码　454950　　　　电话　0371-63956290

《河南博物院院刊》编委会

主　任：万　捷　马萧林
委　员：（按姓氏笔画排序）
　　　　丁福利　王海锋　左俊涛　史自强　冯　威
　　　　司秀琳　刘振江　刘　康　李政育　李　琴
　　　　张得水　张建民　武　玮　林晓平　单晓明
　　　　荆书剑　信木祥　徐　雷　龚大为　葛聚朋
　　　　翟红志

主　编：马萧林
副主编：张得水　武　玮
编　辑：向　祎　王莉娜

贾湖骨笛

新石器时代早期（距今 9000 年—7500 年）
长 23.6 厘米
1987 年河南舞阳贾湖遗址出土
河南博物院藏

目录 | CONTENTS

玉文化专题

001　河南出土新石器时代玉器及其相关问题　　　　　　　张得水

011　山东大汶口—龙山时期出土的几件玉器小论　　　　　周婀娜

017　论中原地区史前至商代玉材料应用及其文化特征　　　曾卫胜

031　金文所见西周礼仪用圭现象观察　　　　　　　王竑　崔睿华

文物品鉴

040　河南夏商周时期的金玉合器　　　　　　　　　杨广帅　王琢

047　中国古代格斗兵器的分类　　　　　　　　　　　　　石晓霆

053　从张盛墓看隋代服饰特点　　　　　　　　　　　　　张蓉蓉

059　清代原峰冠墓志考　　　　　　　　张保民　周长明　荣昱森

博物馆学

068　我国博物馆大中小学生教育水平提升的对策思考

　　　　　　　　　　　　　　　　刘芳　曲乐　黑灏芜

074　博物馆事业中的公民参与　　　　　　　　　　　　　曲乐

080　特殊时期博物馆如何为儿童策划一个线上展览　　　　王琪琪

089　博物馆青少年教育创新发展路径探析

　　　——以河南博物院为例　　　　　　　　　　　　　梁爽

097　基于抖音短视频的博物馆文化传播力提升研究

　　　——以河南博物院为例　　　　　　　　　　　　　贺传凯

103　博物馆舆情正面宣传的蝴蝶效应
　　　——河南博物院"考古盲盒"事件舆情分析　　　　　　丁 赟

展览评议

108　"大象中原——河南古代文明瑰宝展"反映的汉代
　　　中原地区社会风貌　　　　　　　　　　　　　　王莉娜

115　河南博物院专题展"明清河南"的陈展思路
　　　与文化亮点　　　　　　　　　　　　　谭淑琴　杨 璐

131　"人民呼唤焦裕禄"展策划思路与实践　　马合菊　袁鹏博

文化遗产与保护

139　寿县西圈墓地M25出土金属器的金相和成分分析
　　　　　　　刘思然　韩 玉　蔡波涛　王志雄　陈坤龙

149　浅析书画装裱实践中的款式设计理念及操作中的
　　　注意事项　　　　　　　　　　　　　　　　　李耀华

河南出土新石器时代玉器及其相关问题

玉文化专题

张得水
河南博物院

摘要：早自距今8000年前后的裴李岗文化，晚至距今四五千年的河南龙山文化，河南境内新石器时代文化遗址或墓葬中均有玉器的出土。这些玉器在早期多为装饰品、生产工具等实用器，后期零星出现钺、琮、璧等玉礼器。尤其是在新寨时期出现了中原地区代表性玉礼器玉璋，到二里头文化时期玉礼器得到了全面发展。河南新石器时代玉器的发展，有其自身独特的发展路径，同时又在发展过程中广泛吸收了周边地区文化发展的成果。

关键词：河南；史前；玉器；生产工具；装饰品

河南的新石器时代文化，有着源远流长、内涵丰富、连续发展等特点。从距今8000年左右的裴李岗文化，至仰韶文化、龙山文化，连续发展，环环相扣，并最终进入文明时代。河南新石器时代玉器的发展，也同样与其相始终。在中原大地，先民对玉器的认知和发展成果，既与周边地区有着千丝万缕的联系，同时又表现出文化的独特性。

一、河南新石器时代玉器的出土情况

迄今为止，河南境内发现较早的玉器，出自距今9000年—7000年的裴李岗文化遗址中。目前发现的遗址达160余处，主要分布在河南省境内，其中以豫中地区较为集中。在新郑裴李岗、新郑沙窝李、郏县水泉、舞阳贾湖等遗址均出土有早期的玉器制品。据报道，裴李岗遗址发现有5件玉制品，其中两座墓中分别在墓主头部附近出土2件绿松石珠，一座墓中出土1件穿孔弧背绿松石饰。[1] 新郑沙窝李遗址，在两座墓葬中共出土3件小型片状穿孔绿松石饰件，出土时的位置在墓主人头部的牙齿附近。[2] 郏县水泉遗址，发现有7件玉制品，分别出土于墓葬和灰坑之中。其中有5件扁圆形绿松石珠，1件扁平三角形穿孔绿松石坠，1件呈六面体的水晶石块。[3] 舞阳贾湖遗址，在1983—2001年的七次发掘中，共出土82件玉制品，其中61件为绿松石质，20件为萤石质，1件为滑石质。绿松石质制品均为装饰品类，有三角形饰、方形穿孔饰、弧形穿孔饰、棒形饰、梭形饰、不规则形饰、圆形穿孔串珠等。其中，以圆形穿孔的绿松石串珠占比最大，计33件，平面呈圆形，两面平，中间有一小圆穿孔，大小不一，大者直径2.76厘米，小者直径0.32厘米；11件三角形坠饰，多在三角形顶角处或长边中间穿孔，尺寸大小不一；7件方形坠饰，大小不一，多对钻一孔或两孔；另有4件棒形饰、2件不规则形饰、2件梭形饰、1件弧形穿孔饰、1件石块。萤石质制品均为圆形穿孔串珠，其中在M318人骨头部左侧出土一串17颗，萤石呈淡白色，横剖面呈椭圆形，两面及周边均磨制成圆弧形，中间穿有一孔，磨制光滑。该墓的主人为一老年男性，出土时位于墓主头部左侧。遗址中发现滑石制品1件，形制近似璜形。从贾湖遗址出土的这些小件器物来看，显然是作为佩饰来使用的。如遗址中出土的三角形绿松石坠饰，均经过精心的磨制，略呈石磬状，多在三角形顶角处或长边中间穿孔。另外，还有其他的小件玉器，如粗玉管形器、萤石圆形穿孔串饰等。尤其是2001年春对舞阳贾湖遗址进行的发掘，编号为M477的墓葬随葬品较为丰富，墓主为壮年女性，在其头部的右眼窝内有3颗绿松石饰珠，左眼窝内有2颗，左下颌骨外侧遗有1颗，发掘者推测可能为原来放置在左眼上滑落所致。饰珠呈浅绿或蓝绿色，两面钻孔。[4]

继裴李岗文化之后，在河南境内发展起来的主要为仰韶文化，兼有山东大汶口文化的西渐和长江中游地区屈家岭文化的北进。这一时期，以位于豫西南地区的南阳盆地出土玉器数量和品类最多。南阳以盛产独山玉而著名，独山玉开采、雕琢的历史，至少在仰韶文化时期已经开始。在南阳地区的新石器时代遗址中，曾发掘和采集到不同种类的独山玉制品。如在镇平县安国城、南召县红石坡、南阳市黄山、新野县东赵庄、新野县邓禹台和邓州八里岗、唐河寨茨岗等仰韶、屈家岭文化遗址中，均零星发现有斧、锛、铲、锄、凿、刀等玉制品。[5]其中，出土玉器较为集中的当数位于南阳市卧龙区蒲山镇黄山村的黄山遗址。1959年，原河南省文化局文物工作队为配合焦枝铁路建设，对南阳市黄山新石器时代遗址西南部和北部进行了试掘，出土有铲、斧、凿、璜等5件玉器，其中"玉铲2件，1件属仰韶文化中期，1件属龙山文化时期"。[6]为了进一步了解黄山遗址独山玉器的分布、种类、材料来源等情况，南阳师范学院独山玉文化研究中心曾联合考古、地质等方面的人员组团对遗址进行调查，采集了大量的玉制品和玉料。其中打剥玉器159件，器型有斧、铲、凿、镰、镞、锤以及盘状器、敲砸器、刮削器、玉片等；磨制玉器192件，器型有斧、铲、锛、镰、刀、镞等，其中以玉铲的数量最多。遗址出土的玉制器以及大量的玉料，均来自附近的独山。因此，推测"黄山遗址很可能是一处唐白河流域，甚至更大范围的独山玉加工场"。[7]2018年对黄山遗址进行第二次发掘，发现有独山玉料、石铲、残玉璜、大玉耜、玉斧残块、成组钻头、成组石刻刀、成组采磨工具等。同时发现了制作玉石器的作坊遗址，目前发掘资料还在整理当中。据《南阳黄山遗址发掘与保护专家论证会会议纪要》称，该遗址的发掘"填补了中原地区新石器时代玉器作坊的空白,基本上完备了玉石器制作工艺流程"。"南阳黄山遗址面积大、文化堆积深厚,是新石器时代南阳盆地大型遗址,对研究我国南北文化交流和文明起源等意义重大。"[8] 在邓州八里岗遗址,出土有仰韶文化、屈家岭文化时期的玉斧、铲、凿、锛、坠饰、管饰等。其中M112出土的一件扁平玉斧,为解决南阳独山玉制玉源头问题提供了难得的证据。玉斧所在的地层以及同期陶器属仰韶文化早期,说明"独山玉的加工、生产应在仰韶文化初期,或早于仰韶文化"。[9] 唐河寨茨岗遗址,出土有屈家岭文化玉璜3件。[10] 1976年,在新野县寺门村凤凰山新石器时代遗址曾采集到仰韶文化中期的2件玉器,其中铲、璜各一件。[11]

1971年至1974年,河南省博物馆、长江流域规划办公室文物考古队河南分队、河南省文物考古研究所等对淅川下王岗新石器时代遗址进行了发掘,出土有仰韶文化早、中、晚期玉器24件,其中在仰韶文化早期遗址中出土3件绿松石饰件和8件水晶石,除1件穿孔绿松石饰件出自文化层外,其余出自5座墓葬中。在仰韶文化中期墓葬中出土9件,出自8座墓葬中,其中玉铲3件,短体弧刃,中央带孔,其余6件为绿松石饰件,呈梯形或椭圆形。在仰韶文化晚期墓葬中出土4件,1件为长方形绿松石坠饰,1件为玉环,2件为半月形穿孔玉坠饰。[12]

2000—2001年发掘的西峡老坟岗遗址,属于仰韶文化庙底沟类型早期遗存。在一期的墓葬中出土3件玉石饰,其中1件为白色,圆角长方形,上部钻一小圆孔,墓葬出土;1件为青色,略呈三角形,文化层出土;1件为圆角方形,一面石质,一面绿松石,上部钻一圆孔,墓葬出土。值得注意的是在一期遗存中,6座墓葬中出土石钺12件,均为蛇纹石,其中M8出土4件,M3出土4件,M2、M5、M6、M7各1件,器形为长方形、长梯形、短梯形等,均为双面弧刃,有3件在上部钻一圆孔,单面或双面钻。尤其是长方形和长梯形弧刃钺,与灵宝西坡遗址所出玉钺器形、质地相同,亦应作为玉器对待。[13]

南阳地区出土的仰韶时期玉器,或出自单纯的仰韶文化遗址,或兼有仰韶、屈家岭文化等因素。玉器的种类,主要是斧、铲、凿、镰等生产工具以及璜、坠、管饰等装饰品。

南阳地区之外,在豫西、豫中地区均有仰韶文化玉器出土。豫西地区分别在陕县庙底沟、灵宝西坡遗址发现仰韶文化庙底沟类型的玉器。陕县庙底沟遗址,曾发现仰韶时期玉器7件,分别出自灰坑和文化层中。其中圆形穿孔水晶珠1件,椭圆穿孔流纹岩饰1件,穿孔绿松石坠饰5件。绿松石坠饰呈椭圆形、长条形或不规则形。[14] 灵宝西坡遗址,2000—2006年前后经过六次发掘,据《灵宝西坡墓地》报告,共出土玉石钺16件,环1件。其中,出土比较集中的是2005年春季河南省文物考古研究所和中国社会科学院考古研究所的联合发掘,在22座西坡遗址墓葬中出土了10件玉器,其中钺9件,环1件。出土时的位置多在墓主人的头部附近、小臂及盆骨处,以右侧发现玉器居多。这是黄河中游地区时代最早的成批出土玉器,也是在仰韶文化中期核心地区的首次发现,因此,格外引人注目。[15] 这10件玉器,其中1件为汉白玉,其余9件为蛇纹石。从其在墓葬中摆放的位置、朝向以及随葬的数量来看，并没有明显的规律性。9件玉钺中8件有穿孔。玉钺均为长舌形，大多中部厚两侧薄，个别器体比较厚重；上端较平，下部为弧形双面刃，多数较钝，未开锋；均无使用痕迹。值得注意的是玉钺上表现的线切割痕，在中原地区可谓是一个重要的发现。线切割技术最早发现于东北的兴隆洼玉器中，但中原地区发展的线索尚不明晰。在2006年春季进行的第六次发掘中，在12座庙底沟时期的墓葬中发现5件玉石钺。其中1件为片岩，4件为蛇纹岩。4件为平顶，近长方形或长梯形，穿孔，双面弧刃钺；1件为不穿孔，顶部不规则，近长梯形钺。[16]

在位于河南中部的大河村类型仰韶文化遗址中，也有部分的玉器出土。郑州大河村遗址，出土有绿松石质饰2件，1件为扁平体角形，一端有钻孔；另1件为三棱体，通体磨光。[17] 林山寨遗址灰坑中曾发现英石质玉璜、玉环各1件，长条形穿孔绿松石坠饰1件。[18] 汝州市北刘庄遗址，在文化层和灰坑中出土有2件黑玉质玉璜、2件白玉质玉珠、1件方形钻孔玉饰。[19] 1994—1995年发掘的伊川伊阙城遗址，出土乳白色玉饰2件，玉璜1件，玉佩饰1件，分别出自5座并列墓葬中的3座。5座墓葬内均设有熟土或生土二层台，有棺有椁，部分似有漆痕，被认为是高级别的墓葬。尤其是M9，除出土1件玉佩饰外，另有4件玉石器随葬，计青色石灰岩石铲1件，青色石灰岩石斧3件。石铲近方形，弧刃，有一圆孔钻孔；石斧近长方形，刃较直，带有圆形钻孔。[20] 1996年发掘的孟津妯娌遗址，发现有4件玉石器，其中残玉环2件，残玉璧1件，大石璧1件。大石璧出自房址，其余出自灰坑。尤其是大石璧，直径18.5厘米，孔径6厘米，周边厚1.6～1.8厘米，中间厚2.4厘米，是河南新石器时代考古中所发现的第一件大石璧。[21] 洛阳王湾遗址，曾在一座墓葬中出土3件扁平穿孔状绿松石器，位于人头骨的左右两侧。[22]

到了龙山文化时期，河南境内出土玉器的地点和品类有所增加。在庙底沟遗址属于庙底沟二期即龙山文化的遗存中，发现有玉璜4件，玉环2件。[23] 同属于庙底沟二期文化的西沃遗址，灰坑中发现白色穿孔玉珠1件，石质圭形器1件。[24] 位于河南中部的郑州大河村遗址，除出土有仰韶文化大河村类型的玉器，还出土有龙山时期的玉刀、玉饰各2件，璜9件，环11件。[25] 这些玉器均出土于文化层或灰坑中。2件玉刀（1件残）为蛇纹石质，扁平体穿孔，双面弧刃。在河南洛阳矬李遗址中，出土有环、饰、坠、铲各1件。[26] 河南孟津小潘沟遗址中，出土有玦、饰、璜、铲各1件。[27] 在禹州瓦店，曾在一座瓮棺内出土2件玉器，1件为墨绿色长方形双面弧刃的玉铲，1件为墨绿色的玉鸟。玉鸟呈柱形，鸟头、嘴刻画突出，拢翼，双翅用刻纹表示。这件玉鸟与石家河文化肖家屋脊遗址、陕西神木石峁所出的玉鹰形笄形器相似。[28] 此外，在瓦店遗址的灰坑中还出土有残玉璧1件。在汝州煤山遗址一座带有生土二层台的墓葬中发现玉斧1件，且墓内有棺木灰痕，骨架上有少量朱砂，有獐牙等随葬品14件，彰显墓主人具有较高的身份。[29] 河南偃师汤泉沟出土玉璜1件[30]；禹县谷水河遗址，在早期的发掘中出土有3件环形玉饰残件[31]；新密古城寨遗址，除发现城墙、大型夯土宫殿基址等，还在基址内发现了玉凿、铲、环各1件。尤其是玉环为带领环，外轮为十一边形，内轮为圆形且高于外轮。在登封王城岗遗址的发掘中，除发现有小型的绿松石管形饰和玉环残件，还出土1件玉琮[32]，虽说体量较小，但作为琮形器，在河南还是首次发现，无疑具有非常重要的价值和意义。洛阳吉利区东杨村遗址，在龙山文化窖穴中发现1件玉凿和1件玉钏残件。[33]在济源苗店遗址属于龙山文化的遗存中，发现有玉铲、锛各1件。[34]另据最新报道，在河南淮阳平粮台古城遗址南城门附近第二期道路垫土中，发现1片玉冠饰残片，残长4厘米，宽2.4厘米，厚0.4厘米。呈片状，透雕，表面平整。从形状和加工特征看，与后石家河文化、海岱龙山文化的同类器物近似。[35]巩义花地嘴遗址新砦期遗存，出土玉器的种类有钺、铲、璋、琮等。尤其是出土了2件牙璋，其中1件通长30厘米，宽度不一，厚约1.01厘米，首端凹弧，有双面刃，下端有一单面钻孔，下端两侧有基本对称的扉牙。[36]

在豫北地区后岗类型龙山文化遗址中，如安阳后岗、汤阴白营均发现有玉器。河南安阳后岗，出土有龙山时期的环1件，璧3件；[37]汤阴白营遗址出土玉管1件，玉饰2件及玉片3件。[38]

在豫南地区，位于南阳淅川的下王岗遗址，在龙山文化灰坑和文化层中发现有5件玉器，其中有大理石饰件1件，蛇纹石饰件1件，蛇纹石璜1件，绿松石及玉质管各1件。[39]

二、河南史前玉器的起源与发展

纵观河南史前玉器，其起源与发展经历了一个渐进的过程。最早的是裴李岗文化玉石制品，大多为绿松石，个别为萤石、滑石、水晶等。见诸报道的，计有97件玉石器制品，其中贾湖遗址就集中出土了82件之多。这97件玉石器中，绿松石饰品为75件，占总数的77.32%；萤石质玉器20件，占总数的20.62%；滑石和水晶各1件，各占总数的1.03%。绝大多数为绿松石质，这也成为河南史前玉器的一个重要特征。基于裴李岗文化有限的分布范围，目前出土的绿松石制品多见于河南中南部淮河上游地区的贾湖类型，其他地区均为零星发现。如新郑唐户裴李岗文化遗存达30万平方米，是我国目前发现的面积最大的裴李岗文化时期的聚落遗址，有大面积的居住址，但不见有出土绿松石或其他玉制品的报道，说明在这一时期中原地区玉器的发展还相当有限。

仰韶文化时期，玉制品的分布范围明显扩大，在豫南、豫西、豫中地区均有玉器出土。比较集中的南阳地区，甚至在南阳黄山遗址发现了大型的玉石加工场。从玉质上看，南阳地区出土的玉器，多是围绕独山就地取材的独山玉，说明早在5000多年前，已经开启了南阳采玉、琢玉的历史。绿松石类在豫南、豫中和豫西地区仍占有一定的比例，而其他地区少见或不见。如淅川下王岗遗址，出土24件玉器中有10件为绿松石饰件；郑州大河村遗址仰韶文化层出土的2件，均为绿松石；郑州林山砦遗址出土3件玉器中，就有1件绿松石坠饰；陕县庙底沟遗址，出土的7件仰韶文化玉器中，有5件为绿松石饰。这种现象，应该是裴李岗文化绿松石传统的传承和发展。其他地区，如灵宝西坡遗址、西峡老坟岗遗址，则以蛇纹石为主要琢玉材料。灵宝西坡遗址，2000—2006年六次发掘出土的16件玉钺，均为蛇纹石；西峡老坟岗出土的12件玉钺同为蛇纹石类。另外，还有少量的水晶、汉白玉、流纹岩等。先民们就地取材，制作各类生产工具、礼器、装饰品等。

龙山文化时期，出土玉器的地点分布在全省各地，然集中出土的地点并不多，表现为多点分布，零星出土。比较多的是大河村遗址龙山文化遗存，有24件出土，其他的多为三五件。玉质有大理石、蛇纹石、绿松石等，一些玉器制品材质明显比以前要讲究，有青玉、墨绿玉、白玉等。禹州瓦店遗址出土的玉鸟、玉铲呈墨绿色，淮阳平粮台遗址出土的玉冠饰呈淡黄色，雕琢细腻，从材质上看明显是经过精心挑选出来。从早期制玉的就地取材，到龙山文化时期精心挑选、工艺精细，不仅表现出琢玉技术的进步，同时也说明先民们对玉的观念有了明显的变化。

从琢玉技术上来看，南阳黄山遗址作为仰韶时期的玉石加工场，出土有成组的钻头、石刻刀、采磨工具等，当时人们已经熟练掌握钻孔、刻画技术。南阳师范学院调查团队曾将在黄山遗址采集的玉器分为打剥玉器和磨制玉器两种，说明玉器的制作还没有摆脱原始的石器加工方式，即打击、剥削和磨制。同时发现，"有一部分玉铲可能没有经过打击和剥削，而是通过一种特殊的开片技术，疑为'线切割法'技术，将其分解成所需要的扁平体"。[40]这种线切割技术在灵宝西坡遗址出土玉器中得到了实证。在西坡墓地M6出土的1件玉钺上，有明显的线切割痕。仔细观察，M11出土的两件玉钺也有线切割痕迹。线切割技术的运用，对玉器的开料和加工发挥着重要的作用。龙山时期，以禹州瓦店生动形象的玉鸟、淮阳平粮台精致的玉冠饰为代表，表现出玉工熟练的刻画、镂雕、磨制、抛光等技术。

三、河南史前玉器的分类与用途

河南出土的史前玉器，从用途上区分，主要有生产工具、装饰品和少部分礼器等，其中以生产工具和装饰品占大多数。生产工具中包括铲、凿、斧、锄、刀等；装饰类如坠、管、璜、环、珠等；礼器有钺、琮、璧、圭、璋等。从南阳地区多处仰韶、屈家岭文化遗址的出土情况来看，玉制品中以生产工具为大宗。比较明显的一个现象，就是玉石不分，玉和石没有明显的界线，所以在发掘报告中，直接表述为玉器的数量很少，或者以"玉石器"模糊表述，也有些研究文章将其列入玉器。如河南西峡老坟岗仰韶文化遗址，发掘报告记录发现仰韶文化一期石器有"斧、锛、钺、刀、镞、纺轮、弹丸、插物器和玉石饰等。仰韶二期石器有斧、锛、凿、铲、刀、镞、拍子、纺轮、弹丸、环等"。[41]而在有些研究文章中表述为"出土有仰韶文化时期的玉斧、铲、饰件等19件，大多出自墓葬"。[42]又如2007—2009年配合南水北调工程发掘的河南淅川沟湾遗址，发掘报告记录，"出土数量、种类较多，多为磨制，个别打制。器型主要有斧、铲、锛、凿、镰、耜、刀、镞、网坠、纺轮、环等"。也有研究文章将斧、铲、锛、凿、镰、耜、刀、镞等列入玉器。[43]之所以有这样的差异，最根本的原因是古人对玉和石并没有严格的区分，制作器物的形制、方法没有明显的区别，同样是作为实用生产工具而存在，只是选材不同而已。另据《南阳古玉撷英》一书介绍,"由发掘、调查或群众捐献,目前,我们共得到南阳独山玉、石器标本76件(不含残件、残块)。这些标本是经有经验的地质工作者鉴定后筛选出来的,其颜色有绿白、墨绿、墨、黑白相杂、黄褐等多种,前四色占绝大多数"。在这些标本中,考古发掘出土地,重点是邓州八里岗遗址。"经对1992、1994、1998、2000四个年度发掘出土的578件石器石片鉴定,发现独山玉石器、玉石片56件,完整或相对完整的器物共计25件。"[44]这说明所谓的玉器,是通过我们当代的眼光、现代的手段鉴定出来的,古人也许会从审美的角度将其区别于一般的石器,但从本质上它仍然和其他石器一样,是生活工具的一种。

装饰类的玉器数量仅次于生产工具,但出现的时间较早。在距今8000年前的裴李岗文化遗址中已出现绿松石饰,而且裴李岗文化玉器,如绿松石以及萤石、滑石、水晶等均为装饰类,有6件穿孔绿松石器出土于墓主人眼窝,或为眼饰,是古人以玉为睛习俗的遗留;其余的多发现在人体头部、耳部、胸部、肢骨周围,应为人体佩戴物。其后在仰韶文化、龙山文化遗址中,诸如玉坠、玉管、玉璜、玉环、玉珠等均有出土,说明古人因审美的需要,将琢磨后的玉器作为装饰品随身佩戴,而且作为传统延续不断。

礼器类玉器有钺、琮、璧和璋。玉钺以灵宝西坡遗址出土的最具代表性。玉钺均为长舌形,大多中部厚两侧薄,个别器体比较厚重,上端较平,下部为弧形双面刃,多数较钝,未开锋;均无使用痕迹。9件钺中8件有穿孔。[45]西峡老坟岗出土的12件玉钺,发掘报告表述为石钺,器形也与西坡遗址近似,二者有高度的关联性。位于豫西灵宝盆地的西坡遗址和位于南阳盆地边缘的西峡老坟岗遗址,同为庙底沟类型文化,在当时有着密切的交流,而这个交流的通道很可能与自古以来就存在的南阳盆地至关中平原的武关道有关。另外,《南阳古玉撷英》中所列的12件扁平玉斧,均双面弧刃,其中9件无使用痕迹,编者将其列入礼器类,其实从名称上称为斧、铲、"近钺"的都有,这里暂统称为钺。玉璧,安阳后岗龙山文化遗址出土3件,均残,其中1件为灰白色。玉琮,见于登封王城岗龙山文化遗址,素面无纹饰,体量较小。巩义花地嘴出土的玉牙璋,无论是从其形制,还是体量上看,均可称得上是玉礼器中的重器。尤其是花地嘴所属的新砦期与夏代早期文化相关联,为探讨中原早期玉礼器的起源与发展,提供了极为重要的实物资料。

但从总体上来看,与史前几个玉文化中心相比,河南史前玉器的整体发展水平,从质地类别、种类、琢玉技术、造型等各个方面,都显得较为落后,无论是仰韶文化的钺,还是龙山时期的琮、璧等,均是表面光素,造型单一。河南作为中国早期文明的中心,但史前玉器并不发达。究其原因,最主要的还是各个史前文化所在不同的地理环境所导致的文化谱系的差异,而文化谱系的差异又导致了各自宗教信仰的不同,不同的宗教信仰决定了属于不同文化群体的人们相异的价值取向和风俗习惯。

四、中国史前玉文化发展框架下的中原玉器

关于中国史前玉文化的发展框架,杨伯达先生早年提出北南两系交融的观点,即史前我国东

北方和东南方存在着两个玉文化中心区域。由这两个玉文化的中心，向四方辐射。北南两系玉文化传播的过程，首先表现为北南两系玉文化的融合，然后则表现为这种融合后的玉文化由东而西向中原扩展。北南两系的融合，成就了大汶口文化与山东龙山文化玉器的繁荣。而大汶口文化与山东龙山文化在夷夏两大集团的交流与融合中，深深地影响到中原玉文化的发展。[46] 邓淑苹先生在发展框架的论述中，提出史前存在华东、华西两个玉器系统，且曾三度发展上层远距离交流网，即公元前3500年—公元前2600年华东地区的北南间交流、公元前2600年—公元前2100年华西和华东的交流、公元前2100年—公元前1800年海岱和江汉地区的交流。[47] 无论是北南两系的框架，还是华东、华西系统，中原地区地处"天地之中"，在史前玉文化的交流中，始终是绕不开的。所以，虽然河南发现的史前玉器并不多，但越是到晚期，文化交流的痕迹越明显。如大汶口文化与山东龙山文化在夷夏两大集团的交流与融合中，深深地影响到中原玉器的发展。如巩义花地嘴出土的玉牙璋，因中原地区并无使用大型礼器的传统，栾丰实先生认为牙璋最早起源于东方海岱地区的新石器时代晚期，并输入到黄河中游地区。[48] 尤其是在二里头文化二期开始出现与海岱地区龙山文化风格相似的玉戚、玉圭、玉璋等，并且这种影响甚至波及河南地区商代的玉器风格。海岱地区史前文化从大汶口文化开始对河南地区实施渗透的过程，实际上是人口迁移和宗教信仰观念影响的过程，而玉器作为古代人们宗教信仰观念的重要载体，自然会随着考古学文化的传播而传播。因此，海岱地区玉文化在河南地区的影响实际上是前者文化迁移的一部分，所以，其传播途径和海岱文化向河南地区的传播途径是基本一致的。

江汉地区玉器对河南玉文化的影响也是显而易见的，这种影响也是以考古学文化的传播为前提的。河南地区早在仰韶文化时期就通过汉水和南方的大溪文化彼此有了一定程度的交流，此后，两个区域的考古学文化的交流基本上没有中断。由于地缘的关系，河南地区的玉器文化又直接受到大溪文化的后裔——石家河玉器文化的影响。比较有代表性的，如禹州瓦店遗址的玉鸟、淮阳平粮台遗址出土的玉冠形饰，明显具有石家河文化的特征。又如孟津小潘沟出土的玉玦，这种器型多见于长江中下游地区的各类史前文化中，在中原地区鲜见，很可能是受长江中下游史前文化影响的结果。同样是从二里头文化开始，具有南方玉文化特征的玉器大量涌现，比如玉柄形器、琮、璧、钺、多孔玉刀等，特别是神秘的玉柄形器，在湖北省天门市肖家屋脊遗址就出土7件，其形制与器身上的花瓣形、竹节形纹饰等都与二里头遗址及殷墟出土的同类器很类似。[49]

至于北方的红山文化，虽然过早地衰落，但还是通过北方的夏家店文化对中原地区的商文化施加了影响[50]，如红山文化玉器中的龙以及动物造型的玉饰、钩形器柄等，与殷墟妇好墓出土的同类器物比较近似，红山文化中被称为"兽形玉"的玉器，就与妇好墓出土的虺形玦相似。

在史前文化互动传播过程中，与中原地区地缘相近的周边诸文化，如大汶口文化、山东龙山文化、石家河文化，在河南史前玉器的发展中起到了二传手的作用。而且，中原地区在接受周边玉文化传播的过程中，并不是被动地吸收，而是更多地融入了自身的文化因素。如登封王城岗出土的玉琮，光素无纹饰，河南龙山时期的玉璧同样如此。

中原地区的史前玉器，以裴李岗文化时期的绿松石饰而独树一帜，到仰韶文化时期不断从生产工具、装饰品中丰富玉器的种类和形式，并且出现了玉钺、璧、璜等礼器；龙山文化时期又有玉璋、琮、圭等的发现，既有自身文化的传承，又吸收了来自周边地区的玉文化因素，走出了一条具有地方特色的玉器发展之路。

---

[1] 中国社会科学院考古研究所河南一队. 1979年裴李岗遗址发掘报告[J]. 考古学报, 1984（1）.

[2] 中国社会科学院考古研究所河南一队. 河南新郑沙窝李新石器时代遗址[J]. 考古, 1983（12）.

[3] 中国社会科学院考古研究所河南一队. 河南郏县水泉新石器时代遗址发掘简报[J]. 考古, 1992（10）；中国社会科学院考古研究所河南一队. 河南郏县水泉裴李岗文化遗址[J]. 考古学报, 1995（1）.

[4] 河南省文物考古研究所. 舞阳贾湖[M]. 北京：科学出版社, 1999；中国科学技术大学科技史与科技考古系, 河南省文物考古研究所, 舞阳县博物馆. 河南舞阳贾湖遗址2001年春发掘简报[J]. 华夏考古, 2002（2）；李宏. 中原文化大典：玉器卷[M]. 郑州：中州古籍出版社, 2008.

[5][6][44] 南阳市文物考古研究所. 南阳古玉撷英[M]. 北京：文物出版社, 2005.

[7] 南阳师范学院召开中国南阳独山玉文化研讨会[J]. 中原文物, 2004（2）.

[8] 张冬云. 黄山遗址"千年一遇"[N]. 河南日报, 2019-07-19（11）.

[9] 李宏. 中原文化大典：玉器卷[M]. 郑州：中州古籍出版社, 2008.

[10] 河南省文化局文物工作队. 河南唐河寨茨岗新石器时代遗址[J]. 考古, 1963（12）.

[11] 王建中. 南阳古代独玉初探[J]. 中原文物, 2002（2）.

[12][39] 河南省文物研究所, 长江流域规划办公室考古队河南分队. 淅川下王岗[M]. 北京：文物出版社, 1989.

[13][41] 河南省文物考古研究所, 南阳市文物考古研究所. 河南西峡老坟岗仰韶文化遗址发掘报告[J]. 考古学报, 2012（2）.

[14][23] 中国科学院考古研究所. 庙底沟与三里桥[M]. 北京：科学出版社, 1959.

[15][45] 马萧林, 李新伟, 杨海青. 灵宝西坡仰韶文化墓地出土玉器初步研究[J]. 中原文物, 2006（2）.

[16] 中国社会科学院考古研究所, 河南省文物考古研究所. 灵宝西坡墓地[M]. 北京：文物出版社, 2010.

[17][25] 李昌韬. 郑州大河村遗址发掘报告[J]. 考古学报, 1979（1）.

[18] 河南省文化局文物工作队第一队. 郑州西郊仰韶文化遗址发掘简报[J]. 考古通讯, 1958（2）.

[19] 河南省文物研究所. 河南临汝北刘庄遗址发掘报告[J]. 华夏考古, 1990（2）.

[20] 洛阳市第二文物工作队. 河南伊川县伊阙城遗址仰韶文化遗存发掘简报[J]. 考古, 1997（12）.

[21] 河南省文物管理局, 水利部小浪底水利枢纽建设管理局移民局. 黄河小浪底水库文物考古报告集[M]. 郑州：黄河水利出版社, 1998；河南省文物管理局. 黄河小浪底水库考古报告：二[M]. 郑州：中州古籍出版社, 2006.

[22] 北京大学考古实习队. 洛阳王湾遗址发掘简报[J]. 考古, 1961（4）.

[24] 河南省文物管理局. 黄河小浪底水库考古报告：一[M]. 郑州：中州古籍出版社, 1999.

[26] 洛阳博物馆. 洛阳矬李遗址试掘简报[J]. 考古, 1978（1）.

[27] 宋云涛. 孟津小潘沟遗址试掘简报[J]. 考古, 1978（4）.

[28] 河南省文物考古研究所. 禹州瓦店[M]. 北京：世界图书出版社, 2004.

[29] 河南省文物考古研究所, 首都师范大学历史学院, 郑州大学历史学院. 河南汝州市煤山龙山文化墓葬发掘简报[J]. 考古, 2011（6）.

[30] 河南省文化局文物工作队. 河南偃师汤泉沟新石器时代遗址的试掘[J]. 考古, 1962（11）.

[31] 刘式今. 河南省禹县谷水河遗址发掘简报[J]. 河南文博通讯, 1977（2）.

[32] 北京大学考古文博学院, 河南省文物考古研究所. 登封王城岗考古发现与研究[M]. 郑州：大象出版社, 2007.

[33] 洛阳市文物工作队. 河南洛阳吉利东杨村遗址 [J]. 考古, 1983（2）.

[34] 中国历史博物馆考古部, 河南省新乡地区文管会, 河南省济源县文物保管所. 河南济源苗店遗址发掘简报 [J]. 考古与文物, 1990（6）.

[35] 淮阳平粮台古城遗址入选2019年度全国十大考古新发现 [OL]. 河南人民政府门户网站, 河南日报客户端, 2020-05-05.

[36] 郑州市考古研究所, 北京大学考古文博学院. 河南巩义花地嘴遗址"新砦期"遗存 [J]. 考古, 2005（6）.

[37] 中国社会科学院考古研究所安阳工作队. 1979年安阳后岗遗址发掘报告 [J]. 考古学报, 1985（1）.

[38] 方酉生. 河南汤阴白营龙山文化遗址 [J]. 考古, 1980（3）.

[40] 南阳师范学院独山玉文化研究中心. 南阳黄山遗址独山玉制品调查简报 [J]. 中原文物, 2008（5）.

[42] 郑龙龙. 汉水中游地区出土新石器时代玉器研究 [D]. 郑州：郑州大学, 2013.

[43] 郑州大学历史学院考古系, 河南省文物管理局南水北调文物保护办公室. 河南淅川沟湾遗址仰韶文化遗存发掘简报 [J]. 考古, 2010（6）; 郑龙龙. 汉水中游地区出土新石器时代玉器研究 [D]. 郑州：郑州大学, 2013.

[46] 杨伯达. 中国远古北南两系玉文化的交融 [J]. 美术观察, 1996（4）.

[47] 邓淑苹. 玉礼器与玉礼制初探 [J]. 南方文物, 2017（1）.

[48] 栾丰实. 再论海岱地区的史前牙璋 [J]. 中原文物, 2020（4）.

[49] 湖北省荆州博物馆, 湖北省文物考古研究所, 北京大学考古系. 天门石家河考古发掘报告之一：肖家屋脊 [M]. 北京：文物出版社, 1999.

[50] 楚小龙. 二里头文化初步研究：以陶器遗存为中心 [D]. 武汉：武汉大学, 2004.

山东大汶口—龙山时期出土的几件玉器小论

周婀娜
山东博物馆

摘要：山东地区有着丰富的史前文化遗存，迄今为止，经过正式发掘且发现有玉器的遗址有30余处。虽然这些玉器不及良渚文化与红山文化出土玉器精美，而且从数量上也不占优势，但是这些玉器却有着自身独特的艺术风格与形式，并且从各个方面反映着当时先民们的生活。大汶口玉器以装饰类和礼器类为主，数量上装饰类玉器多于礼器。龙山时期礼仪性的玉器增加，但玉器整体出土数量较少。虽然山东大汶口—龙山时期出土玉器数量不多，但是各地仍出土了一些极具特色的玉器，从这些玉器身上即可看出史前文化交流的影子，也体现出山东地区史前自身强烈的东夷文化元素。本文试从山东境内出土的几件玉器的纹饰、造型来探讨玉器的内涵及在当时的用途。

关键词：玉琮；原始宗教信仰；牙璧；璇玑；鸟图腾；双联璧；四联璧

山东地区有着丰富的史前文化遗存，迄今为止，经过正式发掘且发现有玉器的遗址大概有30处，其中包括泰安大汶口、安丘景芝、曲阜西夏侯、邹县野店、兖州王因、胶县三里河、莒县陵阳河等遗址。在这些遗址中，多多少少都出土有一些玉器，虽然这些玉器不及良渚文化和红山文化的精美，而且从数量上也不占优势，但是这些玉器却有着自身独特的艺术风格与形式，并且从各个方面反映着当时先民们的生活。

在大汶口文化早期，玉器已与石器明显区分开来，但是玉器也只是作为"美石"来装点人们的生活，还没被赋予任何神圣的职能，既不是人们顶礼膜拜的神物，更不是礼仪森严等级制度的象征，玉器只是直观地表达了当时人们朴素的审美观念。就考古发掘来看，大汶口文化早期阶段，山东地区虽然从墓葬中的随葬品可以看出贫富分化，但是作为随葬品的玉器并没有作为礼器或被赋予权力的职能，只能称其为高档随葬品（只与财富有关）。但在当时生产力普遍低下的情况下，为什么会出现财富不均的现象呢？家庭作坊式生产，每家每户都可以独立完成简单的生产工具及日用品的制作。随葬有玉器的墓葬也只能说明当时的墓主人应当是掌握了这项治玉工艺，从而使他拥有了其他人无法通过技术来生产的高于一般生活用品的器物。或是墓主人生前掌握有较多的物质生产资料，并且还掌握了高于一般人的手工艺制造技术，由此带来的财富不均，在墓葬中便由随葬器物的多寡表现出来。还有一种可能就是，墓主人生前依靠武力掠夺多于一般人的财富，财富占有的不均直接表现在随葬品的多寡上。

纵观大汶口时期的墓葬，大汶口文化早期，玉制品都是以小件的装饰品为主，中后期逐渐出现玉质的象征性的生产工具，以及跟祭祀有关的玉器，但并未出现大量的祭祀用玉。山东大汶口文化时期整体的用玉仍旧以装饰器和非实用性的工具为主。大汶口文化中期，玉器种类增多，仍以装饰品为主，说明人们整体审美能力的提高，整个氏族部落的人们从原始对物的认知层面上升到更深层次的审美层面了。到了大汶口文化中晚期，玉器逐渐被赋予了更多的含义，玉器被赋予了崇拜、权力、祭祀的功能。龙山时期的玉器目前考古发现的数量较少，但却是精品频出。从现有的龙山文化玉器资料来看，当时的治玉工艺水平相当之高，加工过程比较复杂，可以分为选材、切割、磨制、抛光、镂雕、钻孔和刻纹等程序，反映了当时治玉的专业化水平。玉质礼器的生产开始专业化。

良渚文化玉器高度发达，玉器中反映礼仪和宗教的玉器远远多于装饰类玉器。大汶口玉器以装饰类和礼器类为主，数量上装饰类玉器多于礼器。龙山时期礼仪性的玉器增加，但玉器整体出土数量较少。虽然山东大汶口—龙山时期出土玉器数量不多，但是各地仍旧出土了一些极具特色的玉器，从这些玉器身上既可看出史前文化交流的影子，也有着山东地区史前自身强烈的东夷文化元素。本文试从山东境内出土的几件玉器的纹饰、造型来探讨玉器的内涵及在当时的用途。

一、山东五莲出土的玉琮

山东大汶口文化目前唯一出土带有纹饰的玉琮见于五莲丹土遗址。这件玉琮单从纹饰上来看，与传统的良渚文化玉琮有着很大的差别。良渚文化玉琮只要出现兽面纹的一般都会有眼、有鼻，玉琮表面的弦纹往往是用来分割图案的，且弦纹不会穿过兽眼，而山东五莲丹土遗址出土的这件大汶口文化玉琮，弦纹应该是整个玉琮的主体纹饰，且弦纹是穿过兽眼（圆圈）的。虽说饰有纹饰，但我们却不能简单地认定这就是与良渚文化玉琮相似的神人兽面纹。（图1）我们暂且称它为由弦纹和圆圈纹构成的组合纹饰。有学者提出良渚文化玉琮上的纹饰可分为四大类，分别来源于猪、猫和某种可食用动物，以及虎、豹等猛兽。这些图案均经过艺术加工和抽象化处理，变成了象征性的符号。刻在玉琮上的这些动物反映出良渚先民祈求丰产和人身安全的原始宗教信仰，也从一个侧面折射出当时人的生存状态。[1] 但五

图1 五莲丹土遗址出土的玉琮

莲丹土遗址出土的这件玉琮，表面的纹饰应该不是某种动物的抽象化处理。单从玉质来看，这件玉琮应该是在山东本地制作，并非一些人所说的是其他文化的交流品。山东地区未出现复杂如良渚文化玉琮上那样的纹饰，由此也不难看出，单从治玉工艺上来看，史前时期，南方比较注重精细雕琢的纹饰，而北方则比较注重整体造型。江苏花厅遗址出土的两件玉琮都刻有简化的神人兽面纹，具有典型的良渚文化特点。良渚文化因素对于大汶口文化花厅类型的玉器影响比较大，但对于山东本土的大汶口文化影响似乎就没有那么大。从地理位置上来看，大汶口文化花厅文化类型离良渚文化圈较近，受良渚文化因素影响比较大，玉琮上的纹饰与良渚文化玉琮十分相近，称之为神人兽面纹是没有任何问题的。但五莲丹土遗址出土的这件玉琮，四个凸面上纹饰称其为神人纹或兽面纹则有些牵强。笔者认为，丹土遗址出土的这件玉琮上的纹饰就是一种简单的几何纹饰、直线弦纹与圆圈纹构成的组合纹饰，并不是我们通常所认为的神人纹或兽面纹。大汶口文化时期的玉器上出现纹饰的很少，但在大汶口文化陶器群中，有一种形体高大、被认为是祭器的器物——尊，在这种陶礼器上曾一再发现刻画符号。目前发现大汶口文化晚期的图像符号共20余枚，约有8种个体，它们分别出自陵阳河、大朱家村等遗址。图像普遍采用单线条阴刻技法，同时附以压印法，多在器表纹饰上刻画，大多笔顺工整流畅。[2]这些纹饰跟良渚出土的玉器上的纹饰有异曲同工之处，如果说良渚人是把玉作为祭祀的载体，那么大汶口人则是将大口尊作为祭祀的载体，在其上刻画出与良渚玉琮上形制不同但功能相似的纹饰。这些不同形制的纹饰，都饱含着先人们对自然界、祖先以及一切未知事物的崇拜与敬畏。五莲丹土遗址出土的这件玉琮，虽说与良渚文化的玉琮有着很大的差别，但是就其功能来说，应该是与良渚文化玉琮相似的，都是古人用来祭祀的礼器。

二、关于五莲丹土遗址出土牙璧的一些看法

中国古代玉器中有一种形状特殊的器物，类似于玉璧，但是周边却有3个向同方向旋转的齿，有的在齿与齿之间还雕刻出单个或成组的扉棱。（图2）吴大澂最早把这种玉器与《尚书·舜典》中的"璇玑"联系起来，认为是浑天仪中所用的机轮。[3]1984年夏鼐先生撰文，采用考古学的方法，将其正名为"牙璧"[4]，这一观点被大多数学者所接受。

目前所发现的牙璧的时代，始于距今5500年前的大汶口文化中期，以距今5000年—4300年的大汶口文化晚期和龙山文化前期数量最多，且集中分布在山东和辽东两个地区。至夏、商、周三代，上述两个地区牙璧的数量骤然减少，但分布范围却有较大的扩散。东周以后，牙璧基本退出历史舞台。截至目前，有确切出土地点的牙璧共51件，另有1件蚌质和2件陶质牙璧，合计54件。[5]值得一提的是，在中国史前玉器最发达的两个地区，即南方的良渚文化和北方的红山文化，都没有发现牙璧这个器型。[6]目前发现牙璧最早的应该是大汶口文化中期的野店遗址，同时代的其他文化遗址并未出现，由此看来牙璧应是山东

当地居民首创的器物，未受到其他文化的影响，并且这种器物产生以后，逐渐向外传播。就山东五莲丹土遗址出土的这3件龙山时期牙璧的造型而言，笔者认为这3件牙璧的造型像一只驻足站立的鸟的形象。对于牙璧造型的解读，有多个版本。有学者认为牙璧同向旋转的造型与漩涡有相似之处，漩涡会给当时航海水平不高的人们造成极大困难，所以应该与祭海有关。有学者认为牙璧与天文有关。但笔者认为牙璧诞生于以鸟作为图腾崇拜的东夷地区，那么它的造型多多少少都会与鸟有着某种联系。良渚文化也是以鸟作为图腾的史前文明，经常可以看到在玉璧上刻出鸟的形象。同样以鸟为图腾崇拜的东夷族，除了象征着鸟的造型的陶鹰，难道就再没有别的在质地上更高一等的鸟的图腾了吗？但是用玉来雕刻成鸟形似乎太过于直接，不能充分体现鸟作为沟通天地灵物的神圣之处。《周礼·春官·大宗伯》："以玉作六器，以礼天地四方。以苍璧礼天，以黄琮礼地，以青圭礼东方，以赤璋礼南方，以白琥礼西方，以玄璜礼北方。"不难看出苍璧是用来礼天的，而鸟又是当时人们用来沟通天地的灵物，两者相结合便能更具体地显示出祭祀或崇拜的功能，牙璧就是将象征东夷族的鸟图腾与用来礼天的玉璧相结合的产物。古人深信"礼神者，必象其类"。牙璧比玉璧具有了更具体的祭祀功能，它是代表东夷人独特的礼天神器。平阴周河遗址出土的一件大汶口文化牙璧，其外廓凸出的齿就非常像鸟的喙部。（图3）考古发掘中典型的带齿三牙璧，是在安阳小屯232号墓中出土的，和玉质鸟形饰物等同出。[7]可见这种牙璧多多少少和鸟有一定的关系。牙璧最早出现时，造型跟鸟的造型有着

图2　带扉棱的牙璧

图3 平阴周河遗址出土的牙璧

千丝万缕的关系，但是发展到后来，则逐渐失去了其最初礼天的功能，而成为一种装饰器物，到了商周时期，牙璧则成为一种随身佩戴的饰品了。

三、邹县野店M22出土玉串饰与大汶口M47出土玉串饰的一些看法

邹县野店M22出土的双联璧、四联璧（图4），就其本身而言并不是单独存在的，而是与其他8片小玉璧和1个绿松石坠组合而成的串饰，放置于墓主人的头部，应为墓主人生前所佩戴之物。红山文化出土的单璧形器，一般在器体上端的中间部位有二或三个穿孔，都可以单独系挂。而邹县野店M22出土的这组玉串饰中的单璧形器上均无穿孔，由此更足以证明，这组由单璧、双联璧、四联璧、绿松石坠组合而成的玉串饰，应是组合在一起供墓主人佩戴所用，而不是单独存在的。外缘和内孔边缘都磨成刃边的联璧在大汶口文化中极少见，且仅出现在大汶口文化中期，而这种联璧在辽西地区红山文化中比较常见。红山文化中发现的双联璧、三联璧都呈上圆小、下圆大的形状，中部两钻孔亦上小下

大，上下体连接处的两侧各有一道凹痕，形态比较原始。从邹县野店M22出土的联璧与红山文化出土的联璧的差异上，我们可以推断出大汶口墓葬出土的这两件联璧应该是受到红山文化联璧的影响，但却是山东大汶口文化本地自己制造的产物。值得一提的是，出土于泰安大汶口M47的几件玉串饰（图5），一串为8件大理岩长方石片组成，其中竖排穿有三孔的4件，二孔的1件，上端穿一圆孔的3件。[8]这种串饰与邹县野店M22出土的联璧形式上有些相似，二者之间应该存在着一些联系。泰安大汶口M47属于大汶口文化晚期遗存，邹县野店M22属于大汶口文化中期偏晚的文化遗存。根据器型来看，邹县野店M22出土的玉串饰是受到了红山文化的影响，而泰安大汶口M47出土的玉串饰则完全是具有山东本地特色的串饰，是本地先民独创的一种串饰的形式。红山文化的联璧是在单璧的基础上发展而来的，是由装饰品发展而来。大汶口文化的穿孔串饰，其整体造型更像是由工具发展而来的。

邹县野店大汶口墓葬除了出土有包含双联璧和四联璧的玉串饰外，还出土有其他的玉串饰，形制有环形、花形、山形等。这些串饰中的玉片与M22出土的玉串饰中玉片的加工工艺和材质基本一致，玉质也基本相同，加工工艺则以片切割和钻孔为主，没有什么纹饰。

纵观山东地区大汶口文化，虽说出土有玉器，但未出现像良渚文化那样的具有精美纹饰的祭祀玉器。出土的玉器多以饰品、象征性工具或武器为主，祭祀用的玉器出现的并不多。大汶口文化的石铲、石钺、玉铲、玉钺非常多，这说明山东大汶口文化时期，仍以农业劳作和部族征战为主，

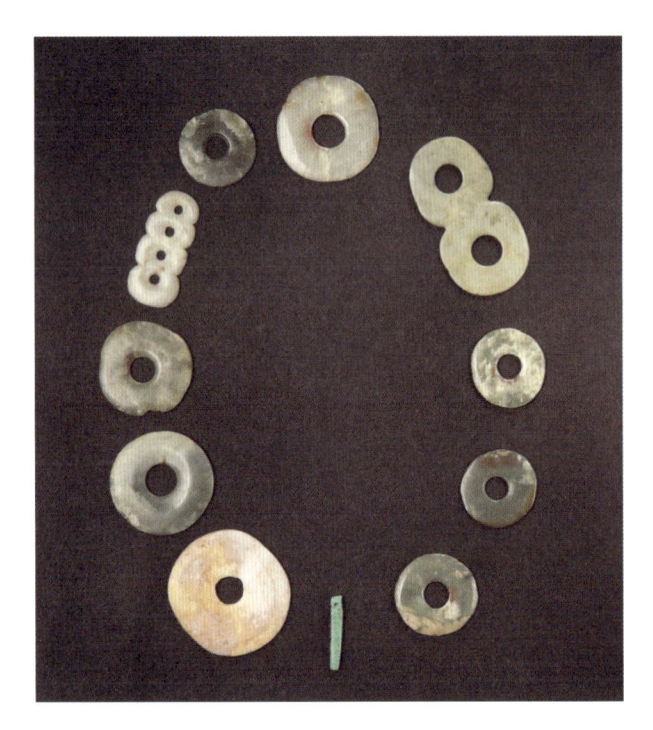

图4 邹县野店出土的联璧

图5 泰安大汶口出土的玉串饰

没有出现类似于良渚文化那样大规模的祭祀，玉器多为装饰用玉和象征权力的斧钺类，神秘感极强的祭祀用玉出现的并不多。这也可以看出，大汶口时期，部族间是靠武力征服、实权强势统治的，而良渚文化时期，部族首领则是靠精神统治，以用玉作为载体的神秘的类似于宗教的信仰来进行统治。

山东大汶口—龙山时期出土的玉器从出土的数量、制作的精美程度，以及在当时社会用途的广泛程度，虽说不如南方良渚文化与北方红山文化，但山东地区出土的玉器却有其自身的特殊含义，并且从各方面充分反映着山东史前居民的物质生活和精神生活。玉器的造型，反映着史前山东人与外地的文化交往状态、生产生活状态，以及精神方面的追求。通过对几件出土玉器含义的阐释，只展现出丰富的山东史前玉文化中很小的一部分，相信不久的将来，随着考古资料的不断丰富，山东史前玉器一定会以一个全新的面貌向世人诠释灿烂的山东史前玉文明。

[1] 郑彤. 良渚文化玉琮纹饰新探[J]. 考古与文物, 2006（4）.

[2] 山东省文物考古研究所. 山东20世纪的考古发现和研究[M]. 北京：科学出版社, 2005.

[3] 吴大澂. 古玉图考[M]. 上海：上海同文书局, 1898.

[4] 夏鼐. 所谓玉璇玑不会是天文仪器[J]. 考古学报, 1984（4）.

[5][6] 栾丰实. 牙璧研究[J]. 文物, 2005（7）.

[7] 石璋如. 小屯一本丙编三：南组墓葬[M]. 台北：台湾"中研院"历史语言研究所, 1973.

[8] 山东省文物管理处, 济南市博物馆. 大汶口：新石器时代墓葬发掘报告[M]. 北京：文物出版社, 1974.

论中原地区史前至商代玉材料应用及其文化特征

曾卫胜
江西省地矿局地质调查研究院（江西省地矿局实验测试中心）

摘要：黄河中游及中原地区是中华文明的最主要发源和形成地域之一。本文通过对史前到商代晚期的玉器及其材料运用和文化特征的分析，对深入理解和探索中国玉文化、中国优秀传统文化的继承和创新具有一定的意义。

关键词：中原；史前；夏商；玉材料；玉文化

中国文化的南北地理差别是十分明显的，南方文化产生于长江流域，北方文化产生于黄河流域。有趣的是，在中华文明萌芽时期，"玉—玉器"作为文明的奠基石，在中原—黄河流域周边诸如红山文化、良渚文化、凌家滩文化、石家河文化、齐家文化等都是一片繁荣，而中原—黄河流域却显得相对冷清。个中缘由何在？夏商王朝用什么统一各部，建立和巩固王权呢？

多年来，许多学者疲于从时间顺序上按"一元论"来论证中国玉文化，甚至论证中华文明的形成与发展关系。英国著名史学家汤因比在中国文明的认识上却是颇为肤浅："古代中国文明的祖先们，从种族上看来，好像同南方和西南方广大地区的居民——从黄河到雅鲁藏布江之间，从青藏高原到东海和南海——没有什么差别。如果说在这样广大的人群当中，有一部分人创造了文明，而其余人都在文化上毫无所有，我想这个理由也许是他们虽然全有潜伏的创造才能，可是由于某些人遇到一种挑战，而其余人却没有遇到的缘故。"[1] 他认为"文明"是"某些人遇到一种挑战"而创造的。他又指出："我们所能肯定的仅有这么一点，就是黄河岸上居住的古代中国文明的祖先们，没有像那些居住在南方的人们那样享有一种安逸而易于为生的环境。事实上也是如此，南方的居民例如在长江流域的居民，他们没有创造文明，他们为生活而斗争的艰苦性也的确比不上黄河流域的人。"[2] 当然，由于汤因比先生没有见到长江中下游的良渚文化、凌家滩文化、石家河文化、吴城—大洋洲文化等，才会得出这样的观点。我们不能因为历史的局限性（当时考古出土资料的不足）而苛求于他，能够把中国文明放在世界范围内作为众多文化中心之一来平等审视与比较，已经是难能可贵了。何谓"中国文明"？中国文明在何时何地又是如何起源的？这是世界和中国历史理论界一直关注的重大问题。汤因比先生提出的"黄河两岸的居民在苦难中创造文明"论点，有多少合理性呢？

自现代考古学诞生以来，以中国学者为主导的对中华文明的起源及其发展进行的考古探索，将探索中国文明的起源——"中国"诞生史作为主要目的和任务。他们是在浓厚的史学传统的浸润下，饱含着建构民族文化认同的情感而努力工作着。因而，对中国文明问题的认识，不仅有赖于史料和出土资料的不断积累，更关系着民族情感的传承、民族文化的自信和当代的文化认同、文化的继承与创新等。探讨玉文化在中国文明起源中的特殊地位和作用，创新中国文明理论的标准体系，应该是具有十分重要的理论意义和实际意义的。

一、本文的时空范围与玉料定名

（一）时空范围

从地理学角度，人们公认的"中原"是秦岭—淮河以北的黄河中游地区，包括今天的湖北北部、河南全部、山西中南部、陕西中南部、河北南部、山东西南部的广大地区。

这个区域的玉文化可分为史前、夏、商三个时期，即史前玉文化、二里头玉文化和殷商玉文化。

史前各部落进入新石器时代中晚期以来，随着人口的增多，活动范围的扩大，众多相对独立的部族相互竞争，兼并战争大规模长时期进行。黄河流域中原的仰韶文化、石峁文化、陶寺文化，西北地区的大地湾文化、齐家文化，东北地区的红山文化，山东地区的大汶口文化、龙山文化，江淮地区的薛家岗文化，长江下游的凌家滩文化、崧泽文化、良渚文化，长江中游的屈家岭文化、石家河文化等，在文化面貌上各具特色，异彩纷呈。有趣的是，在中原周边的各类文化都以出土大量玉器为典型特征，中原地区的仰韶文化、石峁文化、陶寺文化等出土的玉器，在数量、形制、功能等方面，与周边的各文化形态的玉器相比，却稍显逊色。

公元前1800年前后，中原周边的各个文化形态及其聚落相继走向衰落，中原龙山文化系统的城址和大型中心聚落也纷纷退出历史舞台，代之而起的是，伊水、洛水地区的二里头文化在极短的时间内吸收了各区域的文明因素，迅速崛起。二里头文化的分布范围首次突破了地理单元的制约，几乎遍布整个黄河中游地区，又形成了中心城邑，这表明当时黄河流域开始由多元化的邦国文明走向一体化的王朝文明。

严文明先生认为黄河流域文明与长江流域文明的关系是"互补关系"——"主要位于黄河流域的夏、商、周三代所继承的玉器几乎全部来自长江流域的玉器传统。例如三代所见之玉琮、玉璧、玉璜、玉钺之类的器物，就像是直接取自长江流域的新石器文化。玉器在夏、商、周三代的仪礼制度中占核心地位……历史上，中国的南方和北方一直是有密切关系又有所不同的。北方的政治、军事力量比较强，发生战争往往以南方的失败而告结束。然而在经济文化方面南方往往有许多优势，两者明显地存在着互补的关系"[3]。商王朝将黄河中下游、长江中下游地区，乃至东北地区的文化因素及其地域，全部纳入其统治版图，并经过不断的继承和创新，奠定了中华文明的基本形态。

（二）玉材料的鉴定与命名问题

由于许多考古报告没有完全对出土玉器进行岩石矿物学检测，学术文献对玉材料概念的理解和运用差异很大，因此对玉材料的定名相当混乱和模糊。目前在许多文献中存在的普遍现象有：

1. 凡是光泽相对明亮温润的都定为"玉"；
2. 凡定为"玉"的材料都理解为"透闪石"；
3. 凡是定为"玉"的材料都按颜色分类。

玉材质的基本色彩是白、黄、红、青、黑五种。自古以来，学界多用"玉色＋地名法"定名玉石的基本名称，玉色多是以这五种颜色为主命名。许多玉石材料都有某一种颜色，于是玉名称出现"一名多像"现象，如白玉—透闪石质、蛇纹石质、独山玉质、辉石质、大理石质、石英岩质、玛瑙质等。

玉器的种属名称用颜色作为分类依据，从古至今一直使用。许多学者都用"某某色玉"或"玉质某某色"来表示玉材质，真正的材料属性却不得而知，特别在自生色不太清楚，被次生色掩盖时，更无法确定玉质。对玉材料产地的判断，也仅依赖已知产地玉石类型的了解，仅按照颜色的相似而判断产地。这些都是不科学的。

笔者认为，对玉材料的命名应该遵循矿物学、岩石学的基本原则，不能仅靠颜色来命名。肉眼鉴别（包括使用放大镜）是岩石、矿物鉴别的基础，肉眼鉴别应该建立在具有扎实的矿物学、岩石学理论知识和丰富的实践经验的基础上。肉眼鉴别项目至少应包括：颜色（自生色、次生色、人工色）、光泽（自然光泽、人工光泽）、硬度与透明度、韧性与脆性、主要矿物组成及其共生关系、结构特征、包裹体矿物、蚀变及其关系，等等。

在肉眼鉴别不能达到准确鉴定玉料的要求时，辅助以折射率、摩氏硬度、密度等常规的物理数据测试，一般都能满足玉料的定性鉴别，而且是无损的。如果需要，则可以选择红外光谱、X-衍射、电子探针、稳定同位数等仪器测试与分析。

对于古代玉器材料的鉴别与命名应遵循现代矿物岩石学的鉴定原则与方法，对于古代玉器的命名与研究应遵循玉文化传统的原则与方法。

（三）本区域的玉质材料产地问题

本区域属中国大陆中部平原与山地、高原交汇带，黄河中游的中原地区地形特点，处于中国第二阶梯与第一阶梯接壤带，地质构造复杂，地层年代跨度大，岩性丰富。山地峰峦叠嶂，中部盆地南北广布，东部平原一马平川。西部东西走向的三条山脉：南秦岭伏牛山大别山—北秦岭王屋山中条山—阴山山脉；南北走向的四条山脉：恒山—吕梁山—太岳山—太行山。山川纵横，河流湖泊密布，众多农业部落择水而居。西部山地地质构造运动频繁，各种类型的岩石矿物丰富，玉质材料种类丰富，如透闪石、蛇纹石、大理石、绢云母岩、泥岩、硅质砂岩、石英岩、萤石、玛瑙、黏土类岩石等，但质量不是很好，晶体颗粒粗，颜色混杂，成分复杂，裂纹较多，适用于玉器制作的材料较多。至今，还在开采的有：河南栾川的"伊源玉"——透闪石、蛇纹石、绿泥石、大理石、黑绿玉（蛇纹石化辉长岩）等；河南淅川——透闪石、蛇纹石、大理石等；河南南阳——独山玉；河南密县的"密玉"——石英岩；陕西蓝田的"蓝田玉"——蛇纹石、蛇纹石化大理岩、大理岩等；陕西白河、商县，河南西峡、淅川，湖北郧县、竹山等地的绿松石；等等。

本区域存在较丰富的玉的产源。长期以来，地质工作者对玉材料产地产状研究不够，考古工作中对出土玉器材质与玉材料产地重视不够。

二、史前玉器及其文化特征

（一）仰韶文化玉器

仰韶文化是黄河中游地区新石器时代的重要考古学文化，其时间空间跨度大，学术界争论相当活跃。我们沿用方向明、周晓晶在《中国玉器通史》中的"仰韶文化群"的概念[4]，就出土玉器作归纳阐述，不对各个文化形态作单个表述。

1. 大量绿松石玉器饰品的出现

绿松石是从史前贯穿至今，从古埃及、希腊、罗马文明，至中美洲玛雅文明，非洲、大洋洲的各个文化时期，人类共同爱好的宝玉石装饰原料。

仰韶文化区域出现大量绿松石为主的玉饰件，也不是偶然的。绿松石的物理化学特征是：颜色鲜艳、比重较大、硬度较低、折射率较高、易于整形抛光、化学性质稳定。其产状特征是：地表露头，颜色鲜艳，个头较小，露天采集，较容易获得。有少量的萤石、大理石、绢云母岩等玉饰件，具有装饰功能，素面、没有纹饰，具有原始审美功能。

绿松石在新石器时代出土较多，东北及内蒙古地区有出现，中原黄河流域大量出现，长江中下游地区少见。这样的特殊现象，尚没有得到学术界足够的重视。

绿松石作为装饰用玉的主要材质，由于矿料易采、易加工，广泛用于各个文化历史时期。绿松石以珠、球、管、片状造型作为人体装饰物，后又广泛应用于镶嵌在各种器物上，是人类审美的重要材料。也许，由于绿松石是重要的铜矿原料，青铜冶炼铸造的诞生，或许直接来源于人们对绿松石的认识与应用。

2. 出现了军事礼仪玉器

以玉斧、铲为造型，象征战争指挥或军事首领的礼仪玉器较多，材质有透闪石质、蛇纹石质、石英岩质、大理石质等的玉斧（铲）、玉铲（钺）。陕西南郑县龙岗寺出土的几件玉斧，山西清凉寺出土透闪石质带孔刀（钺）和环璧、琮形器，均素面，没有纹饰。多数学者认为此类玉器的功能是"工具类"，笔者认为，应是礼仪类器物。

仰韶文化时期，黄河中游进入农耕氏族时代，沿江河湖泊栖居的部落众多，生产力得到发展，人口增长迅速，战争扩张最为常见。于是，象征武力的玉斧（铲）、玉铲（钺）便广泛用于军事礼仪。在仰韶文化的出土玉器中，这类器物较多，而像红山文化、凌家滩文化、良渚文化的祭祀用礼仪玉器较少。晚期出现的璧环、琮形器，可能是长江下游地区交换贸易而得，或是战利品。

从清凉寺出土玉钺（刀）的位置来看，也许是军事首领象征物；而璧环的位置是在墓主人的手臂上，更多地体现装饰功能。

3. 材料来源问题

笔者以为，在人类早期的各文化系统中，绿松石是很重要的审美装饰物。考察中原地区，并没有大量产绿松石的矿源。那么，黄河流域的绿松石从何而来呢？环顾中原四周，根据绿松石的地质产状，产出绿松石丰富的地区是鄂西北的郧县、郧西县、郧阳县、竹山县；豫西南的淅川县、西峡县；陕东南的白河县、商南县等，也就是秦岭东南部地区。秦岭东南部寒武纪地层的碳质页岩中含铜硫化物被淋滤交代含磷的页岩砂岩，形成球状、葡萄状风化壳型绿松石矿，接近地表、块状，采集容易。

古籍《禹贡》《尔雅》《说文解字》都提到"球琳琅玕"，《说文解字》又说"琅玕似珠""琳，美玉也"，估计就是指球状、珠状的绿松石。黄河流域在仰韶文化时期及其以后时期，大量运用绿松石，应该是取自这一地区。这一时期，产地及其周边，包括长江中下游地区，使用绿松石很少。中原地区部落应该是通过贸易交流或战争掠夺等方式，获得玉料。

所以，这一时期的玉器，多是就近取材，材料复杂、质量不高、数量不多、造型较单一、无纹饰、体量小、功能简单。（图1，图2）

2003年，在河南西南部伏牛山脉的栾川发现了透闪石蛇纹石矿，此矿储量规模很大，产出主要有蛇纹石、蛇纹石化大理石、透闪石、绿泥石等，其玉质致密，细腻，柔润，光泽透明，色泽斑驳陆离，有绿、白、黄、红、紫、青、黑等基本色，以及20多种混合色和过渡色，是上好的软玉。伊源玉颜色纯正，色彩斑斓，细腻圆润，晶莹欲滴，目前还在开采。（图3）

伊水由栾川西南向东北至偃师注入洛水后称伊洛河，再入黄河。

查《山海经·中山经》："又西南二百里，曰发视之山，其上多金玉，其下多砥砺。即鱼之水出焉，而西流注于伊水。又西三百里，曰豪山，其上多金玉而无草木。"这里所指，按地理坐标推测，笔者认为是今伊川与汝阳之间的九皋山。

"又西百二十里，曰荔山。荔水出焉，而北流注于伊水，其上多金玉，其下多青雄黄。"笔者按地理坐标推测，这里所指为今栾川老君山的栾山、栾水。

"又西一百二十里，曰蔓渠之山，其上多金玉，其下多竹箭。伊水出焉，而东流注于洛。"这里所指应是伏牛山中部。

《山海经》所述与现今开采的栾川玉是否一

图1 绿松石原矿

图2 栾川透闪石原矿料

图3 栾川玉打磨抛光后的效果，疑似蛇纹石化白云岩或蛇纹岩

致，与仰韶时期至夏商玉器中的材料是否一致，笔者认为这是一个重要课题，需要运用现代科技仪器设备进行检测与研究。

山西清凉寺遗址出土的玉器值得学术界高度关注。清凉寺墓地第二至第四期约三分之一的墓葬有随葬品，其中主要是玉石器。器物的种类较少，分为璧、环、带孔石刀、钺、长方形玉器、玉琮、兽头状饰品等。琮类器物起源于良渚文化，清凉寺玉琮外表的凹槽可能是仿良渚文化玉琮中间的直槽有意刻上的，这一理念必然源自太湖流域；有一些造型与东北的红山文化器物相似，如M146出土的梳形玉饰，无论其形制，还是工艺，都很接近红山文化的玉器风格。从文化源流上看，可能与同时期或略早的大汶口文化、良渚文化和薛家岗文化等曾有密切的文化交流。墓葬除出土玉石器外，还有骨簪等饰品和鳄鱼骨板、兽牙和猪下颌骨，鳄鱼骨应该是长江中游的扬子鳄，或是贸易流通交换来的，或是占领而获得的。很明显这是有特殊地位的墓主人。

清凉寺所在的地区位于晋陕豫交界，属于传统意义上的中原地区，正是尧舜禹曾经生活过的区域。清凉寺墓主人活动的时间为距今5000年—4000年左右的庙底沟文化时期。清凉寺所在地与运城盆地仅一山之隔，而中条山北侧，运城中条山下的盐池就是著名的盐湖——解池。盐的使用是人类文明的标志之一。中原地区能成为中华文明的摇篮，一个重要的原因也许就是这里有盐。黄帝时期距今约5000年，正属于新石器时代的鼎盛时期。据说，炎帝与黄帝为了争夺古代盛产池盐的山西解池，双方在阪泉打了三次大仗。最后，黄帝战胜了炎帝，炎帝部族并入黄帝部族。炎黄部族随后成为中原地区最强大的部落联盟。此后，黄帝"邑于涿鹿之阿"，尧以平阳（临汾）为都城，舜以蒲坂（永济）为都城，禹以安邑（运城）为都城，都在盐池附近。显然他们都认识到盐对人的重要性。也许清凉寺的墓主人，可能生前就是专门负责管理盐湖的。

墓地146号出土的"六边形玉器"，定义为"青玉，钙化严重，有深褐斑"。（图4）笔者认为定名不准，青玉是指透闪石质玉；钙化严重，是指受沁严重，沁色很厚。[5] 这件玉器基本没有受沁，也不是透闪石质玉料，应鉴定为"沉积碎屑岩"，或"碎屑凝灰岩"。

陕西武功县游凤新石器时代遗址出土的玉笄，定义为"墨玉"，明显不对。一般理解的"墨玉"

图4　沉积碎屑岩

是指黑色透闪石质墨玉[6]。（图5）从照片上看，这件玉器应该属于安山岩或玄武岩类，希望今后有机会使用仪器检测验证。如果是墨玉，会让人认为该玉料来自新疆和田，因为真正的墨玉，至今已知产地仅有新疆和田地区。而安山岩是古生代火山喷发岩，是十分普遍的岩石。图6是龙山文化玉璧，但没有标注玉质，根据惯例，表述为"玉"的都认为是和田玉[7]，而这是典型的石英岩，这类岩石各地普遍存在，采集方便。

（二）石峁文化玉器

陕西北部的神木石峁、新华、芦山峁三地出土了大量玉器，戴应新先生在2003年称"总计石峁玉器的出土量当在2000件左右"[8]。这些出土玉器反映这一时期这里是北方一个重要的用玉中心。随着石峁古城的逐步发掘，考古学成果的不断丰富，石峁玉文化在中国玉文化发展历程中占有重要的地位。

1. 玉器形制与功能

陕北神木石峁、新华、芦山峁三地出土了数量庞大的玉器，其形制最多的是有刃的璋、刀、铲（斧）、钺（锛）；还有璜、琮、环、人像、牙璧（璇玑）等。有刃玉器体量大（多数长于30厘米，有的长达100厘米以上），有孔（多孔），有些璜、笄、环等也有孔，表明玉器可以用绳线类系于木柄、或系于身体上。多数有纹饰，有直线纹、网格纹、兽面纹、人面纹；璋的两侧出现齿状棱等。

玉器功能还是装饰、礼仪、身份象征等，并不是工具。

2. 玉质材料与来源

戴应新先生对陕西神木石峁玉器材料研究后认为："经地质学家鉴定，石峁玉器质料有墨玉、

图5　安山岩——玉笄

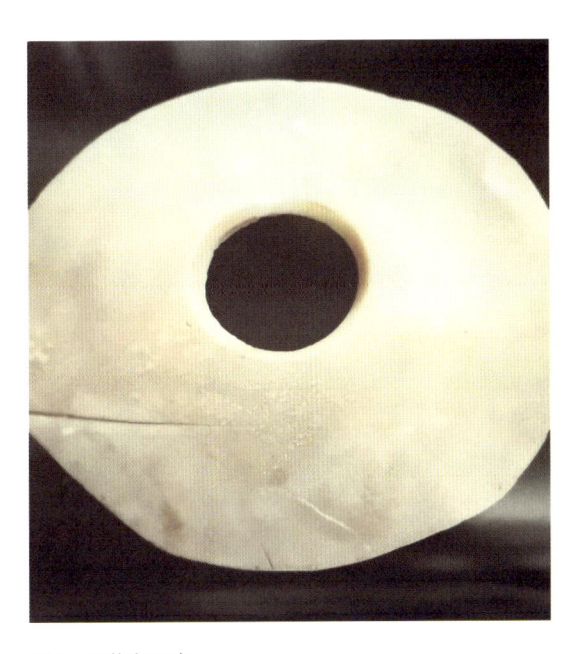

图6　石英岩玉璧

玉髓、黑耀岩、石英岩、大理石岩、蛇纹石岩、碧玉、基性 - 超基性变质岩和酸性硅酸岩等，其中相当部分属透闪石软玉，浅色者含铁量较低。玉料产自当地，还有关中、河南、内蒙古、甘肃等地，可见石峁先民的商贸活动范围相当广泛。"[9]戴先生此处使用地质学家的鉴定成果，显然不符合岩石学逻辑：(1) 墨玉、碧玉就是透闪石玉的具体种属；(2) 基性 - 超基性变质岩和酸性硅酸岩，这样的表述十分笼统，涵盖面太广，没有具体所指，不能作为某件器物的鉴定结论；(3) 玉料产自当地，还有关中、河南、内蒙古、甘肃等地，这样的表述十分笼统，没有科学依据。

孙周勇先生对新华遗址玉器坑出土的32件玉器中的24个标本进行了检测鉴定，"包括叶蛇纹石、阳起石、透闪石、绿泥石、丝锌铝石、大理石等。其中叶蛇纹石为大宗，其次为阳起石—透闪石类"。孙先生也认为玉料产自陕北地区[10]。此处孙先生指的"丝锌铝石"不知何物。以蛇纹石、透闪石质玉料为主，基本符合实际。但也是认定产地"陕北地区或周围当存在着目前尚未被发现的玉料产地"，笔者认为这样的认定没有地质学依据。

笔者于2012年8月参加"神木玉器研讨会"，考察了石峁遗址现场，参观了神木博物馆（图7），结合参观陕西历史博物馆的相关神木玉器，认为：

（1）石峁玉器以透闪石质玉为主，少量蛇纹石质玉，少量绿泥石质、大理石质、绢云母质、石英砂岩质、黏土类等。

（2）透闪石质颜色丰富，产地不一，部分与红山玉器相似，部分与良渚玉器相似，更多的与齐家文化玉器相似。

（3）实地考察与地质资料印证，陕北地区地层为黄土堆积层，厚度大（0.5～100米不等）。区域内地表第四纪砂岩、黏土的风成堆积和水相沉积为主，深部地层以古生代至中生代陆相与海陆交相沉积为主，含煤、赤铁矿、铝土矿、石油、天然气等矿产；根本不存在产出透闪石玉、蛇纹石玉的地质条件。所以，笔者认为石峁玉器、新华玉器、芦山峁玉器产自当地的说法，没有依据，不具有科学性。

（4）根据所见本区玉器与其他大型玉文化类型的材质、工艺、造型、纹饰、功能等综合比较，笔者认为本区的玉器来自各地，或通过战争掠夺，或通过贸易交流。出土如此多的大型璋、刀、斧等有刃器具，而且保存完好，笔者认为，通过长时间的贸易交流、定制、收购等的可能性较大。

（5）根据可见的石峁城址，已知石峁是龙山文化时期，为大型氏族部落向王朝都城演变时期，

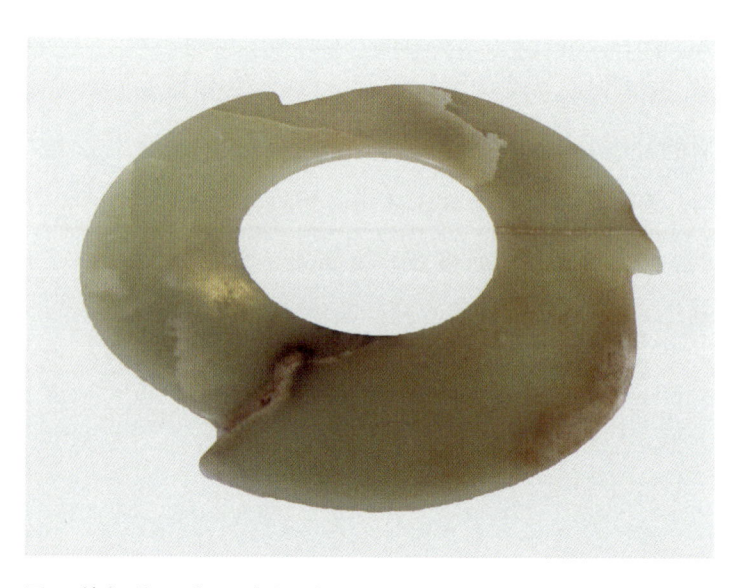

图7 神木透闪石质玉牙璧（玉璇玑）

经济实力、军事实力十分强大。数量惊人的玉器是王权、财富的最主要载体。

(三) 陶寺文化玉器

1. 玉材质与来源

宋建忠、吉琨璋对山西陶寺文化的描述为："陶寺遗址是黄河中游龙山时代规模最大、内涵极为丰富多彩的一处典型遗址，时代约为公元前2600年—前2000年……共发现各类玉器随葬品800多件（组），主要玉器有钺、圭、璧、琮等。"[11]

高炜介绍陶寺文化玉器材质时说，根据闻广先生对典型标本的抽样鉴定：真玉（透闪石—阳起石系列软玉）有98件，约占9.6%，半玉（软玉与方解石、钠长石等矿物的共生集合体）6件，占0.6%，假玉或似玉的美石433件，占42%，包括大理石、蛇纹大理石、含镁质大理石、蛇纹石、叶蛇纹石、滑石、绢云母、白云母、石英闪长岩、绿松石等矿物，以大理石最多，其次是蛇纹石，两项合计占假玉的四分之三。[12]

在此，闻广的"真玉假玉"说，对高炜、宋建忠、吉琨璋诸先生产生了一定的影响，显然是接受了只认透闪石—阳起石玉才是"真玉"的观念。如果按这样的逻辑，90%是半玉或假玉的话，还真谈不上是陶寺玉文化的繁荣。而且，此处存在矿物岩石学常识的几个错误：(1)大理石、蛇纹大理石、含镁大理石都是大理石，是一种岩石，大理石本身就是含镁矿物——白云石为主的岩石，蛇纹石化大理石是大理石含蛇纹石矿物超过20%；(2)叶蛇纹石是蛇纹石的一种，蛇纹石是大族矿物名称；(3)绢云母、白云母是矿物，绢云母岩才能做玉器材料，白云母岩是做不了玉器材料的，白云母解理极好，无法切、磨、琢、抛；(4)石英闪长岩是岩石不是矿物，根据岩石学逻辑，可能是硅化闪长岩。

笔者建议学术界严谨学术术语，不再用"真玉""假玉""半玉"之类的概念，回到运用地质学矿物名称的科学术语上来。在没有科学检测结论时，按颜色命名必须括注"材质待检测"。

陶寺遗址40年的考古发现，揭开了中国早期文明进程中的众多重大学术课题，可至今仍没见到完整的全面的玉器图录和材质检测鉴定报告，只能通过相关文献和博物馆观摩了解情况。不过让人惊奇的是，陶寺遗址M76出现了绿松石片镶嵌的手镯；M2023出土玉质与绿松石和骨质组合的头饰（笄），黏合技术首次出现在玉器工艺上。

笔者考察观摩陶寺玉器的材质，结合当地地质构造、岩性与地貌等特征，认为陶寺遗址处于吕梁山脉与太岳山相夹的临汾盆地，第四纪陆相沉积层和河床冲击地层很厚，周边都是老地层和古生代沉积变质岩层，没有产出透闪石类和蛇纹石类玉料的地质条件；黏土类、大理石、沉积砂岩类等制成品可能产自当地，其他材质都是外来的。是否有部分闪石、蛇纹石料来自中条山南，过黄河至洛阳盆地，乃至伊河、洛河之玉石呢？这尚待探讨。根据出土玉器形状，可以说玉料来自东、南、西、北各地。

2. 玉器形制与功能

陶寺遗址出土了大量玉器，如果用狭义的玉概念去衡量几千年前的古人，显然不合适，我们还是回到许慎的"石之美者为玉"的基本认知上来。陶寺遗址出土的玉器有礼器和装饰品的磬、钺、瑗、环、梳以及用绿松石、蚌片镶嵌的头饰、项饰、臂饰等。遗址出土的玉器有几个特点：

（1）器形比较集中，如：刀、圭、戈、璋、璧、环、璜、璇玑等。

（2）与东、南、西、北各文化期玉器相似，都能找到红山、良渚、龙山、石家河、齐家等文化期玉器的身影。

（3）各遗址出土的玉器差异比较明显。如玉圭，仅陶寺出土的玉圭有的薄而精，有的厚而粗；如玉钺，长短宽窄厚薄各不相同，穿孔个数、位置也不相同。

（4）玉器工艺水平精湛，如镶嵌绿松石组合式玉竿的工艺相当精湛。

所以，陶寺玉器的功能可能就是礼仪与权力的体现、富贵的标志了。获取途径可能还是贸易交流或战争掠夺，甚至臣属部落的进贡。

三、二里头文化（夏代）玉器及其文化特征

经历了仰韶文化、龙山文化的发展到了龙山文化末期，黄河流域许多氏族部落先后进入更大规模的军事联盟时期，产生了一些有代表性的、神化了的酋长，这些大的军事集团经过数百年的交流与融合，在公元前22世纪前后，建立了中国历史上第一个王朝夏。高度发达的铸铜技术、制玉器技术、制陶和制骨等手工业，让玉器的礼制功能逐步弱化。

（一）玉材质与来源

二里头文化的玉器就是夏代玉器，这已经是学术界的共识。二里头遗址出土的玉器，陈香雪统计"为1202件，其中玉器和石器替代品51件，绿松石器1151件"[13]。也就是说，除了大量的绿松石，其他玉器并不是很多。

夏代遗址很多，但出土玉器主要集中在河南偃师二里头遗址。玉材质的检测定名，不见有准确的岩矿鉴定检测报告，根据笔者所见实物和图书资料显示，二里头玉器的材料有闪石玉、大理石、玛瑙、绿泥石、绿松石等。由于玉器材质没有准确的检测报告，无法判断玉料的来源。根据所见玉器，部分产于当地山川河床中，部分来自各地。二里头遗址主要集中在洛阳盆地，玉器器型主要传承前期各文化器型，功能也是以装饰类和礼仪类为主。随着社会的发展，夏代玉器的礼仪功能被青铜器逐步代替，大型玉器越来越少。

（二）玉在王权确立时的作用

夏禹和启能统一各部落而建立统一国家，除了强大的军事实力，继承运用史前玉文化的思想也是其重要手段。《尚书·禹贡》记载，大禹以王畿为中心，划分天下为九州，并铸九鼎。夏王朝是第一个统一四方（天下）的王朝，其统一天下的思想基础也许是以玉文化为核心的思想：宗教思想、审美思想、财富思想等。新石器时代晚期，从东到西、从北到南有红山文化、凌家滩文化、良渚文化、齐家文化、仰韶文化、龙山文化等极其繁荣的玉文化，是各个部落得以统一的物质基础和思想基础。《左传·襄公七年》中有"禹合诸侯于涂山，执玉帛者万国"的记载，涂山会盟，四方来贺，诸侯执玉帛而来，大禹赏赐玉帛加封，玉在王权的地位确定中起到了十分重要的作用。大禹治水成功后，各部落都敬重大禹，玉和帛是当时各个部落共同认可的财富。原来的众

多部落首领，到此时大都转化成世袭贵族，分别成为各个邦国的君长。这次大会是夏王朝正式建立的重要标志。

"中国"的概念在夏、商、周时期指的是地理和文化意义上的特定地区——中原。《诗经·民劳》载："民亦劳止，汔可小康。惠此中国，以绥四方。""惠此中国，以为民逑。""惠此京师，以绥四国。""惠此中国，国无有残。"这首诗中所指的"中国"应是京师、京畿地区——天子所辖的政治中心，"四方""四国"应是诸侯国。玉文化作为统一天下的思想基础与核心价值体系，起到了极其重要的作用。

四、中原商代玉器及其文化特征

（一）中原商代玉器材质及其来源

中原商代玉器主要是指殷商王朝的玉器，同时代还有江西新干出土的玉器、四川三星堆和金沙玉器、湖北盘龙城玉器等。本文仅述殷商王朝的玉器。

殷商时期玉材料的使用标准趋于明朗，甲骨文、金文中已经有了独立的"玉"字，说明当时已经有了独立的玉材料。夏鼐先生在研究商代玉器时说："商代玉器的主要材料有新疆玉、岫岩玉和南阳玉。"[14] 谓新疆玉是指透闪石玉，岫岩玉是指蛇纹石玉，南阳玉是指斜长石玉。产地来源，文中并没有说明科学依据。

根据目前能够看到的殷商时期的出土玉器资料，有些玉器已经做了矿物岩石学测试，给出了符合矿物岩石学命名原则的"玉"属命名，而多数出土资料尚未有矿物岩石学测试数据，也没有矿物岩石学专业人员的鉴别依据，还是由考古学家（或文博学家）依据玉器的颜色和外貌称之为"某某玉"，或仅仅叫"玉"。

殷墟商代玉器以闪石玉、蛇纹石玉、叶腊石类、硅质岩类、绿松石、水晶、玛瑙等玉材料为常见玉料。殷墟玉器的出土地点以京畿及其周围地区为特征，材料的丰富多样、加工作坊的专业化、用玉权力的垄断化、玉器功能的多样化是殷墟玉器的重要特征。而且，商代玉器在选料用料方面有特别的考虑："同时还利用残器及边角料改制成其他用器或镶嵌片，以节省原料；利用玉石的天然色彩，创作'俏色'作品使天然美与艺术美融于一体。"[15]

田凯认为："殷墟玉器玉料以软玉为主，玉料主要来自新疆和田、河南独山、辽宁岫岩等。"[16]

陈志达认为："在殷墟，经科学发掘出土的殷代玉器据不完全统计，约有2000件以上。玉器的质料，经考古学家、地质矿物学家、琢玉技师等有关方面鉴定的玉器有300多件，鉴定结果有新疆玉（和田玉）、透闪石软玉、南阳玉和极少量岫岩玉，可能还有河南密玉，而以新疆和田玉居多数。"[17]

殷墟玉器的材质及其来源问题，一直是学者们关注的重要问题：

1.20世纪40年代，李济先生对62件标本做了"比重"与"硬度"测试，认为"殷商时代玉器的原料是以软玉为主体的"[18]。根据笔者判断，李济先生表中所列的测试数据，误差很大，从矿物学常识判断，硬度数据多数不准，比重数据多数也误差较大，结论可信度不高。

2.20世纪50年代，阮维周先生测试出7件南阳玉。笔者认为可信度也不高。

3. 20 世纪 70 年代，安阳玉器厂与北京玉器厂的师傅们进行了观察比对，张培善先生做了部分检测鉴定。

4. 20 世纪 90 年代，闻广先生、杨伯达先生等分别做了相关测试鉴定。

但殷墟玉器至今不见有科学仪器检测的、全面的检测鉴定报告，这是值得重视和深入研究的重要课题。商代玉器以透闪石类"玉"材料为主已是学界的共识，但透闪石类玉料是否都是和田玉，尚需进一步测试研究，从仅有的资料看证据不足。

殷商玉器的材料来源，应该是杂乱的。前述各代玉器，就近取材为主，四面八方的交易和战争掠夺占有也是重要来源，部分是前朝改制或收藏，部分是交易或战争掠夺，没有详细的检测资料，不好判断产地来源。不少学者认为透闪石玉的来源是新疆和田，根据目前所见资料，可以说真正来自新疆和田的极少。岫玉来自辽宁的证据也不足。绿松石产于湖北和河南西部，是可以成立的。

（二）殷商玉器的文化特征

殷商玉器大部分器型和种类都在新石器时代晚期出现了，可以说，新石器时代晚期的玉文化，都被殷商汲取和传承了。殷商多次迁都，但都十分尊敬和珍爱玉器，王公贵族普遍以玉为葬。夏鼐先生在研究商代玉器时将其分为"礼玉、武器与工具、装饰品"三类，我们认为殷商时代，青铜工具和武器已经十分先进，玉器没有"武器与工具"的功能，玉器主要的功能是礼仪、装饰和财富。绿松石切片镶嵌技术的广泛使用，使玉器与青铜器的审美性得到提高，使玉器与青铜器的礼仪功能更加丰富。殷商王朝讲究祭祀礼仪——"国之大事，在祀与戎"，用玉制度不断完善了。

殷商王朝的实力不断强大，统治疆域不断扩大。殷商王朝活动的主要地区在平原，都城也建在平原地区。从玉器风格上体现出大气、灵活、丰富、华丽。玉人、玉动物的大量出现，体现了从圣灵、神性信仰，转变为动物性信仰、人性信仰。

随着青铜加工工具的出现和运用，制玉技术也得到极大发展。玉器的圆雕、浮雕作品大量出现，出现了众多的动物类作品；纹饰极为丰富，玉器纹饰借鉴运用青铜器纹饰，极大地丰富了玉器的表现力。

（三）和田玉大量进入中原地区

目前学术界普遍认为，商王朝大量使用了和田玉，和田玉是西域与中原交流的重要纽带。对此，笔者不敢苟同，理由如下：

1. 从目前可见的商朝出土的玉器及其检测鉴定资料，缺少科学的数据证明哪件玉器是来自新疆和田，因为透闪石不等于和田玉；从矿物学特征目测，殷商玉器中真正"像"和田产的透闪石玉极少。

2. 从目前可见的资料，和田地区及其周边地区缺少商代的采矿遗址或原料交易遗址的证据。

3. 从和田地区通往中原地区的交通路径上，缺少有说服力的和田玉运输或交易遗址的资料。

4. 从资料可见，商王朝军事实力空前强大，疆域辽阔，除豫西伏牛山—秦岭山脉出产各类玉料为其所用外，南到长江中下游，东到东海、黄海，北到辽河流域，西到昆仑山——祁连山脉等，都有玉料为其所用。有学者研究证实，祁连山北部甘肃马鬃山地区有史前玉料开采遗址，玉料经加工与夏商周时期某些出土玉器比对，相似度较高。

所以，从出土实物、原料产地到运输路径都没有具有说服力的依据，判断和田玉在商代大量进入中原，只能认为是一种猜想，而这种猜想似乎学术界长期乐此不疲。

五、关于独山玉的运用问题

河南南阳盆地出产的一种"蚀变斜长岩"，因产自南阳北郊独山，又叫"独山玉"。因写作《中国玉器通史·中国古代玉料研究》《渎山大玉海研究》，笔者对独山玉的历史问题做了详细研究。

1. 独山玉名称。

在20世纪80年代之前，叫"南阳玉"，80年代初至今，才有"独山玉"的名称。按独山玉的矿物岩石特性应定义为"蚀变斜长岩"，而地质学界常常叫"黝帘石化斜长岩"，这是片面的，不能概括南阳玉的岩石特性和种类。

2. 独山玉的用料历史考略。

对独山玉的历史传承，从文献上查找不到线索，浏览全国多数博物馆也不见有明确的检测鉴定结论的实物。

根据夏鼐先生的论述："南阳离安阳不远，同在河南省境内。今日安阳的玉器作坊所使用的玉料，大部分便是南阳玉。殷墟出土的有刃玉石器中的玉器，据说都像是南阳玉。"[19] 夏鼐也是根据李济先生的《殷墟有刃石器图说》中对殷墟出土玉器的部分像南阳玉的推论而来的，并且说"我以为殷周玉器中有些应是南阳玉，当然今后还需作进一步的鉴定"[20]。为了研究安阳出土玉器的矿物材料性质，李济先生早在1948年就对安阳出土的61件玉器标本作了颜色观察、比重和硬度测试。[21]

笔者反复研究李济先生的这篇文章，根据其测试结果，比重在2.49～3.18，其中2.8～3.06的55件，占90%；硬度在3～9，其中大于7的25件（7～8的9件，8的3件，大于8的13件），占40%。

根据矿物学常识，矿物的摩氏硬度计（1～10）是：1. 滑石；2. 石膏；3. 方解石；4. 萤石；5. 磷灰石；6. 正长石；7. 水晶；8. 托帕石；9. 红（蓝）宝石；10. 钻石。其表示的是相对刻画硬度，而不是绝对硬度，如正长石与水晶间相差也不是一级的概念，透闪石为6.5，与水晶比较，并不是差0.5的概念。自然界摩氏硬度大于7的矿物并不多，在目前可见的出土玉器文物中，尚未见有硬度大于7的材料。而这里却有硬度大于7的占40%，可见李济先生对玉材料硬度的测试和理解尚不够精准。从李济先生的数据显示，所测比重值多数是透闪石类，硬度测试数据明显不准确。这样的测试不足以鉴定玉器材质，得出的结论也是不科学的。

南阳市文物考古研究所编的《南阳古玉撷英》，用230多幅图片展示了南阳地区出土的从新石器时代到西汉的玉器，明确注明"独山玉"的21件，时代从仰韶文化时期至西周时期。但是，经笔者与"渎山大玉海研究"课题组在南阳市博物馆和南阳市文物考古研究所见到和检测确认的只有几件。从检测结果可以看出，在南阳地区确实有独山玉质出土玉器，年代为新石器时代晚期，数量很少。

考察独山玉的文物遗存，经检测确定为独山玉的仅有新石器时代晚期南阳地区出土的几件。二里头时期、殷商时期乃至以后都极少见到独山玉出土玉器。

六、结语

史前至商代中原地区的玉文化尤其特殊：

1. 绿松石的大量运用，可能是先民引发冶炼铜的直接因素，催生了青铜器的产生和繁荣。

2. 史前至二里头的先民都集聚在山川、盆地，豫西、陕南、晋中南地区产玉的地质条件充分，种类较多，开采容易（多为河床捡拾）；大量的玉材料可能来自贸易交流或战争掠夺，来自东南西北。

3. 殷商王朝走出盆地，移居平原，经济军事力量强大，疆域辽阔，玉料品种和来源丰富，玉器造型和纹饰特别。玉文化由神物转变为礼物和财富的载体。

4. 透闪石不等于和田玉。商朝时和田玉料大量进入中原、殷墟大量玉料来自和田，这样的观点没有科学依据。

5. 独山玉的历史不是想象的那么丰富，史前有零星出土玉器；元代渎山大玉海是例外。

---

[1][2] 汤因比. 历史研究[M]. 郭小凌等, 译. 上海：上海人民出版社, 2010.

[3] 严文明. 长江文明的曙光[M]. 武汉：湖北教育出版社, 2004.

[4] 方向明, 周晓晶. 中国玉器通史：新石器时代（北方卷）[M]. 深圳：海天出版社, 2014.

[5][6][7] 古方. 中国出土玉器全集[M]. 北京：科学出版社, 2005.

[8][9] 戴应新. 我与石峁龙山文化玉器[M]//中国玉文化玉学论丛续编. 北京：紫禁城出版社, 2004.

[10] 孙周勇. 神木新华遗址出土玉器的几个问题[M]//中国玉文化玉学论丛续编. 北京：紫禁城出版社, 2004.

[11][12] 宋建忠, 吉琨璋. 山西地区出土玉器概述[M]//中国出土玉器全集. 北京：科学出版社, 2005.

[13] 陈香雪. 二里头遗址墓葬出土玉器探析[J]. 中原文物, 2003（3）.

[14] 夏鼐. 商代玉器的分类、定名和用途[J]. 考古, 1983(5).

[15][16] 田凯. 河南地区出土玉器概述[M]//中国出土玉器全集：河南卷. 北京：科学出版社, 2005.

[17] 陈志达. 新干商墓玉器与殷墟玉器之比较研究[M]//出土玉器鉴定与研究. 北京：紫禁城出版社, 2001.

[18] 李济. 研究中国古玉问题的新资料[M]//李济考古学文选集. 北京：文物出版社, 1990.

[19] 夏鼐. 有关安阳殷墟玉器的几个问题[M]//殷墟玉器. 北京：文物出版社, 1990.

[20] 李济. 中国古玉研究的新资料[M]//历史语言研究所集刊, 1948（13）.

[21] 南阳市文物考古研究所. 南阳古玉撷英[M]. 北京：文物出版社, 2005.

金文所见西周礼仪用圭现象观察

王 竑　崔睿华

宝鸡青铜器博物院

摘要：关于玉圭，学者的研究多为礼仪制度方面，对圭在具体仪节中的功能却关注较少。就现有西周金文资料，笔者整理出"裸圭""圭瓒（瓒）""珬圭""圭"四种形式的"圭"，在前人研究的基础上，通过对具体仪节中使用的情况并结合文献资料，认为其中的"裸圭"和"圭瓒"非我们要讨论的"圭"，而是裸玉，柄形器的专名，只有"珬圭""圭"属于礼仪用"圭"的范畴。圭在金文反映的不同礼仪仪节中有着不同的功能作用，对我们认识了解西周时期玉圭的功能有一定的帮助。

关键词：金文；玉圭；功能

圭是《周礼》中记载的六瑞之一，虽然《周礼》和《礼记》《仪礼》对"礼"的分类标准不同，但内容并不相左。因金文中涉及的礼仪用圭多在具体仪节中，所以我们要讨论的也是金文与文献中相对应的具体的仪节中的玉圭及其在不同礼仪场合的功能，不妥之处请方家斧正。

一、金文材料

已发现金文中出现"圭"的青铜器有16件（其中四十三年逨鼎10件），有"裸圭""圭瓒（瓒）""珬圭""圭"四种不同的圭。

表1 金文中的"圭"

序号	器名	时代	圭名	授圭人	受圭人	礼仪
1	毛公鼎	西周晚期	鄹（裸）圭瓒宝	天子	毛公	册命礼
2	师訇簋	西周晚期	圭瓒（瓒）	天子	师訇	册命礼
3	多友鼎	西周晚期	圭瓒（瓒）	武公	多友	献俘礼[1]
4	敔簋	西周晚期	圭瓒（瓒）	尹氏代天子	敔	献俘礼
5	师遽方彝	西周中期	珬圭一	宰利代天子	师遽	飨礼
6	四十三年逨鼎	西周晚期	圭	天子	逨	册命礼
7	五年琱生簋	西周晚期	圭	琱生	召伯虎	誓约

二、金文中圭的种类及其功能

（一）祼圭、圭

1. 前人的研究

表 1 序号 1 为祼圭，序号 2 至 4 为"圭瓒"，是西周时期册命礼或献俘礼中的赏赐。关于祼圭、圭瓒前人研究颇多，是一件争议很大的礼器，观点各异，焦点是对"瓒"的解读，学者的研究归纳起来有以下几种观点：

酒器说。此观点主要认为"圭瓒"的"圭"指的是瓒柄，"瓒"为舀酒的勺。此观点是日本学者林巳奈夫 1969 年提出的[2]，但对器柄的解读，又有几种说法。一是玉柄，持此观点的王慎行先生认为"圭瓒"是镶嵌玉柄的铜勺："瓒是古代行祼礼、祭祀先王，宴享宾客时所用的挹鬯玉具，即镶有玉柄的铜勺，其勺形如盘，勺前有流，下为盘，以承之。"[3] 李学勤、柳志青两位先生则认为这个瓒的玉柄应该是玉柄形器[4]。二是祼圭，钱玄先生认为："圭瓒由两部分组成，其盛鬯酒之部分谓之瓒，有流口，注鬯酒，亦谓之勺。其柄谓之祼圭，亦名鬯圭，圭，长尺有二寸。"[5] 三指形状，孙庆伟先生认为，文献中所谓的圭瓒和璋瓒其实是指瓒的柄部，分别作圭状和璋形，但并不是说以玉圭或玉璋作为瓒的柄部。[6] 持以上观点的学者主要是根据《诗经》《礼记》《左传》《三礼图》等文献关于"玉瓒""圭瓒"的描述记录，和郑玄的注"瓒形如盘，容五升，以大圭为柄，是为圭瓒"，结合出土实物，在此基础上阐述的看法和认识。

祼玉说。此观点认为"圭瓒"是祼祭时用来供神享用的玉。持此观点的臧振先生认为，金文"瓒"字上部似玉字，或璋字或圭形，像玉件或璋或圭植于卣中待灌之形。所谓瓒，正是以郁鬯灌注盛于器中之玉。[7] 李小燕、井中伟两位先生认为，"瓒"字是复合体玉柄形器的象征，玉柄形器应定名为"瓒"。就形制而言，复合体玉柄形器中柄首作梯形或盝顶形中的一些类型，或许就是西周金文和典籍中所谓的"圭瓒"和"璋瓒"。[8] 邓淑苹先生认同"瓒"为柄形器说，她认为"柄形器"作为重要的玉礼器，不可能在古文献中没有自己的器名，由于"乙亥铭玉柄形器"确实自铭"瓒"，所以"柄形器"的古代器名就是"瓒"。[9]

仪式说。朱渊清先生依据古文献，结合考古资料，从古文字学的角度来解释"瓒"，认为瓒是会意字，表示动作行为，是将柄形器插入觚（同）内的一种仪式，表示赞同。柄形器在这个仪式中至关重要，也可以直接以"瓒""圭瓒""璋瓒"相称。[10]

2. 讨论

我们首先来看一下文献中的相关记载：

《诗经·大雅·江汉》云："釐尔圭瓒，秬鬯一卣。"《毛传》："釐，赐也。秬，黑黍也。鬯，香草也。筑煮合而郁之曰鬯。卣，器也。九命赐圭瓒、秬鬯。"《郑笺》："秬鬯，黑黍酒也。谓之鬯者，芬芳条鬯也。王赐召虎，以鬯酒一樽，使以祭其宗庙，告其先祖，诸有德美见记者。"

《诗经·大雅·旱麓》曰："瑟彼玉瓒，黄流在中。"《毛诗》："玉瓒，圭瓒也。"《郑笺》："黄流，秬鬯也。圭瓒之状，以圭为柄，黄金为勺，青金为外，朱中央也。"

《周礼·春官·典瑞》载："祼圭有瓒，以肆先王，以祼宾客。"郑玄注："郑司农云'于圭头为器，可以挹鬯祼祭，谓之瓒'。"

《周礼·考工记·玉人》云："祼圭，尺有二寸，有瓒，以祀庙。"

《礼记·祭统》载："君持圭瓒祼尸，大宗持璋亚祼。"郑玄注："圭瓒、璋瓒，祼器也，以圭、璋为柄，酌郁鬯曰祼。"王先谦《集疏》："盖祼祭有勺，所以流秬鬯之酒。勺以玉瓒为柄，君用圭瓒，臣用璋瓒。"

《礼记·王制》曰："赐圭瓒，然后为鬯。"郑玄注："圭瓒，鬯爵也。鬯，秬酒也。"

《左传·昭公十七年》："郑裨灶言于子产曰：'宋、卫、陈、郑将同日火。若我用瓘斚玉瓒，郑必不火。'"杜预注："瓘，珪也。斚，玉爵也。瓒，勺也。"

《说文》"瓒"条曰："三玉，二石也，从玉赞声。"《礼》："天子用全，纯玉也；上公用駹，四玉一石；侯用瓒，伯用埒，玉石半相埒也。"

瑒："圭，尺二寸，有瓒，以祠宗庙者也，从玉易声，丑亮切。"段注：《玉人》曰："祼圭，尺有二寸，有瓒，以祀庙。"祼圭，谓之瑒圭。瑒读如畅。《鲁语》谓之鬯圭，用以灌鬯者也。祠，《玉篇》作"祀"。

《考工记·玉人》载："天子用全，上公用龙，侯用瓒，伯用将。"段注："郑司农云：全，纯色也。龙当为尨，尨谓杂色。玄谓全，纯玉也。瓒，读餐屦之屦。龙、瓒、将，皆杂名也。卑者下尊以轻重为差，玉多则重，石多则轻。公侯四玉一石，伯、子、男三玉二石。……此与祼圭之瓒异义。许不言祼圭之瓒者，盖其字古只作赞，黄金为勺，不用玉也。《诗》谓之玉瓒、圭瓒者，以赞助祼圭也。"

以上文献记载及注释显示，关于"瓒"有两种观点：一、认为瓒、玉瓒、圭瓒、祼圭为一类器物，即祼祭器，以圭、璋为柄的勺。二、即许慎的观点，认为"瓒"为侯一级爵位的贵族所使用的一种有杂质的玉。段玉裁认为，许慎之所以在该词条下不提"瓒"的祼祭功能，是因为古之祼祭用勺形瓒没有"玉"旁，为"赞"字。同时，《说文》词条中"祼圭"有专用词"瑒"，显然在许慎这里并不认为瓒与祼圭是一回事。

金文资料中的"瓚（瓒）"。目前已知金文中涉及"瓒"的青铜器有12件，其中敔簋和师訇簋2件仅见文献记载无实物，因而可供研究的实物资料为10件。10件青铜器中商代晚期至西周早期的6件，西周中晚期各2件。

在表2中，我们将收集到的金文中的"瓚"字，依照其字形的构成大致划分为三类（图2）：

Ⅰ类：有7件铜器铭文中的瓚属于此类。就字形而言，该类"瓚"字有一个共同点，就是上部字形与自铭为瓚的小臣柄形器器首相类，即李小燕等人的柄形器为瓒说的观点[11]，其中作宝瓒罐的"瓚"字顶部与其他几个略有不同，应该是柄形器柄首不同的样子在瓚字部首中的又一种写法。

边璋瓒　　中璋瓒　　大璋瓒　　璋瓒　　圭瓒

图1　聂崇义《新定三礼图》中的圭瓒图、璋瓒图

表2 金文中瓒（瓚）字统计

序号	器名	时代	类别	铭文	铭辞词性
1	作宝瓒罐	西周早期		乍（作）宝瓒（瓚）罐	形容词
2	戈父辛鼎	西周早期		戈囲（瓚）陶乍（作）父辛宝障（尊）彝	动词
3	宜侯矢簋	西周早期		易（赐）邑一卣商瓒（瓚）一□彤弓一……	名词
4	卯簋	西周中期		易（赐）女（汝）瓒（瓚）章（璋）四	形容词
5	小盂鼎	西周早期		王各（各），瓒（瓚）王邦宾	动词
6	多友鼎	西周晚期		易（赐）女（汝）圭瓒（瓚）一汤钟一肆（肆）	名词
7	毛公鼎	西周晚期		易（赐）女（汝）秬鬯一卣、祼（祼）圭瓒（瓚）寶、朱市（芾）、悤黄（衡）、玉环、玉瑹	形容词
8	荣簋	西周早期		王休易（赐）毕（厥）臣父燮瓒（瓚）王卿（王）	名词
9	子尊	西周早期		王商（赏）子黄瓒（瓚）一贝百朋	名词
10	蓟尊	西周中期		中易（赐）蓟瓒（瓚）	名词

从瓒字的词性角度看，瓒在这7件铜器中的词性又可分为三种：名词、动词和形容词。作为名词的2件铜器铭文在后面讨论，这里先说作为动词的两件铜器戈父辛鼎和小盂鼎。小盂鼎铭文中的"瓒"字为动词当"进献"讲，此观点李学勤[12]、丁进[13]等先生做了详细论述，这里不赘述。而戈父辛鼎铭多数学者的句读是："戈囲，瓒陶作父辛宝尊彝。"这里瓒陶为名词，释为人名。笔者释读为"戈囲瓒陶，作父辛宝尊彝"，这种句读较为妥帖。这里戈囲为人名，瓒为动词，同小盂鼎一样当进献讲，似乎更能解释通。再来讨论作为形容词的三件青铜器作宝瓒罐、卯簋和毛公鼎。首

先看"作宝瓒罐"，该铭为一件觯的铭文，觯为酒器，而其又自铭为"罐"（这里不讨论器物命名问题），罐为名词，其前面的瓒字是用来修饰、限定后面的名词的，指出罐的性质功能；也就是说罐（觯）是在缭礼中"献"的环节使用的器物，显然该"瓒"字是由动词衍生出来的形容词。"卯簋"铭文中的"赐汝瓒璋四"也是同理，"瓒"是来修饰限定璋的，指明此璋的功能，与璋组成一个新的词组，形成名词"瓒璋"。毛公鼎铭文"祼圭瓒宝"，有学者将这里的"圭瓒"解释为一个词，笔者认为这四个字解释为"祼圭""瓒宝"两个并列名词更为合理。关于"祼圭"，前文曾提到在《说

文解字》中它有一个专用词"瑒";"瓒宝"应该是裸玉一类器物的统称,"瓒"在这里同样是修饰限定"宝"的。以上三个作为形容词的瓒当指的是《周礼》中的裸礼。

Ⅱ类:此类瓒出自"荣簋"铭文,仅一例,字体构成与Ⅰ类的区别在于字的上部。Ⅰ类上部为"柄形器"柄部的样子,而本字为金文"王"(玉)字,从字体构成的角度表示该字的性质应该与玉有关。对于该字的词性,从铭文上下文判断,该字处于被赏赐之人名后,为物品之名,应属于名词。

图2 金文中的"瓒"
1. 荣簋;2. 凤簋;3. 小臣柄形器;4. 甲骨文合集6016

Ⅲ类:本类瓒字与上述两类比较不难发现,从字体构成上已经不是上下结构,左边增加了表示类似流口状的部首。从汉字造字法的角度来看,每增加一个部首就标志着该字与本字所表达的意思有不同之处,或是作为特指,固定表达某种含义。不仅如此,瓒字的上部与上述两类也有差异,非"柄形器"柄部的样子,我们认为这并不是瓒的另外一种写法或者是笔误,这两件青铜器并非同一时期器物,而字形结构却相同,与上述两类瓒字写法不同,应该不是时间造成的差异,而有其特殊的意义。关于该类瓒字的词性,结合䣄尊和子尊铭文上下文判断,当属于名词。

同是名词,上述三类所表达的物应有所不同。首先来分析一下Ⅰ类,多友鼎铭"赐汝圭瓒一,汤钟一肆",宜侯夨簋铭"赐鬯瓒卣一卣,商瓒一"。两件铜器铭文中瓒前都有一个修饰词,前者为"圭",后者为"商";前者不难理解,对"商"的释义,笔者认为应该是假借,释读为"璋"比较合理。因此,本文认同李小燕等人的观点,此类名词瓒表达的意思是玉器"柄形器","圭""商"指的是"柄形器"器首的形状。Ⅱ类字体结构中带有玉旁,无疑应指玉器。现藏于天津市历史博物馆,据传20世纪20年代出土于安阳殷墟的商代晚期小臣玉柄形器,器身一面阴刻两行文字,共11字:"乙亥王易(锡)小臣㠱瓒才(在)大室。"小臣私名㠱,后为该器器名"瓒",目前多数学者释读为瓒[14],我们也认同。有意思的是该字上部为甲骨文玉字头。同理,"荣簋"中的"瓒"当为"柄形器"。再来分析第Ⅲ类,子尊铭"王赏子黄瓒(瓒)一贝百朋"。瓒前的"黄"字,西周金文中较为常见,中期以后的金文中频繁出现,多指颜色(黄钟),也有氏名(黄子鲁天尊、黄尊),还指命服绶带(幽黄),后衍生为长寿(黄耇弥生)。这里的"黄"应该指瓒的颜色,表示玉的颜色有特定的字,如瑳为白色玉,瑾为赤色玉等。所以,这里的瓒应该不是玉器。商周时期的青铜器多用"黄"来表示颜色,比如曾侯乙编钟铭文就有"黄钟"。该类瓒字在字形结构上与前两类也有所不同,有似流口的部首,说明其所表达的意思有别于前两类,因此,与第Ⅲ类瓒较为吻合的应该就是前文文献中说的"黄金勺",即勺形瓒。前文段注《说文》也提及在古文字中玉"瓒"与勺形"瓒"写法有别,可与金文资料相互佐证。

3. 结论

综上所述,笔者认为金文中瓒、玉瓒、圭瓒、裸圭并不是一回事。在金文中瓒有两种情况,一是表示动作的动词，另一种是器物名称。瓒作为物名又有两种，即玉瓒和勺形瓒。《周礼·郁人》载："郁人掌祼器。凡祭祀、宾客之祼事，和郁鬯，以实彝而陈之。凡祼玉，濯之，陈之，以赞祼事。"郑玄注："祼器，谓彝之舟与瓒。""祼玉，谓之圭瓒、璋瓒。"因此圭瓒、璋瓒、祼圭都是玉器，统称玉瓒，即《周礼》中"郁人"记载的祼礼中使用的祼玉。而勺形瓒则是《周礼·郁人》中说的祼礼中使用的祼器。判断是玉瓒还是勺形瓒，必须要联系上下文语境以及字体构成才能确定；无论是玉瓒还是勺形瓒，都是"以赞祼事"的。可见，金文资料与史料记载是吻合的。毛公鼎铭文中的"祼圭"和多友鼎中的"圭瓒"都属于玉瓒，是祼祭礼中的祼玉。本文赞同"祼玉"瓒为柄形器专名的观点，因此，上述"祼圭"和"圭瓒"不是我们讨论的范畴。

（二）珤圭

1. 前人对珤圭的研究

"珤圭"出自师遽方彝铭文中，仅此一例。师遽方彝，马承源先生认为是西周恭王时期器[15]，为天子在宴飨礼中的赏赐。尽管目前"珤圭"的释义有"颜色说""形制说""纹饰说""礼制说"等多种观点[16]，但其真正含义尚无定论。

关于"珤圭、瑑章（璋）"的性质，孙庆伟先生认为是行"酬"礼时必有的酬币，同时他认为以圭和璋作酬币，其中当有特殊原因。[17]

2. 讨论

关于师遽的身份。师遽方彝铭文中师遽的身份为"师"，师遽簋盖铭文"王征正（整）师氏"中"师氏"，泛指军队的各级负责人及其所属士兵[18]，可见师遽在军中任职。目前发现的与师遽有关的青铜器，只有师遽方彝和师遽簋盖2件，其铭文中关于王的赏赐都是由其他人替代的，并非王亲自赏赐。师遽簋盖铭文中王对师遽的赏赐是"贝十朋"。"十朋"到底是多少钱？卫盉铭文中提到，矩伯从裘卫那里用相当于八十朋的十田换取一件瑾璋，又用相当于二十朋的三田换取用来包装瑾璋的虎皮、鹿皮等物。可见王赏赐师遽的"贝十朋"不足以换取用来包装玉璋的动物毛皮。以上两点说明师遽在军中的身份阶位不高。

珤圭的性质。《周礼·春官·典瑞》载："琰圭以易行，以除慝。"《考工记·玉人》云："琰圭，九寸，判规以除慝，以易行。"郑玄注："凡圭，琰上寸半。琰圭，琰半以上又半为瑑饰，诸侯有为不义，使者征之，执以为瑞节也。"《周礼·春官·典瑞》："珍圭，以征守，以恤凶荒。"郑玄注："珍圭，王使之瑞节，制大小当与琬琰相依。王使人征诸侯，忧凶荒之国，则授执以往致王命焉。"上述文献中记载的各种圭，都是作为天子的"瑞节""瑞信"用于调遣军队。

1977年至1982年间，在陕西省扶风县上宋乡北吕村发掘了先周至西周时期284座墓葬，多为低等级小型墓葬，男性墓远远多于女性墓，且随葬兵器的小墓葬较多，说明这些小墓的墓主生前为士兵。与周原齐家、刘家、美阳、云塘相同等级的墓葬相比，埋在周原地区的随葬品就很丰富，埋在北吕的随葬品就明显不多。从组合情况看，北吕墓葬的青铜器仅有礼器中的食器，而周原其他地区出土的礼器中却有食器、酒器、车马器和生产工具等。特别是酒器，在北吕所有墓地，未见一件青铜酒器。种种迹象表明，整个墓区"有着守护京都岐邑的战略意义"[19]，也就是说，该墓区是京城卫戍部队的陵园。有意思的是，其中西周时期的墓葬中出土了19件玉圭和29件玉戈，且出土玉圭、玉戈的墓葬葬制规格、随葬器物都高于其他墓葬，玉戈多握在墓主手中，玉圭则多放置于墓主胸部。理论上讲，低等级的士兵是无权、也没有足够的钱来购买玉戈、玉圭随葬；所以，这些玉圭、玉戈对于墓主是有特定意义的。较为合理的解释是其墓主身份可能是阶位较低的师氏，玉圭、玉戈是天子或上级给他们调动军队的"瑞信"，也就是权力的标志，按照当时的"事死如事生"的丧葬理念，在其死后，将生前标志其身份之物随葬。

3. 结论

如前所述，我们认为，珮圭应为王赐给师遽的瑞信，为"王使之瑞节"，其功能相当于文献中"琬圭""珍圭""琰圭"。对于"珮"字的释义，我们认同丁佛言的观点，释读为"珇"较为准确。首先，西周墓葬中出土的圭材质较多，有石圭（包括汉白玉）、玉圭、蚌圭等不同材质，而且就玉圭而言，玉的品质也不尽相同。就拿北吕墓地出土的玉圭来说，其质地以汉白玉为多，还兼有蚌壳制成的圭。[20] 且在出土玉圭的墓葬中，仅有一座墓出土铜礼器，墓主身份当与师遽身份相近。其次，《说文》解释珇"石之似玉者"，汉白玉恰恰符合这一点。文献中多以玉圭的形制来标明使用者的身份地位，但目前缺乏足够的出土资料的支撑。我们认为，以玉圭区分人的身份地位不仅要依靠圭的形制，也要考虑圭的材质。玉质的优劣同样也是身份的标志，关于这一点前文"瓒"一条中有提及，这里不赘述。

（三）圭

目前金文中出现的用圭仅见两例：2003年眉县杨家村青铜器窖藏出土的四十三年逨鼎和传世的五年琱生簋。

1. 册命礼中的圭

四十三年逨鼎铭文中"逨拜稽首，受册釐以出，反入（纳）堇（瑾）圭……"，为西周时期册命礼中的用圭。周代册命礼中，被册者在"受（命）册佩以出"之后，有固定的"反入堇璋（圭）"的返纳礼，返纳礼为册命礼（赐命礼）的一个重要环节[21]，圭应为大夫一级的瑞器。[22] 这一点从出土青铜器铭文和文献中都已经证实，没有什么争议。

2. 誓约中的圭

五年琱生簋是琱生三器之一，三器铭文记录了一件西周时期发生在宗族内部"土田"纠纷事件处理始末，事件处理经历了一年零两个月，涉及人物较多，人物关系如下：

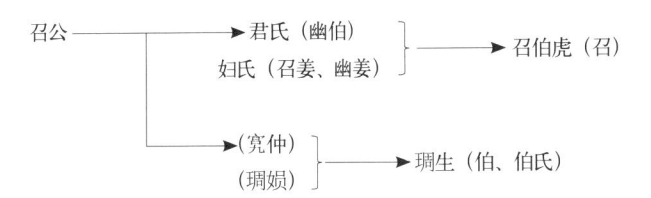

召公 ─→ 君氏（幽伯）
      妇氏（召姜、幽姜） ─→ 召伯虎（召）
    ─→ （宽仲）
       （琱娟） ─→ 琱生（伯、伯氏）

五年琱生簋铭文释文[23]：

佳（唯）五年正月己丑，琱生又（有）事，召来合事。余献，妇（妇）氏曰（以）壶，告曰："曰（以）君氏令（命）曰：'余老之，公仆庸土田多諌（扰），弋（式）伯氏从许（许）。公宕（宕）其参（三），女（汝）则宕（宕）其贰；公宕（宕）其贰，女（汝）则宕（宕）其一。'"余眔（惠）于君氏大章（璋），报妇（妇）氏帛束、璜。召白（伯）虎曰："余既䜌（讯）厰（厌）我考我母令（命），余弗敢酓（乱）。余或至（致）我考我母令（命）。"琱生则堇（觐）圭。

铭文中最后一句"琱生则堇（觐）圭"是金文中为数不多的关于"圭"的记录。对铭文的释读争议较大，学者多认为"琱生觐圭"为"贽见礼"用圭。[24] 我们认为"琱生觐圭"为誓约用圭。

表3 "琱生三器"中的礼尚往来

器名	君氏（惠）	妇氏（以）	召伯虎（献）	生（报）
五年琱生簋	大章	壶		报妇氏帛束、璜
五年琱生尊	大章	蔑（幭）五寻、壶两		报妇氏帛束、璜
六年琱生簋			典	报璧（召伯虎）

表3是琱生三器铭文中反映主客之间礼尚往来的情况，综观三篇铭文，礼尚往来之事第一次发生在五年正月"余献，妇氏以壶"，即琱生献礼后，妇氏回赠琱生壶[25]；当天，妇氏传达完君氏关于处理纠纷的意见后，琱生认为他受到了"君氏明德之恩惠"[26]，所以送给妇氏帛束和璜来答谢。第二次发生在同年九月的某天，召姜（妇氏）代表君氏再次出面调解"仆墉土田"的事件，并送给琱生"蔑（幭）五寻、壶两"；同样琱生以帛束和璜来答谢妇氏。第三次发生在第二年三月的一天，妇氏和君氏已经故去，他们的儿子召伯虎按照他们的意愿处理完纠纷后，将记载处理结果的文书副本献给了琱生："今余既一名典，献白（伯）氏"；琱生"则报璧"答谢。该礼中所用相互赠送礼物的动词也不相同，宗妇给琱生赠送用"以"，琱生给宗妇、召伯虎赠送用"报"。从这些动词的使用当中，我们可以看出他们之间的从属关系及礼尚往来的现象。

我们再看五年琱生簋中的"琱生觐圭"。首先，"琱生觐圭"没有出现在"礼尚往来"礼的环节中，是在召伯虎答应会遵从父母之命，调查核实"仆墉土田"之事之后，琱生才"觐圭"的。其次，由铭文可知琱生"觐圭"的对象是召伯虎。从逻辑上看给召伯虎觐圭并不合理，原因有三：一是召伯虎的地位只能算作大宗宗君的合法继承人，其地位在宗族内不能高于其父母；二是整个事件中，召伯虎就是替他父母具体办事之人，不是宗族内部"仆墉土田"纠纷案件的决策者；三是琱生的"觐圭"礼中缺少对方的回赠环节。所以我们认为琱生的"觐圭"并非贽见礼中的"觐圭"。

那么琱生的"觐圭"属于什么礼仪范畴呢？琱生三器铭文讲的是发生在宗族内部的"仆墉土田"纠纷，三器铭文中均出现"誎"字，对该字的释读，学界说法不一，有指责说[27]、狱讼说、侦讯调查说[28]、文书典册说[29]等多种观点，但有纠纷这一点很明确。五年琱生簋铭中"琱生觐圭"是在召伯虎曰"余既嚣（讯）厌（厭）我考我母令（命），余弗敢酓（乱），余或至（致）我考我母令（命）"后的行为。五年琱生尊铭文中琱生云"其有敢变兹命，曰：'汝事召人公则明憜'"。召伯虎和琱生的这两句话，应看做自誓，是当事人双方为解决纠纷达成共识而起誓。冯时先生认为"圭为瑞信之物，故琱生晋圭"。[30] 另外，从文献和考古出土实物来看，圭也可用作盟誓之质。[31] 所以我们认为"琱生觐圭"的圭应该是誓约中的信物，并非贽见礼中的"觐圭"。

确切地讲，金文中出现的礼仪用圭事例只有寥寥数例，其内容涉及册命、誓约、赏赐。通过对金文中用圭事例的观察，我们能从中对西周时期圭的性质、功能有一个大致的了解和认识,同时,也能弥补史料之不足。

---

[1][17][24]孙庆伟. 周代金文所见用玉事例研究[M]//古代文明:第三卷. 北京:文物出版社,2004.

[2][9]邓淑苹. 柄形器:一个跨越三代的神秘玉类[J].玉器考古通讯,2018(1).

[3]王慎行. 古文字与殷周文明[M].西安:陕西人民教育出版社,1992.

[4]李学勤. 周礼玉器与先秦礼玉的源流——说祼玉[M]//东亚玉器. 香港:香港中文大学中国考古艺术中心,1998;柳志青. 玉柄形器是酒器柄、是餐刀、是祼圭[J].浙江国土资源,2005(12).

[5]钱玄,钱兴奇. 三礼辞典[M].南京:江苏古籍出版社,1993.

[6]孙庆伟. 周代祼礼的新证据——介绍震旦艺术博物馆新藏的两件战国玉瓒[J].中原文物,2005(1).

[7]臧振. 玉瓒考辨[J].考古与文物,2005(1).

[8][11]李小燕,井中伟. 玉柄形器名"瓒"说[J].考古与文物,2012(3).

[10]朱渊清. 赞同——周康王继位仪式中礼器的使用[M]//艺术史研究:第十八集. 广州:中山大学出版社,2016.

[12]李学勤. 小盂鼎与西周制度[J].历史研究,1987(5).

[13]丁进. 从小盂鼎铭看西周大献礼典[J].学术月刊,2014(10).

[14]严志斌. 小臣𪘁玉柄形器诠释[J].江汉考古,2015(4).

[15]马承源. 商周青铜器金文选:第3卷[M]. 北京:文物出版社,1988.

[16]杨州. 甲骨金文中所见"玉"资料的初步研究[M].首都师范大学,2007.

[18]张亚初,刘雨. 西周金文官制研究[M].北京:中华书局,2006.

[19]马赛. 北吕墓地试析[J].考古与文物,2009(1).

[20]罗西璋. 北吕周人墓地[M].西安:西北大学出版社,1995.

[21]汤志彪. 金文赐命礼中的返纳礼[J].文史知识,2015(12).

[22]孙庆伟. 出土资料所见的西周礼仪用玉[J].南方文物,2007(1).

[23][30]冯时. 㝬生三器铭文研究[J].考古,2010(1).

[25][29]徐义华. 㝬生三器铭文补释[J].南方文物,2015(3).

[26]陈昭容,内纯田子,林宛蓉等. 新出土青铜器㝬生尊及传世㝬生簋对读:西周时期大宅门土地纠纷事件始末[J].古今论衡,2007(6).

[27]王辉. 㝬生三器考释[J].考古学报,2008(1).

[28]辛怡华. 五年㝬生尊铭文考释[J].文物,2007(8).

[31]孙庆伟. 西周玉圭及相关问题的初步研究[J].文物世界,2000(2).

河南夏商周时期的金玉合器*

杨广帅[1] 王琢[2]

1.南京博物院 2.河南博物院

摘要：早在夏代晚期，二里头遗址就已经出现了少量的嵌绿松石铜牌饰，开金玉合器之先河。夏商周时期，金玉合器发现数量不多，但制作精美，多出土于高等级贵族墓葬。本文对河南地区青铜时代发现的金玉合器进行了梳理，主要有带玉石质铃舌的铜铃、铜骹玉援矛、铜内玉戈、嵌绿松石铜戈、嵌绿松石铜钺、玉柄铁剑和嵌绿松石铜带钩等。金玉合器在河南青铜时代众多精美文物中尤为耀眼，开启了后世金镶玉文物之先河。

关键词：河南；夏商周；金玉合器

早在新石器时代末期的河南龙山文化遗址中已经出现了铜器冶炼的遗迹和遗物，开启了中原地区青铜时代之先河。河南夏商周时期出土青铜器数量众多，其中一部分金玉结合器物（简称金玉合器）引人注目。汉代以前所称的"金"多指青铜，"吉金"则指精纯而美好的青铜，后代多作为钟鼎等彝器的统称。先秦时期称美石皆为玉，裴李岗时期的先民已经开始用绿松石饰件，夏商周时期也有部分青铜器和漆器用绿松石做装饰，足见古人对绿松石的喜爱，可见绿松石理应是古玉的一种。

庞小霞对中国新石器时代出土的绿松石器进行了研究[1]，洪石对先秦两汉时期的嵌绿松石漆器进行了梳理研究[2]，由此可知先民很早就开始了对绿松石的使用。从考古发现来看，因绿松石硬度低，易于加工，且颜色艳丽有光泽，从裴李岗文化时期人们就开始将其做成小饰件，在大汶口文化遗存中已经出现嵌绿松石的骨器、象牙器和漆木器，可见新石器时代的古人已掌握了对绿松石的切割、穿孔、打磨和镶嵌技术。到了青铜时代，古人又开始将绿松石镶嵌到铜器上，足见古人对绿松石的喜爱。只是限于绿松石矿源较少，可能绿松石在中原地区专供贵族使用，再加上绿

---

* 本文是河南博物院 2020 年度资助课题"河南商周时期金玉合器研究"的阶段性成果。

松石和青铜器结合的工艺比较复杂，故目前所发现的嵌绿松石铜器多出土于高等级墓葬中。本文主要介绍用铜和玉石两种材质为主材制成的器物，暂不涉及仅嵌饰少量绿松石的铜器。

一、夏代的金玉合器

河南的夏代金玉合器见于洛阳市二里头遗址，主要是二里头贵族墓葬中出土的嵌绿松石铜牌饰和铜铃等。

夏代晚期的青铜器多为素面，只有铜牌饰纹饰精美，满嵌绿松石，可谓开金玉合器之先河。二里头遗址先后发掘出3件嵌绿松石铜牌饰（图1 二里头VM4：15、VIM11：7、VIM57：4）[3]，3件铜牌饰外轮廓似长圆形或圆角梯形，正面均用众多绿松石片粘嵌成兽面纹，但纹饰细部有所不同。如二里头VM4：15，整体近长圆形，弧状束腰，长边两侧各有2穿孔钮，正面呈瓦状隆起，由绿松石片嵌饰成兽面纹，长14.6厘米，宽9.9厘米。

铜牌饰一般出土于墓主人的胸前或腕部附近，两侧边多有用于系带的小穿孔。关于其功用学界有不同的观点，如臂饰说、权杖说、礼器说、巫具说、护身说、神像说等，莫衷一是。

据不完全统计，二里头遗址先后发掘出土12件铜铃[4]，其中6件已公布详细信息，5件有玉、石质圆柱状铃舌，我们可以看出二里头文化的部分铜铃应属金玉合器。如1984年出土的二里头VIM11：2带翼铜铃就有玉质铃舌（图2），铜铃整体呈合瓦形，顶部平，有低矮的桥形纽，纽两侧各有一小孔，一侧有翼，通高7.7厘米，口径7～8.8厘米。2002年出土的二里头VM3：22带翼铜铃（图3），铃舌为石质，通高13.5厘米，口径12.2～15.4厘米。发掘报告提及VM3：22铜铃一侧的器表凸棱勾勒的区域粘附有绿松石龙形器脱落的绿松石片[5]，但笔者认为不能排除绿松石片是原本粘附于铜铃器表的可能性。此类带有玉石质铃舌的铜铃在青铜时代仅在夏代有少量发现，到了商周时期铃舌则多为骨质或铜质。

图1 嵌绿松石铜牌饰
1. 二里头VM4：15；2. 二里头VI M11：7；3. 二里头VI M57：4

图 2　玉舌铜铃

图 3　石舌铜铃

二、商代的金玉合器

河南发现的商代金玉合器明显较夏代增多，多为兵器或车马器，主要出土于殷墟遗址的贵族墓葬中。殷墟出土的商代车马器和动物形饰中也有少数几件为嵌绿松石铜器。

兵器主要有铜骹玉援矛、铜内玉戈、嵌绿松石铜戈、嵌绿松石铜钺和嵌绿松石铜刀。

铜骹玉援矛在殷墟附近出土有 6 件，多为铜质，骹体前端中空以嵌玉质矛援，可能是先预制好矛的玉援部，后套铸铜骹。安阳大司空南地 M25 出土有 1 件铜骹玉援矛，玉矛呈叶状，中部起脊，铜骹前端呈蛇头状以纳玉矛，双面都有绿松石嵌成的蛇形纹饰，通长 21 厘米。[6]（图 4：1）安阳黑河路 M5 出土有 1 件铜骹玉援矛，通长 22.95 厘米，铜骹长 12.4 厘米，玉援宽 5.48 厘米，铜骹上原有绿松石嵌饰的饕餮纹和交错三角纹，但绿松石多已

|　1　|　2　|　3　|　4　|　5　|　6　|

图 4　铜骹玉援矛
1. 大司空南 M25；2. 黑河路 M5；3. 花园庄东地 M54；4. 花园庄东地 M54；5. 铁三路 M89；6. 铁三路 M89

脱落。[7]（图4：2）安阳花园庄东地M54出土有2件铜骹玉援矛，铜骹上未见镶嵌绿松石。[8]（图4:3，图4：4）安阳铁三路M89出土有2件铜骹玉援矛，与大司空南地M25所出近似，不同的是铜骹两侧有系，铜骹上也未见镶嵌绿松石。[9]（图4:5，图4:6）

经科学发掘出土的铜内玉援戈有10余件，多为殷墟附近出土。根据玉援和铜内部分的结合方式，可以将其分为两种，一种是先预制好玉戈援部，后套铸铜阑及内部，如妇好墓出土的1件铜内玉戈的阑及内部位铜质（图5：1），近阑部及内部后段皆嵌饰有绿松石纹样[10]，再如安阳黑河路M5出土的铜内玉戈也属此类[11]（图5：2）；另一种是先制作一件完整的玉戈，然后在玉戈的内部后段套铸铜内外壳，这种形制的戈目前发现较少，仅在安阳刘家庄北地M793出土有2件。（图5:3）

铜柄玉戚目前仅在安阳铁三路M89发现1件（图6），玉戚戚身为长方形，两侧有扉牙，底端两面略下凹以便于安装铜柄。铜柄形似铜矛的骹部，椭圆形銎腔内残存木柄朽痕；前端作蛇口状，内嵌玉戚柄部；铜柄上饰饕餮纹、三角纹。整器通长17.9厘米，玉戚长7.2厘米，刃宽5.4厘米。

在殷墟妇好墓还出土有1件铜首玉身虎（图7），虎首及足部为铜质嵌绿松石，虎眼嵌金叶，以玉柱体为身，通长9.5厘米，高4.7厘米。铜首玉身虎在商周时期十分罕见。

此外，值得一提的是美国弗瑞尔·赛克勒美术馆藏有一组相传出土于安阳的晚商时期金玉合器，分别是铜柲玉戈（图8）、铜内玉戈和铜銎玉钺（图9），且三件器物的铜质部分均以绿松石嵌饰复杂的图案。在商周时期，这样一组金玉合器极为罕见，若其出土于同一座墓葬，则该墓必定是王侯级大墓，当为象征晚商王侯权力的仪仗用器。

图6 铜柄玉戚

图5 铜内玉援戈
1.殷墟妇好墓；2.黑河路M5；3.刘家庄北地M793

图7 铜首玉身虎

图8 铜柲玉戈 　　图9 铜銎玉钺 　　图10 嵌绿松石铁刃铜戈

图11 玉柄铁剑

三、周代的金玉合器

河南发现的周代金玉合器较商代更多，但是与商代的金玉合器的种类有所不同。商代的铜骸玉援矛和铜内玉援戈，在周代发现很少，目前发现的周代金玉合器主要是兵器、铜带钩、车马器和少量容器，多为镶嵌少量绿松石作为装饰。

兵器中比较精美的是三门峡虢国墓地M2001虢季墓出土的嵌绿松石铁刃铜戈[12]，铁刃加铸于铜援中，胡上部阑处有一横穿；长方形内中部有一横穿，援后段近阑除用绿松石嵌出龙首纹，内部也嵌饰松卷云纹样的绿松石，长17.4厘米，内宽3.5厘米，内长7.4厘米。（图10）虢季墓还出土有其他几件内部饰卷云纹样的铜戈，但未见嵌绿松石，推测应原有绿松石，但已脱落殆尽。

虢国墓地M2001还出土有1件国宝级文物——玉柄铁剑（图11），它由铁质剑身、铜质柄芯和玉质剑柄嵌接组合而成，铜质柄芯起到将玉质剑柄与铁质剑身连接在一起的作用。剑身中部双面起脊，锋作柳叶形。玉柄由茎和首两部分套接而成，剑茎为圆柱形，剑首顶部呈方形且饰蝉纹，剑首顶端嵌有绿松石。剑通长34.2厘米，柄长12.2厘米。虢季墓出土的玉柄铁剑把中国铁器冶炼史往前推进了200年，冶炼技术运用了当时先进的渗碳钢技术，该剑是目前已知的经科学检测认定的我国人工冶铁的最早实例。

南阳淅川下寺春秋楚墓M10出土有1件玉柄铁匕首，铁匕首大部分残缺，仅余饰兽面纹和云纹的青玉柄和嵌进玉柄的铁匕残片，残长10.5厘米，宽4厘米，厚0.6厘米。[13]

除前述经考古发掘出土的周代金玉合器外，还有几件流失海外的洛阳金村出土的战国时期金玉合器，十分精美。芝加哥美术馆藏的一件牛首错金嵌玉龙形带钩（图12），融金、玉、铜三种材质为一体，据传出土于洛阳金村大墓，极为罕见。哈佛大学艺术博物馆藏的嵌玉琉璃铜镜也堪称绝世珍品（图13），该镜镜纽是一颗蜻蜓眼琉

图12 牛首错金嵌玉龙形带钩

图13 嵌玉琉璃铜镜

图14 青铜弄雀俑

璃珠，其外由玉、金、琉璃三种材质呈同心圆状布局，最外侧镶嵌绞丝纹玉环，据传也出土于战国时期的洛阳金村大墓。波士顿美术馆藏的一件青铜弄雀俑，铜俑手握铜棒的顶端立有两只玉鸟（图14），据传也出土于洛阳金村大墓。

四、制作工艺

（一）镶嵌工艺

目前河南地区见到最早的金玉合器应是嵌绿松石铜牌饰和带玉石质铃舌的铜铃。铜铃应是直接用绳索将铃舌系于铜铃顶部，没有特殊的制作工艺。嵌绿松石铜牌饰则是目前河南地区见到的最早的铜器镶嵌工艺，且镶嵌工艺后代一直沿用。

通过观察和比较分析河南、甘肃及四川出土的嵌绿松石铜牌饰，可知其制作方法，应该是先铸好铜牌的铜质主体，再镶嵌绿松石块。根据二里头遗址出土少量铜容器可知，当时已用陶范法铸铜，铜牌主体的铸造也应是用陶范法。浇铸时直接在铜牌上铸成设计好的纹饰，然后依照纹饰的规格，将绿松石加工成各种合适的形状，再用黏合剂粘在器表的阴刻纹饰上。绿松石嵌于器表后，再加以打磨使之平滑。二里头文化时期，被用来镶嵌的绿松石都磨得小而薄，其厚度大致在0.5厘米，这种加工需要较高的玉石加工技术。

因此镶嵌绿松石铜牌饰的出现，使青铜与镶嵌从其他制铜和制玉工艺中分离出来，成为一门独立的工艺技术——青铜镶嵌复合工艺，并开创晚期青铜时代流行的复合错金银镶嵌工艺之先河[14]。

青铜镶嵌复合工艺从夏代晚期开始出现，商周时期得到较大发展。如商代的铜骹玉矛、铜内玉戈、嵌绿松石铜戈、嵌绿松石铜钺及少量的车马器，周代的少量铜容器、少量铜剑及嵌绿松石铜带钩中均可见到青铜镶嵌复合工艺的运用，其中主要是镶嵌绿松石。

（二）铸接工艺

晚商时期复杂的青铜器铸造中铜器主体与附件连接经常使用分铸法（铸接技术）[15]，笔者认为晚商时期的铜骹玉矛、铜内玉戈和铜柄玉戚应该借鉴了铜器的铸接技术将玉和铜合为一器。首先将玉矛、玉戈或玉戚等玉质部分预制好，然后将玉质部分的末端包裹于陶范中，再浇铸铜骹玉矛、铜内玉戈和铜柄玉戚等铜质部分，这样玉质部分与铜质部分即可套接在一起。为使二者连接更加牢固，与铜质部分连接的玉质部分末端可能预留有孔洞，类似青铜器铸造中的铆接工艺。

五、结语

河南地区夏商周时期金玉合器，大体可分为两类。一是以玉石为主体的器物，多为兵器，如铜骹玉援矛、铜内玉援戈，年代多集中在商代。二是以玉石为装饰的器物，种类较多，兵器、车马器、容器和铜带钩等。这类金玉合器出现较早，其装饰以绿松石为主，夏代晚期已出现少量嵌绿松石的铜器，商周时期种类逐渐增多。

综上所述，在河南出土的数量众多的夏商周时期青铜器中，金玉合器因制作工艺复杂而数量不多，但更显珍贵。从夏代"金声玉振"的带有玉铃舌的铜铃到商代的铜骹玉援矛、铜内玉援戈，再到周代的玉柄铁剑，金玉合器多出土于高等级贵族墓葬。商周时期的铜戈、铜矛等原是用于征伐的兵器，但铜骹玉援矛、铜内玉援戈可能已丧失其杀伐的功能，而应是王侯贵族专用的代表权力的仪仗用器。

---

[1] 庞小霞. 中国出土新石器时代绿松石器研究[J]. 考古学报, 2014（2）.

[2] 洪石. 先秦两汉嵌绿松石漆器研究[J]. 考古与文物, 2019（3）.

[3] 中国社会科学院考古研究所. 二里头（1999—2006）[M]. 北京：文物出版社, 2014；王青. 镶嵌铜牌饰的初步研究[J]. 文物, 2004（5）.

[4] 蔡杰. 二里头文化铜铃的类型与铸造分析[J]. 中原文物, 2014（4）.

[5] 中国社会科学院考古研究所. 二里头（1999—2006）[M]. 北京：文物出版社, 2014.

[6] 谷飞. 1986年安阳大司空村南地的两座殷墓[J]. 考古, 1989（7）.

[7][10][11] 古方. 中国出土玉器全集：河南卷[M]. 北京：科学出版社, 2005.

[8] 中国社会科学院考古研究所. 安阳殷墟花园庄东地商代墓葬[M]. 北京：科学出版社, 2007：189.

[9] 何毓灵. 河南安阳市殷墟铁三路89号墓的发掘[J]. 考古, 2017（3）.

[12] 河南省文物考古研究院, 平顶山市文物管理局. 平顶山应国墓地I[M]. 郑州：大象出版社, 2012.

[13] 河南省文物考古研究所, 河南省丹江库区考古发掘队, 淅川县博物馆. 淅川下寺春秋楚墓[M]. 北京：文物出版社, 1991.

[14] 秦小丽. 跨文化视角下的绿松石与镶嵌礼仪饰品研究[J]. 中原文化研究, 2020（6）.

[15] 华觉明. 中国古代金属技术：铜和铁造就的文明[M]. 郑州：大象出版社, 1999.

中国古代格斗兵器的分类

石晓霆
河南博物院

摘要：格斗兵器的分类应立足于格斗兵器的主要应用技法与力量类型，并结合具体形制来进行。据此，格斗兵器可分为三大类：击兵、刺兵、击刺合一兵器。击兵可分为锋刃击兵与非锋刃击兵两类。在各类兵器之下进行考古学分型分式，如此便可理顺格斗兵器的发展轨迹，进而探索格斗兵器的发展规律。

关键词：格斗兵器；击兵；刺兵

冷兵器时代的野战模式主要有远距离打击与近距离搏杀两种，远距离打击用弓弩，近距离格斗用刀矛之类兵器，因格斗兵器主要应用于近距离搏杀，故也有学者称为近搏兵器。格斗兵器是"持于手中，靠使用者的力量和技艺与敌人作战的进攻性兵器"。[1] 经过长期的发展与演变，格斗兵器纷繁复杂，种类繁多，许多前辈及同行对格斗兵器的分类做了艰苦且有益的探索，如五兵、长短兵、攻国之兵、守国之兵、句（勾）兵、刺兵、击兵、劈兵、杀兵、锋刃器等皆出自前辈及同行的努力。本文拟在前辈及同行研究成果的基础上，探索新的格斗兵器分类模式，以利于对格斗兵器的进一步研究，不当之处，敬请批评指正。

一、"长短兵"分类法产生的原因及不足之处

以长短兵对格斗兵器进行分类，历史悠久也最为普遍。追溯其源，应来自冷兵器时代结阵而战的战斗模式。结阵而战时须将不同的兵器进行合理的搭配，以发挥兵器的最大效能。长短相配是格斗兵器结阵而战时的搭配原则，《司马法·天子之义第二》中说："兵不杂则不利，长兵以卫，短兵以守。太长则难犯，太短则不及。"[2] 同样的格斗兵器配置原则，《孙膑兵法·陈忌问垒》中也有提及："长兵次之，所以救其隋也。钍次之者，

所以为长兵□也。短兵次之者，所以难其归而檄其衰也。"[3] 其中铍为小矛，此句之后还提到了弩，所以这一段话也是关于格斗兵器的配置原则。西汉晁错也认可这种配置，他曾说："坚甲利刃，长短相杂，游弩往来……则匈奴之兵弗能当也！"[4] 这种原则一直到明代尚在坚持，明代正德至万历年间的军事家何良臣在《阵纪》中也说："长短之兵杂而用之……得长短刚柔之用者不败也。"[5] 戚继光也持此观点，在其《练兵纪实》一书中说："夫人无爪牙，天设五兵，长短相差。"[6]

根据文献记载，长短兵的判定方法有两种，一是根据兵器的长短；二是根据是否装柄，装柄者为长兵，不装柄者为短兵。明末清初的武术家吴殳在其《手臂录·剑诀》中就根据有无装柄区分长兵短兵："长兵柄以木，短兵柄以臂。"[7] 从武术的角度来看，装柄兵器与不装柄兵器在运用上的技巧差别很大，"长兵进退手已神，短兵进退需足利"。根据这两种方法，结合史料可以大致判断，戟、矛一类兵器为长兵，刀、剑之类兵器为短兵。相关史料也有印证。《三国志·魏书十八》记载："韦以长戟左右击之，一叉入，辄十余矛摧。左右死伤者略尽。韦被数十创，短兵接战，贼前搏之。韦双挟两贼击杀之。"[8] 这段描述可以看出，近距离搏杀也有远近两种打击距离，一种是矛、戟等长柄兵器的作战距离，另一种是贴身搏杀。典韦先是用长戟对阵长矛，被突入后开始短兵接战。很显然，戟、矛在这里就属于长兵。《宋史·志第一百四十八·兵九》记载："若去敌稍远则施箭，近则左手持弩如小排架隔，右手执刀以备斩伐，与长兵相参为用。"[9] 这段记载清楚描述了宋军远距离打击与近距离搏杀所用的兵器，近距离搏杀时刀与长兵相参为用，长兵指得应是枪一类兵器，相应的刀应归入短兵范畴。《宋书·志第十》中的《剑俞第二》中则直接将剑归为短兵："剑为短兵，其势险危。"[10]

许多近现代学者也接受格斗兵器的这种分类方法，周纬先生将周代格斗兵器分为长兵和短兵两类，长兵有戈、戟、矛、殳、劈、斫长兵（斧、钺、戚斤、戣、瞿等），短兵有刀、剑。[11] 彭文先生在谈及秦代步兵武器时将格斗兵器分为长兵器与短兵器，"长兵器主要是用来进行长距离战斗的带长柄的兵器，有矛、戈、戟、铍、殳等；短兵器主要是用于近战的兵器，有剑、金钩等"[12]。

但以长短对格斗兵器进行分类也存在一些问题。其一，在不同的语境里，长短兵的内涵不同，从而使同样的兵器在"长短兵"这一名称中时而为长兵，时而为短兵。《史记·匈奴列传》中谈到匈奴时曾说："其长兵则弓矢，短兵则刀鋋。"[13] 很显然这是根据野战中打击距离来判定长兵、短兵的，在这里矛之类显然与刀之类一同归入了短兵的行列。这在许多史料中也得到了印证，如《隋书》卷六十五记载："袭庆力战矢尽，短兵接战，杀伤甚众，刀矛皆折。"[14] 不难看出，在这里，刀、矛皆为短兵。明代的何良臣则将枪与弓弩一同列入长兵之中，"每以枪、筅、弓、弩、标、铳为长兵，刀、镰、钯、牌、斧为短器"[15]。同为明代的茅元仪则将枪列入了"短器"[16]。

即使形制、性能极其相近的兵器有时也会被列入长、短不同的种类，《宋书·武帝上》有这样的记载："群贼数千，皆长刀矛鋋，精甲曜日，奋跃争进。龄石所领多鲜卑，善步稍，并结阵以待之。贼短兵弗能抗，死伤者数百人，乃退走。"[17]

这里贼所持的"长刀矛鋋"相对于步矟而言成了短兵，鋋为小矛，在这里矛与步矟也分成了短兵与长兵，步矟无疑属于长兵。但还有一些记载将矟归入短兵，《宋书·列传第五》中记载："镇恶自后继之，随者矟多，因短兵接战。……镇恶身被五箭，射镇恶手所执矟，于手中破折。"[18] 在这里矟又成了短兵。

短兵在某些文献中还成了格斗兵器的统称，如《北齐书·第十六卷·列传第八》中记载："周军仍以步人在前，上山逆战。韶以彼徒我骑，且却且引，待其力弊，乃遣下马击之。短兵始交，周人大溃。"[19] 这里短兵是格斗兵器的另一种称呼，同样的记载在《北齐书》中尚有多例，如《北齐书·第三十五卷·补列传第二十七》中记载："每与岳帷帐之谋，又常以短兵接刃，亲获首级，深为岳所嗟赏。"[20]

其二，以是否装柄来判定长兵短兵也存在问题，因为柄也有长短，郭宝钧先生认为戈柲"可分长、中、短三种"[21]。商周时期大部分戈柲长仅有九十至一百多厘米，以其长度来划分无疑应归入短兵，但是根据其装柄的特征来判定，其又应归入长兵。此外考古发掘中也发现有两米多长的戈柲，这样戈无疑要归入长兵之列。因此，如以此标准来判定，戈既是短兵又是长兵。类似的情况在其他兵器中也有。如刀，一般而言，刀属于短兵，但到了宋代有加装了长柄的刀，《宋史·志·兵九》中记载："长柄刀……刀长丈二尺以上。"[22]

鉴于以上两个方面的情况可以看出，以长短兵的方式对格斗兵器进行分类会使单种格斗兵器在这个体系中处于不确定的状态，同一件兵器，时而长兵，时而短兵，在此基础上很难对格斗兵器的发展进行科学研究。

以长短兵来对格斗兵器进行分类之所以出现这样的问题，原因在于"长短兵"一词可以从不同的角度解读。角度不同，标准则不同；标准不同，具体到单个的格斗兵器上，其所属便不同。简单统计，文献中长短兵的解读角度至少有战斗的不同阶段、兵器的表象以及攻方、守方，以攻方、守方来确定格斗兵器长短见于《周礼·冬官·考工记·庐人》："故攻国之兵欲短，守国之兵欲长。"[23] 从这些角度解读格斗兵器各有其道理，显而易见，这样的分类不是建立在对格斗兵器本质认识上的。

二、以技法和力量类型为基点，结合格斗兵器的形制进行分类

格斗兵器的本质是在近距离搏杀中杀伤对手的器具，从某种程度上说是手臂的延伸，要以之杀伤对手需要一定的技巧与力量，便于技艺的发挥、符合发力原理是制作格斗兵器要考虑的主要因素。

（一）格斗兵器的主要技法

格斗兵器使用的技法可分为两类，一类是直接杀伤的技法，如击、刺、劈、斩等，是设计制作格斗兵器时要考虑的主要因素；一类是防守或为直接杀伤对手进行的铺垫技法，如剑法中的格法。茅元仪在解释剑法中的"举鼎势"时说："举鼎势者，举鼎格也。法能鼎格上杀。"[24] 很明显是应对由上击下的技法，是防守技法；枪法中的拿、拦是格开偏右或偏左而来的对方兵器的技法，吴殳《手臂录》中说："拿，持枪前手阳，彼圈里

戳来，转阴向右革之""拦，与拿相对。"[25] 类似这样的技法对格斗兵器的设计制作所起的作用远不止这些，本文暂不予考虑。

以直接杀伤对手为目的的技法来划分格斗兵器的历史很长，《周礼·冬官·考工记》较早以此对格斗兵器分类，主要有句兵，"句兵欲无弹……是故句兵椑"，"句""即""勾"，主要是指戈、戟有援的兵器；刺兵，"刺兵欲无蜎……是故刺兵抟"，主要指矛；击兵，"击兵同强，举围欲细，细则校"，主要指殳。[26] 也有的学者将戈列入击兵，对于《尚书·牧誓》中的"伐"字，孔颖达疏曰："戈谓击兵。"[27]

周纬先生在格斗兵器中也列有劈斫长兵一项，斧、钺、戚斤、戣、瞿等皆属此列。宋代军中还有"劈阵刀"之说，《宋史·志第一百四十八·兵九》中有"骑兵佩劈阵刀"的记载。[28]

郭宝钧先生在《殷周的青铜武器》一文中也认为："我国青铜武器……其功用大概不外勾、刺、劈、杀……等数类……戈是勾兵，矛是刺兵，戟是勾刺两用兵，斧钺是劈兵，大刀是杀兵，剑是刺杀两用兵。"[29]

王开文先生也以击兵、刺兵、劈兵对各类格斗兵器进行分类。[30]

除上述明确被用来对格斗兵器进行归类的使用技法外，文献中提到的格斗兵器使用技法还有"推"，《晏子春秋·内篇杂上第三》中有"直兵推之"[31]；直，《后剑诀》中有"剑术真传不易传，直行直用是幽元"；砍、斫，"若为砍斫如刀法，笑杀渔阳老剑仙"[32]，"应之……遂与慧文交手战，斫慧文八创，慧文斫应之断足"[33]；斩，"（麦）铁杖取贼刀，乱斩卫者，杀之皆尽"[34]；扎，"枪扎一条线"[35]；点，茅元仪《武备志》中有"点剑势"，据书中"点剑势者，即点剑刺也"的记载，"点"应归于"刺"技一类。[36]

略而言之，文献中涉及主要的的格斗兵器杀伤技法主要有勾、刺、击、推、直、劈、杀、砍、斫、斩。

（二）以击、刺为基点结合格斗兵器的具体形制进行分类

但是，如果机械地以杀伤技法对格斗兵器进行分类，也有很大问题，许多技法对应的兵器不止一种，如刀可归入劈兵、杀兵、砍兵等，枪、矛除刺外也能使用击的技法，戈勾、击、推皆可，因此很难将某一种技法与某一种兵器精确固定在一起。很显然，以如此精细的技法对格斗兵器进行分类是不科学的。这些技法还可以进行归类。

此外，格斗兵器的一大特点是"持于手中"，理论上讲手臂能应用的技巧，持于手中的兵器也能应用。因此，在对格斗兵器进行分类时应看该兵器最主要的应用技巧。

浏览文献，可以看出上述几种技巧中击、刺在文献中出现的频率比较高，涉及剑的如《庄子·说剑》中的"剑士……日夜相击于前"[37]；《墨子·节用中》在谈及剑时说："剑，为刺则入，击则断，旁击而不折。"[38]《新唐书》记载李密"遣剑士蔡建从后击之"[39]；涉及矛、矟的有"氾、布乃独共对战，布以矛刺中氾"[40]，刘惟辅"舞矟刺其先锋将孛董黑锋，洞胸堕马死"[41]，"因握槊前行，遇敌奋击"[42]，"枪刃刺之"[43]。

而且至迟在汉代的文献里"击""刺"开始合二为一，以"击刺"来代表格斗兵器技巧，如《史记·日者列传》："齐张仲、曲成侯以善击刺学用剑，

立名天下"[44]；三国时魏人阮籍在《咏怀》诗中有："少年学击刺，妙伎过曲城"[45]；《梁书·羊侃传》中有"侃执矟上马，左右击刺，特尽其妙"的记载[46]；沈括《梦溪笔谈》卷十三中记载"有一偷亦善击刺"[47]；等等。一直到清代中叶，击刺依旧是格斗兵器技巧的总称，林则徐在鸦片战争之前曾对英军做出了"夷兵除枪炮之外，击刺步伐，俱非所娴"[48]的判断。这些记载表明击、刺两种技法是格斗兵器的基本技法，这两种技法也对应了冷兵对战时的两种基本力量类型，横力与直力。从力量分类的角度来看，上文提及的大部分技术类型都可归入直、横两类，如推、直、刺使用的是直力，而击、劈、杀、砍、斫、斩等使用的是横力。由于击、刺二技既是技法，又能对应力量分类，且自汉开始便一起连用作为格斗兵器技艺的总称，因此以击刺来对格斗兵器进行分类是较为合适的。

但以击刺对格斗兵器进行分类也存在问题，如上文中提到的"侃执矟上马，左右击刺，特尽其妙"的记载中显示，矟击、刺皆可，将矟归类就成了难题。虽然用刀劈、斩、砍的记载很多，但也有"胡饮酒毕，引佩刀自刺"[49]这样的记载，因此刀以击刺进行分类也存在与矟同样的问题。其他的兵器也或多或少存在这样的问题。

如何解决这个问题，可从传世文献中寻求答案。《北齐书》卷二十四中有这样的记载："箭虽注，不射；刀虽举，不击；矟虽按，不刺。"[50]当刀与矟并提时，刀以"击"来对应，矟以"刺"来对应，很显然刀与矟比较时"击"是最主要的技法，矟与刀比较时"刺"是最主要的技法，因此在以击刺对格斗兵器进行分类时应采用最主要技法与力量类型进行归类。冷兵器时代的军阵中也是采用这种方法进行阵型排布的，《宋史·志第一百四十八·兵九》记载："马步皆前三行枪刀，后二行弓弩，附队以虎蹲弩、床子弩各一，射与击刺迭出……若去敌稍远则施箭，近则左手持弩如小排架隔，右手执刀以备斩伐，与长兵相参为用。"[51]宋军这个阵型的目的是将远程打击与近距离格斗整合在一起，远程打击用弓弩，近距离格斗用枪刀，"击刺迭出"，"执刀以备斩伐"。上文已指出，斩可归入击类，那么枪在阵型中的功用自然就是刺了。很显然，宋代已经根据主要使用技法对格斗兵器进行了归类，并将之运用于军阵中。

但仅有击刺涵盖不了大多数格斗兵器，如剑，特别是春秋时期的青铜剑，剑形厚实，双面开刃利于劈砍，锋尖锐，是剑身中线顶端，人身的力量可通过手臂顺利直达剑锋，又利于刺、击、斩功能较为平衡，单独归入击兵或刺兵都不合适，因此可再列击刺合一一类，这样就能涵盖绝大部分格斗兵器。

三类格斗兵器中，击兵更复杂一些。如刀和棍棒，虽主要技法都是击，但差别还是很大的，显然仍需要细分。李济先生于1949年提出了"锋刃器"的概念[52]，这个概念可引入击兵的分类中。由于从器型的角度考虑，矛、剑皆可归入锋刃器，为了与之区别，可将击兵分为锋刃击兵与非锋刃击兵两类。从文献和考古资料看，刺兵皆为锋刃器，故无须再分为锋刃刺兵和非锋刃刺兵。

综上所述，格斗兵器可分为三大类：击兵、刺兵、击刺合一兵器。击兵可分为锋刃击兵与非锋刃击兵两类，各类兵器之下进行考古学分型分式，如此便可理顺格斗兵器的发展轨迹，更进一步探索格斗兵器的发展规律。

---

[1]石晓霆.黄河中下游地区商周时期青铜格斗兵器研究[M].郑州：中州古籍出版社，2015.

[2]田旭东.司马法浅说[M].北京：解放军出版社，1990.

[3]银雀山汉墓竹简整理小组.孙膑兵法[M].北京：文物出版社，1975.

[4]班固.汉书[M].北京：中华书局，1997.

[5][15]陈秉才.阵纪浅说[M].北京：解放军出版社，1992.

[6]戚继光.练兵实纪[M].北京：中华书局，2001.

[7][25][32]吴殳.手臂录[M].太原：山西科学技术出版社，2006.

[8]陈寿.三国志[M].北京：中华书局，1997.

[9][22][28][41][42][51]脱脱等.宋史[M].北京：中华书局，1997.

[10][17][18][33][49]沈约.宋书[M].北京：中华书局，1997.

[11]周纬.中国兵器史稿[M].天津：百花文艺出版社，2006.

[12]彭文.秦代步兵浅析[J].文博，1992（5）.

[13][44]司马迁.史记[M].北京：中华书局，1997.

[14][34]魏征等.隋书[M].北京：中华书局，1997.

[16][24][36]茅元仪.武备志[M].台北：华世出版社，1984.

[19][20][50]李百药.北齐书[M].北京：中华书局，1997.

[21][29]郭宝钧.殷周的青铜武器[J].考古，1961（2）.

[23][26]徐正英，钱佩雨.周礼[M].北京：中华书局，2014.

[27]阮元.十三经注疏附校勘记：上[M].北京：中华书局，1982.

[30]王开文.锤挝骨朵与击兵考述[J].西安体育学院学报，2003（2）.

[31]李万寿.晏子春秋全译[M].贵阳：贵州人民出版社，1993.

[35]吴殳.梦绿堂枪法（并序）[M]//手臂录.太原：山西科学技术出版社，2006.

[37]郭象，成玄英.庄子注疏[M].北京：中华书局，2014.

[38]吴毓江.墨子校注[M].北京：中华书局，2012.

[39]欧阳修，宋祁.新唐书[M].北京：中华书局，2011.

[40]陈寿，裴松之.三国志：一[M].北京：中华书局，2011.

[43]林正才.守城录注释[M].北京：解放军出版社，1990.

[45]陈伯君.阮籍集校注[M].北京：中华书局，1987.

[46]姚思廉.梁书[M].北京：中华书局，1997.

[47]沈括，侯真平.梦溪笔谈[M].长沙：岳麓书社，2002.

[48]周重林，太俊林.茶叶战争[M].武汉：华中科技大学出版社，2017.

[52]李济.记小屯出土之青铜器：中篇锋刃器[J].考古学报，1949（4）.

从张盛墓看隋代服饰特点

张蓉蓉
河南博物院

摘要：张盛墓出土的人物俑类型较多，服饰内容丰富，反映了隋代特有的服饰风貌。隋代服饰上承北朝遗风，下启唐朝风韵，对研究中国服饰的发展历程具有重要意义。

关键词：张盛墓；隋代；服饰

张盛墓，1959年5月发掘于安阳豫北纱厂附近。随葬品极为丰富，共192件，特别是俑、瓷器及生活器具模型保存非常完整，其中人物俑共83件，侍吏俑、武士俑为瓷质，其余为陶质。[1]

张盛，正史无传，字永兴，南阳白水（今河南南阳）人，生于北魏景明三年（502年），成年后历仕诸朝。隋朝建立后，他从县令一类的下级官吏，递升至征虏将军、中散大夫，成为统治阶级的中上层人物，卒于隋开皇十四年（594年），葬于隋开皇十五年（595年）。

589年，隋文帝结束了南北朝分裂割据的局面，统一了政权。隋朝建立后，本想恢复《周礼》古制服饰制度，但为了休养生息，迅速恢复社会生产，加之南北两地服饰的融合已经形成，因此其服饰制度大体依照旧制。隋代虽然短暂，但其服饰风格前承北朝遗风，后启盛唐风韵，呈现出特有的服饰风貌，对后世的服饰发展产生了重要的影响。

一、张盛墓服饰内容

张盛墓出土的包含服饰内容的器物大体可分为人物俑和陶履，共计84件。其中人物俑81件，按照性质又可分为武士类、仪仗类、仆侍类和伎乐类。

（一）武士类

武士俑2件，头戴冲角兜鍪，身穿明光铠，肩有披膊，腰系蹀躞带，下穿束缚大口裤。（图1）

（二）仪仗类

侍吏俑2件，头戴小冠，身穿袴褶服，上为广袖衫，外穿裲裆，腰束蹀躞带，下穿大口裤，脚穿笏头履，双手按剑立于莲座之上。（图2）

男仪仗俑25件，头戴幞头，身穿窄袖圆领襕袍，腰束蹀躞带，足蹬靴。（图3）

女仪仗俑10件，头梳双鬟髻，身着袴褶服。上为交领右衽广袖褶衣，下为大口裤，腰束带，

绅带下垂。(图4)

男胡俑2件,身穿窄袖短襕袍,衣领外翻,腰束蹀躞带,下着裤,足蹬靴,裤束于靴中。(图5)

(三)仆侍类

女仆侍俑27件,头梳盘桓髻,脑后插梳,上穿交领窄袖襦衫,衣袖较长,外束背带长裙于胸际,裙带下垂。(图6)

(四)伎乐类

女坐部伎乐俑一组8人皆头梳盘桓髻,脑后插梳,上穿窄袖交领右衽襦衫,下穿长裙,高束

图1　武士俑

图2　侍吏俑

图3　男仪仗俑

图4　女仪仗俑

于胸际，长裙有的为间色裙。长裙外又束有短裙，裙带下垂于腹前。（图7）

舞俑5件，Ⅰ式发髻服饰与仆侍俑相同。Ⅱ式身衣足衣与Ⅰ式不同，上穿窄袖襦衫，衣袖较长，下为长裙高束于胸际，裙带下垂，长裙外又束短裙，脚穿笏头履。（图8）

此外，墓中还出土了三双陶履，分别是笏头履、短靿靴和长靿靴。

二、张盛墓与隋代典型服饰及特点

隋代是中国服饰发展的重要时期，承上启下，

图5　男胡俑

图6　女仆侍俑

图7　伎乐俑

图8　舞俑

对中国古代服饰研究具有不可忽视的意义。南北朝时期北方少数民族与南方汉族的服饰融合对隋代服饰影响深远，隋代的服饰形制正是这种杂糅之风发展的结果，胡汉交融的风格在这个时期得到进一步发展，同时为唐代服饰的进一步成熟奠定了基调。张盛墓所出土的服饰相关文物极为丰富，囊括了幞头、襕袍、窄袖襦服高腰裙等隋代典型服饰，极具研究价值。

（一）男子服饰

1. 首服

这一时期男子的冠式主要有小冠和幞头。小冠，又称平巾帻，自魏晋南北朝时期开始流行。据《唐六典》记载："平巾帻之服，武官及卫官寻常公事则服之。冠及褶依本品色，并大口袴，起梁带，乌皮靴。"[2] 可见平巾帻常与褶衣、大口袴、起梁带和乌皮靴搭配穿着。张盛墓中侍吏俑头戴小冠，此种小冠的形制与南北朝时期不大相同，后檐稍大，且有分歧，称蝴蝶状。（见图2）陕西潼关税村墓[3]石棺头挡左右两侧的武士、宁夏固原县史射勿墓[4]壁画中执刀武士所带小冠与张盛墓基本相同。

幞头的流行始于隋代。幞头，是在东汉幅巾基础上演变而成的首服。最早的幞头图像应见于山西北齐娄睿墓的壁画当中。《梦溪笔谈》描绘了幞头的基本形态："幞头一谓之四脚，乃四带也。二带系脑后垂之，二带反系头上，令曲折附顶，故亦谓之折上巾。"[5] 隋代的幞头与文献记载的形制基本相符，张盛墓中男仪仗俑头戴此种幞头，额前脑后系结，顶部较平。（见图3）安阳桥村隋墓[6]的幞头俑、湖南湘阴墓[7]男侍俑及安徽亳县隋王幹墓[8]男仪仗俑所戴幞头形制基本与张盛墓

幕相同。

2. 身衣

在身衣上，沿袭北朝的服饰风俗，这一时期男子较为流行的身衣仍为袴褶服、裲裆和小袖袍。袴褶，《释名》云："裤，跨也。两股各跨别也。"[9]《急就篇》注曰："褶，谓重衣之最在上者也。其形若袍，短身而广袖。一曰左衽之袍也。"[10] 裤袴褶服源于北方游牧民族，其本来样式是左衽，小袖，裤腿亦较瘦，在与南方汉族服饰不断融合改进的情况下出现了广袖褶衣和大口裤的形制。裲裆，《释名》有云："两裆，其一当胸，其一当背也。"[11] 其基本形制是前胸和后背各有一片，无袖，中间用带相连，通常穿于襦衫或褶衣之外。张盛墓出土的侍吏俑上着交领广袖褶衣，外穿裲裆，下为大口裤。（见图2）陕西潼关税村墓石棺头挡左右两侧的武士所穿身衣与张盛墓形制基本相同。

小袖袍是隋唐时期的常见服饰。与北朝小袖袍不同的是，这一时期的小袖袍下摆加襕，称为襕袍。小袖袍来源于北方鲜卑族服饰，基本形制是圆领窄袖，在范粹墓等北朝墓葬中多有出现。据《隋书·礼仪志》记载："保定四年，百官始执笏，常服上焉。宇文护始命袍下加襕，遂为后制。"[12] 最早见于考古图像的"襕袍"应为山东嘉祥英山隋开皇四年（584年）徐敏行墓壁画中。张盛墓中的男仪仗俑和胡俑均身着襕袍。襕袍在隋唐时期即为流行，在考古资料中不胜枚举。宁夏固原县小马庄村隋大业六年（610年）史射勿墓室壁画中执笏侍从身穿襕袍、陕西省礼泉县乾封元年（666年）韦妃墓室壁画[13]执笏给使也身着襕袍，等等。发展到唐代，小袖袍不但成为男

子的常服，女子也有身着小袖袍者，如陕西唐韦洞墓[14]中石椁线刻女像就身穿小袖袍。

3. 腰饰

在腰饰方面，隋代同样承袭了北朝的蹀躞带。蹀躞带源于北方游牧民族，他们居无常所，常用的小型器物随身佩挂腰间，传入中原后也被汉族人民所接受和喜爱。《旧唐书·舆服志》记载："隋代帝王贵臣，多服黄文绫袍，乌纱帽，九环带……天子朝服亦如之，惟带加十三环以为差异，盖取于便事。"[15]九环带和十三环带都为蹀躞带。张盛墓中的男俑均腰系蹀躞带。之后到了唐代初年，尚武风气盛行，规定官吏系蹀躞带，且带上悬挂的什物定为七种，称为"蹀躞七事"[16]。

（二）女子服饰

1. 发髻

隋代妇女的发髻颇具特色，不同于南北朝时期的高耸灵动，也不同于唐代的蓬松华丽，而是呈平滑低矮状叠于头顶，是宽而扁的盘桓髻，极具时代特点。张盛墓中的女仆侍俑、伎乐俑和舞俑皆梳此种发髻。安阳置度村八号隋墓[17]中女俑也大多梳此发髻。

2. 身衣

在身衣上，隋初妇女好着紧窄小袖，且这种风俗一直延续到唐代。据《新唐书·五行志》记载："天宝初，贵族及士民好为胡服胡帽，妇人则簪步摇钗，衿袖窄小。"[18]紧窄小袖，来源于胡服，在北朝时期盛极一时。从范粹墓及邺城地区同期墓葬中女俑身穿的窄袖襦服裙可以看到小袖襦衫的流行程度及其流变过程。从出土资料可以看出，窄袖高腰裙是隋代妇女的代表性服饰。张盛墓女舞俑、侍俑和伎乐俑均身着窄袖高腰裙。可以看出其基本形制为：上为紧窄小袖交领襦衫，衣袖较长，下为长裙高束于胸际，裙带长垂于身前。长裙有的为间色裙。在十六国北凉时期的甘肃酒泉丁家闸五号墓[19]壁画中女子身上已出现宽彩条相间的裙式，北齐崔芬墓[20]壁画及北周徐敏行墓壁画均出现女子身着间色裙。这种窄袖高腰间色裙在隋唐时期极为流行。《新唐书·舆服志》云："凡裥色衣不过十二破，浑色衣不过六色。"[21]安阳置度村八号隋墓、巩义夹津口隋墓[22]中女俑均有着间色裙者。张盛墓中伎乐俑和舞俑所穿的窄袖高腰裙还有一种特别的形制，即在高腰裙外束一条短裙，安阳置度村八号隋墓中女俑也有穿此种样式。到了唐代，妇女常在窄袖高腰间色裙外加半臂或披帛。陕西省礼泉县新城唐龙朔三年（663年）长公主墓室[23]壁画侍女多穿此种形制。

值得一提的是，张盛墓中的女仆侍俑所穿的长裙还有一种形制，即在高腰裙上缝有两条跨肩背带，成为"背带裙"，颇具特色。安徽亳县隋墓、安阳置度村八号隋墓中女俑也有穿此种形制的背带裙，可见这种裙式在隋代也颇为流行。这种无领掩襟衫和背带裙似乎只见于隋初，后来逐渐被无领敞口坦胸小襦和高腰裙所取代。

隋代女子平而宽的盘桓髻，流畅而简洁的窄袖高腰长裙，不同于北朝末期的混乱与怪诞，给人以亲切大方的视觉效果，这种服饰风格为唐代女服所继承。

（三）足衣

隋代的足衣基本沿袭南北朝时期，比较流行的有笏头履和靴。邓县人像和贵妇出游画像砖[24]中人物足衣为笏头履。张盛墓中侍吏俑和舞俑Ⅱ

式脚穿笏头履，出土的陶履也有笏头履。湖北武昌周家大湾隋墓的女俑所穿、安徽亳县隋王幹墓的陶履也为笏头履。到了唐代，笏头履逐渐演变成当时流行的"高墙履"，且样式繁多。

靴子来源于北方游牧民族，据《释名》记载："靴，本胡服也，赵武灵王始服之。"[25] 靴子自北朝时期开始流行。《旧唐书·舆服志》云："爰自北齐，有长帽短靴、合袴袄子。"[26] 沈括在《梦溪笔谈》一书中讲道："中国衣冠，自北齐以来，乃全用胡服。窄袖绯绿，短衣，长靿靴，有蹀躞带，皆胡服也。窄袖利于驰射，短衣长靿，皆便于涉草。"[27] 自隋代起，靴子被朝廷正式采用，成了官吏常服之一。《大唐新语》云："隋代帝王贵臣，多服黄文绫袍，乌纱帽，九环带，乌皮六合靴。"[28]《新唐书·舆服志》："初，隋文帝听朝之服，以赭黄文绫袍、乌纱冒、折上巾、六合靴，与贵臣通服。"[29] 六合靴一般为黑色，即"乌皮"，通常以六块皮料缝合而成，寓东、西、南、北、天、地六合之意。张盛墓中男仪仗俑和胡俑足穿靴，且出土的陶履中有长靿靴和短靿靴。

总地来说，张盛墓的服饰类型丰富，特征鲜明，展现了隋代特有的服饰文化风貌。隋代服饰是北朝服饰的进一步发展，且形式和风格上更加体现出中原与北方民族融合统一的结果，同时为唐代多彩的服饰文化奠定了基调，在中国服饰史上书写出了短小而浓重的一笔。

---

[1] 考古研究所安阳发掘队. 安阳隋张盛墓发掘记[J]. 考古, 1959（10）.

[2] 李林甫. 唐六典[M]. 北京：中华书局，1992.

[3] 陕西省考古研究院. 陕西潼关税村隋代壁画墓发掘简报[J]. 文物，2008（5）.

[4] 宁夏文物考古研究所，宁夏固原博物馆. 宁夏固原隋史射勿墓发掘简报[J]. 文物，1992（10）.

[5][27] 沈括. 梦溪笔谈[M]. 北京：中华书局，2009.

[6] 安阳市文物工作队. 河南安阳市两座隋墓发掘报告[J]. 考古，1992（1）.

[7] 熊传新. 湖南湘阴县隋大业六年墓[J]. 文物，1981（4）.

[8] 亳县博物馆. 安徽亳县隋墓[J]. 考古，1977（1）.

[9] 刘熙. 释名[M]. 商务印书馆丛书集成本，1939.

[10] 史游. 急就篇[M]. 北京：商务印书馆，1936.

[11][25] 王先谦. 释名疏证补[M]. 上海：上海古籍出版社，1984.

[12] 魏征. 隋书[M]. 北京：中华书局，1973.

[13] 陕西省考古研究院，昭陵博物馆. 唐昭陵韦贵妃墓发掘报告[M]. 北京：科学出版社，2017.

[14] 陕西省文物管理委员会. 长安县南里王村唐韦泂墓发掘记[J]. 文物，1959（8）.

[15][26] 刘昫等. 旧唐书[M]. 北京：中华书局，1975.

[16] 高春明. 中国服饰名物考[M]. 上海：上海文化出版社，2001.

[17] 安阳市文物考古研究所. 河南安阳市置度村八号隋墓发掘简报[J]. 考古，2010（4）.

[18][21][29] 欧阳修，宋祁. 新唐书[M]. 北京：中华书局，1957.

[19] 甘肃省博物馆. 酒泉、嘉峪关晋墓的发掘[J]. 文物，1979（6）.

[20] 山东省文物考古研究所，临朐县博物馆. 山东临朐北齐崔芬壁画墓[J]. 文物，2002（4）.

[22] 巩义市博物馆. 河南巩义市夹津口隋墓清理简报[J]. 华夏考古，2005（4）.

[23] 陕西省考古研究所. 唐昭陵新城长公主墓发掘简报[J]. 考古与文物，1997（3）.

[24] 河南省文化局文物工作队. 邓县彩色画像砖墓[M]. 北京：文物出版社，1958.

[28] 刘肃. 大唐新语[M]. 上海：古典文学出版社，1957.

清代原峰冠墓志考

张保民　周长明　荣昱森
焦作市博物馆

摘要：原峰冠是清代温县北平皋村人，道光甲辰科举人，咸丰十一年（1861年）率乡勇抵抗捻军获胜，得到朝廷赏赐，钦加道衔，赏戴花翎，援例授盐运使衔加一品封典。原峰冠墓志记载了其世系传承和生平事迹，原峰冠作为富甲一方的乡绅，为人孝友正直，乐善好施、赈灾济困、建祠修庙，调解纠纷等事不一而足，尤其是率乡勇抵抗捻军有功，得到朝廷封赏，钦加道衔，赏戴花翎，援例授盐运使衔加一品封典。他创建平皋寨并训练寨丁，保护村民安全，凸显了晚清温县的社会生活情况，具有比较重要的历史文物价值。同时，该墓志由晚清河南地方文化名人马吉樟撰文，阎萃峰书丹，具有较高的艺术价值。

关键词：清代；温县；原峰冠；墓志

2018年6月，焦作市博物馆专业人员在温县赵堡镇北平皋村，查访到清代从一品荣禄大夫原峰冠墓志一合，据悉此墓志系20多年前被盗墓出土，志主原峰冠的曾孙拉回家里珍藏至今。墓志记载了其家世传承和生平事迹，凸显了晚清时期社会大势及温县地方社会生活情况，具有比较重要的历史价值。今抄录志文，结合《温县志稿》等史志资料，对原峰冠墓志做一研究考证。

一、墓志录文

原峰冠墓志一合两石，青石质，长方形，志盖及志石均长96.5厘米，宽31.5厘米，厚16厘米。盖为盝顶，四刹无纹，盖顶阴刻"皇清诰授荣禄大夫鹤皋原公墓志"两行共14个楷书大字。（图1）志文分别刻在志石一面和志盖底面，楷书，竖刻70行，满行16字，共1048字。现将志文抄录于下。（图2，图3）

皇清诰授中议大夫、晋封荣禄大夫赏戴花翎、钦加盐运使衔候选郎中、甲辰恩科举人、优贡生鹤皋原君暨德配周夫人墓志铭

君姓原氏，讳峰冠，字祥卿，号鹤皋。初自山西洪洞迁温之平皋里。曾祖讳玉海，字朝珍，例赠儒林郎。祖讳恂，字纯一，例赠儒林郎，奉旨入乡贤祠。考讳应三，字湘伊，号亦阿，附贡，例授儒林郎，布政司经历衔。俱赠荣禄大夫。经历公生子四，君居长。次峰聚，字星堂，道光丁酉举人，大挑山东知县。次峰

图1 原峰冠墓志盖

图2 原峰冠墓志1

图3 原峰冠墓志2

罗，字云秋，庠生，候选郎中。次峰峻，字级云，道光甲辰举人，咸丰壬子进士，署陕西凤翔府知府。君幼而颖异，学问渊博，为文纵横有奇气。十七冠童子军，补博士弟子员，十九食廪饩，名噪黉序，历试高等。道光癸卯优贡，甲辰与季弟同举于乡，大挑教谕，改授内阁中书舍人，累加员外郎。君性孝友，事亲内外无闲言。仲弟早卒，抚诸侄若己子，教养备至，俾至于成立。原氏本巨族，食指繁庶。君以一身综摄数房之家政，甚周且详，裕如焉。道光二十七年，岁奇荒，君捐巨款振恤饥民，全活无算。族中有贫乏者，丧葬嫁娶无不分资相助，其生平济人利物正难偻缕。咸丰十一年（1861年）充河防营务处，督勇三百名，击贼于辉县赵固村，大获胜，钦差联分兵相予，沿河防守，驰突数月之久，贼不敢北渡。事闻钦加道衔，赏戴花翎，援例授盐运使衔加一品封典。咸同间粤匪方炽，君遂倡议筑寨。规地势延袤八九里，人咸以为难。君慨然自任，略基址称备筑，首捐万余金。未逾年而崇墉屹立，人得安堵之乐。同治六年，捻匪由济源窜河内，蚁聚云屯，势甚猖獗，太行以南，多被蹂躏。君属村人而语之曰："能攻然后能战，能战然后能守。"遂选寨中丁壮，编卒伍演枪炮，申其约束，严其号令。一寨生灵咸赖无恐者，君之力也。里邻有讼争一闻于君，剖析之无不解其忿，无状者声色俱厉呵责之不稍贷。一时若不能平，事后乃感服。至今人犹思之曰："使观察公在，吾侪何至回事搆讼，迟之久而不解也？"家祠地狭，创建新祠以妥先灵。村中庙宇危堕者，时廓而新之。年逾六旬时，招族中少年讲论，终日无倦容。或劝其少休，曰："我乐此不为疲也。"有暇莳花种竹以自娱。图书、古玩以及汉、魏、唐、晋以来法帖，尤所凤耽其胸次，高旷为何如耶。君卒已廿余年矣，人思慕之犹弗衰，言之至歔欷泣下云。配周夫人，簉室王氏、韩氏、张氏、廉氏、王氏、郑氏。君生于嘉庆十七年正月二十八日，卒于光绪二年二月二十四日，享年六十有四。周夫人生于嘉庆十七年九月二十三日，卒于光绪十四年五月初三日，享年七十有六。子三：普，庠生，韩孺人出；时，监生；质，翰林院待诏，郑孺人出。女三，长王孺人出，次张孺人出，三郑孺人出。孙男二，绳武、旋武，普出；孙女二，普出一，时出一。今卜以光绪二十六年十一月十七日，葬于村西新阡癸山丁向，谨述其大略而为之作铭曰：负才高迈，伟然而杰。发为文章，霆驰风烈。顺时渗物，退迹怵悦。呜呼先生，永奠此内。

赐进士出身，诰授奉政大夫、前翰林院编修、国史馆协修、会典馆总校安阳马吉樟撰文

赐进士出身、诰授中宪大夫、翰林院庶吉士、吏部考功司员外郎加四级河内阎萃峰书丹并盖

二、志主家世

志主原峰冠，字祥卿，号鹤皋。生于嘉庆十七年（1812年），卒于光绪二年（1876年），享年64岁。光绪二十六年（1900年）下葬。根据墓志记载，原峰冠的曾祖原玉海，字朝珍，例赠儒林郎。史志无载，原氏家谱载："六世祖讳玉海，字朝珍，例貤赠儒林郎，貤赠武昭都尉。"祖父原恂，原氏家谱

载:"恂,玉海长子,字纯一,太学生,例赠儒林郎。"1933年《温县志稿》(以下简称《志稿》)里有传:"原恂,字纯一。束发受书,即慕古人,言行而身体之。家初寒,素事双亲至孝,兄弟友爱并笃。后渐丰,每朔望,同乡耆讲《圣谕广训》,俾乡人皆知向义。遇里中子弟才者,必助膏火,使其发奋。乾隆二十六年大水为灾,近者给以米,远者雇舟载饼饵往周之。尝道逢母女相向哭,盖尚姓妇因夫病卖女以养,价已成不忍离也。恂问得其情,以原价偿之。诸如此使完聚者不一而足。遇岁荒量力周济,施粥救饥者,亦不一而足。有族叔勇老而贫,恂迎养于家,至殁,复理其丧葬。表弟王廷顺贫无所依,恂养之、教之逾三十年,并为其子婚娶,未尝有德色。凡借券不能偿者,辄焚之曰:'留此且为异日累。'又与弟㒟为原氏谋永久业,以历年积蓄,置地四十余顷,另立名曰'本合堂',专设账房经理之。立规约,凡后世子孙,无论分至若干户,每户皆按口给粮,使足一年之食,虽初生亦有之。遇嫁娶丧葬事,各有定数,均于本合堂领取。其虑之周又如此。道光二十二年,奉旨入乡贤祠。"[1]《志稿》记载:"(乡贤祠)清乾隆六年知县祖世德重修。二十二年知县王其华改建。乡贤位次:汉司马防;魏司马芝、司马朗、司马孚;北魏司马楚之、司马悦;梁司马裵、司马皓;明布政司参政朱裳、参政张斗;清参政范印心、清候选州同王守质、清原恂。"

其父原应三,原氏家谱载:"八世讳应三,恂次子,字溯尹,号亦阿,别号祛凡,初名锡元。副贡生,儒林郎,布政司经历衔。"《志稿》有原应三传:"字溯伊,号亦阿,恂次子。至性过人。年十六遭父丧,哀痛过礼,事母以孝闻。值父母忌日,必置茵神祐前,兀坐终日。饮水食蔬,终身如是。遇己诞日亦如之。曰:'哀哀父母,生我劬劳,此人子流涕慨慕时,岂燕欢时哉?'富而好礼,倡议创建考院,捐资甚多。嘉庆癸酉岁饥,助赈数千金。道光己亥,黄水为灾,令子侄辈赴灾区,按人给米,鳏寡孤独者倍之。时黄河频年决口,祥(符)工在前,城工继之,中牟又继之,应三公私捐助几万金,邑宰注乐输姓氏奏明褒奖,应三分与子侄辈,而己不与焉。厚礼延名师教子侄甥辈。又设立养正堂、三乐堂两义塾,一以教童蒙,二以教童蒙毕业之才者。念覃怀二百余年乡先辈文稿散逸,广为搜罗付梨枣,名曰《覃怀遗文录》,殆不愧为乡贤公之子欤!"北平皋原氏宗祠东厢房内南墙上,镶嵌一块《祛凡先生家传》巨碑,长191厘米,宽98厘米,此碑系原峰冠儿女亲家、晚清名臣李棠阶撰文,原峰冠亲自书丹,碑文洋洋洒洒一千余字,归纳记叙了原应三的人生事迹。原峰冠墓志记载祖父原恂与父原应三,俱赠荣禄大夫,可补史志之缺。

志主原峰冠大弟原峰聚,《志稿》有传:"原峰聚,字星堂,号阿中,亦号雪樵。道光丁酉举人,甲辰大挑山东知县。以亲老不往,或劝之不言,父督之不言而有惨色,父觉,遂听之。"原氏家谱载:"峰聚,字星堂,号阿仲,又号雪蕉。道光丁酉科举人,大挑一等,山东知县,敕授文林郎,清封中议大夫。"志主二弟原峰罗,《志稿》无载。原氏家谱载:"峰罗,字美群,又字环之,号叔阿,又号云秋,副贡生,运司衔,诰授中议大夫。"墓志记载:"字云秋,庠生,候选郎中。""仲弟早卒,抚诸侄若己子,教养备至,俾至于成立。"可见原峰罗未及出仕做官即已去世。志主三弟原峰峻,《志稿》有传:"原峰峻,字级云,号坦斋。咸丰壬寅进士，学行为李文清公所特赏，荐署陕西凤翔府知府。对裁陋规、清积弊，铁面无情。尤以劝解韩、郃、洛川饥民啸聚为乱，查办汉中民聚众抗官事著功为更多。家本富饶。咸丰三年（1853年），兵燹之余死亡遍野，因将自己赵堡东门外地三亩一分有零施作义地，以葬埋之。其义行又如此。"《焦作人物志》也收录有原峰峻传："字级云，清温县人。咸丰三年进士。授户部主事，以廉能名。同治十年（1871年）任凤翔府知府。免苛捐杂税，推宋明理学。因得罪权贵，遭诬陷罢官。光绪三年（1877年），秦、晋、豫大旱，饿殍载道，饥民聚众山中，清廷委其处理此事，据实力请上官发粮赈济，缓征租赋，饥民始散。四年汉中聚众抗官，又派其前往解决。后以疾归豫，至渭南卒。时论惜之。"[2] 原氏家谱载："峰峻，字级云，又字坦斋，号季阿。道光甲辰科五魁举人，咸丰壬子科进士，钦点户部主事，选知府用，署理陕西凤翔府知府，历充陕甘乡试内监试，清授朝议大夫。"

志载："子三：普，庠生，韩孺人出；时，监生；质，翰林院待诏，郑孺人出。"原峰冠三子，《志稿》无载。据原氏家谱载"普，峰冠长子，邑庠生，翰林院待诏衔，敕授登仕佐郎，生绳武、宣武。时，峰冠次子，翰林院待诏衔，敕授登仕佐郎，乏嗣，以堂长兄乃宽六子发煦奉祀。质，峰冠三子，生经武。"

综上，原峰冠世系为：

原玉海—原恂—峰冠—⎧普—绳武、宣武
　　　　　　　　　　⎨时—发煦
　　　　　　　　　　⎩质—经武
　　　　｜—峰聚
　　　　｜—峰罗
　　　　｜—峰峻

原峰冠及其弟弟峰聚、峰峻都曾考中举人或进士，科第连登，出仕做官卓有成就，而且其子孙及堂兄弟族人也科考中举，外出做官者大有其人。如《志稿》并记载有原峰聚之子原乃裕："咸丰十一年辛酉拔贡，湖北候补知府。"原峰聚之孙原宣煦："光绪甲午副贡，天性纯笃。父殁，母年逾古稀，常不乐，宣煦时取稗官野史、怪诞神奇之书说于母前，以博其欢心。宣统元年，诏举贤良方正，县人议举之，宣煦坚辞不受。"《志稿》载原峰峻子原鸿庚，民国时期"荐任洧川县知事"。其他如原峰奇、原田昀、原田每、原田春、原田祝、原恩瀛、原邦用等人出仕做官，《志稿》都有简单记载。原家祖茔前曾建有"祖孙父子兄弟叔侄科第坊"，今已无存。《志稿》记载，祖孙父子兄弟叔侄科第坊，在平皋镇寨北，原氏祖茔前，系表彰原氏世代科第云。可见北平皋原家在清代是赫赫有名的世家大族，族人考中科第出仕做官者代有人在。

三、志主生平

志主原峰冠的官职，墓志记载为"皇清诰授中议大夫、晋封荣禄大夫赏戴花翎、钦加盐运使衔候选郎中"。中议大夫，文散官名。金始置。正五品上，元升正四品。明为正四品加授之阶，清升为从三品。荣禄大夫，明为从一品初授之阶，清为从一品。盐运使，官名。始置于元代，设于产盐各省区。明清相沿，其全称为"都转盐运使司盐运使"，简称"运司"。盐运使是从三品官员。郎中，官名。清朝六部以下设司，司设长官郎中，为五品官员。候选就是候补官，清制，内自郎中，外自道员以下官员，凡初由考试或捐纳出身，及原官因故开缺依例起复，皆须赴吏部报到，开具履历，呈送保结。吏部查验属实，允许登记后，听候依法选用，称候选。由此可知，原峰冠晋封荣禄大夫，是晚清从一品高官。

原峰冠，据原氏家谱记载，道光癸卯科优贡，甲辰恩科举人大挑二等，捐中书加捐郎中保道衔，捐运司衔，赏戴花翎。《志稿》有原峰冠传："字祥卿，应三子。道光甲辰举人，豪侠好义。同治年河决山东，被水患者甚众，峰冠雇救护船三只，满载饼饵，并附以银数百两，命张法泰带往赈济。其敦灾恤患多此类，盖亦有父祖之遗风焉。"原峰冠生平事迹，以墓志记载为详。除了原峰冠孝友事亲、抚育诸侄，捐资赈灾、助困解难、修建祠庙、调节纷争等小事外，墓志记载了原峰冠两件紧密相关的大事，守河防与筑平皋寨。

志载："咸丰十一年充河防营物处，督勇三百名，击贼于辉县赵固村，大获胜，钦差联分兵相予，沿河防守，驰突数月之久，贼不敢北渡。事闻钦加道衔，赏戴花翎，援例授盐运使衔加一品封典。"咸丰年间先后有太平天国与捻军等农民起义运动，温县一带均遭袭击。咸丰十一年，原峰冠任职河防营物处，率领乡勇三百人，在辉县赵固村击败捻军。钦差联捷分兵一部分给原峰冠统领，沿河防守数月之久，捻军不敢北渡。事闻，朝廷钦加道衔，赏戴花翎，援例授盐运使衔加一品封典。北平皋村民家里保存有一块同治十一年（1872年）的平皋寨纪事碑，系原峰冠撰文并书丹，碑文记载此事："自此乱离几无□岁，山栖草茂，土寇蜂起。新乡辉获及本邑苗树，或一岁或数月间渐皆辑定，而卫郡李占标、姚天英复啸聚辉之照古村。余带勇三百全获嘉赵令直捣其巢，匪则散去。时咸丰十有一年七月也。……颖亳大捻张乐行之党，刘大渊、刘二渊、赖文光、姜□太、小阎王等，以百战不疲之群捻豕突狼奔，分股北窜，昼夜辙行二三百里，官兵尾追常不能及，往往临河窥视。虽南岸无片板存留，每欲结□北渡。而大河者，京畿山左右之门户也。是年余随钦差联，奉旨防河练勇于武之庙工，八月初探得捻到南岸，即日同星使带勇夜至平皋，并召集沿河温武村民，不分畛域日夜防守。"

志载："咸同间粤匪方炽，君遂倡议筑寨。规地势延袤八九里，人咸以为难。君慨然自任，略基址称备筑，首捐万余金。未逾年而崇墉屹立，人得安堵之乐。同治六年，捻匪由济源窜河内，蚁聚云屯，势甚猖獗，太行以南，多被蹂躏。君属村人而语之曰：'能攻然后能战，能战然后能守。'遂选寨中丁壮，编卒伍演枪炮，申其约束严其号令。一寨生灵咸赖无恐者，君之力也。"原峰冠捐资万金倡议筑寨，不辞劳苦亲任其事，一年之间寨子拔地而起。同治六年，捻军北渡黄河，由济源进入焦作地区。原峰冠选拔壮丁，加以操练，在城寨日夜防守，村民安全得到保证。同时平皋寨也起到了防水抗洪的功能。《平皋寨纪事碑》载："小阎王率群捻由河东□自济源封门口入怀，不数日间太行南黄河北，西连济源，东及卫境，皆捻党也。而大股则□□清化之北，右山屯云集，当是时大雪□□，村人站立壁上昼夜不去，惟南门有捻三人，越淲抢车马，社长董文金，余侄乃□□余小□数十人，得人从者数十人，直前争击捻狼狈堕马，捉马尾奔去。时余遵李中丞□，会防河戈什小□数十名相从。捻之奸细先是□寨，密侦知有备，故不犯而四□数里□十数里，逆马奔鸣，观者如□，益信前言之不谬。此次防堵为日綦长，元旦□□，自腊初至二月杪始获安。""孰意兵灾方弭而水患从至。十年六月二十八日，河内南岸徐堡东决口，水暴下，大漕入武境，小漕围村四□□深丈许，或平地数尺不等，幸由寨西涧而南，余派社长及李永安、甘超杰等力为堵门，而地泉四尺，兼之大雨数日，土皆为泥，抢□至四更，水方始定，而寨内无□。则可寨以□捻复以捍灾，筑寨之为益良多。"由此可见，原峰冠修筑平皋寨，对于保护村民安全，起到了决定性的作用。

志载："家祠地狭，创建新祠以妥先灵。村中庙宇危堕者，时廓而新之。年逾六旬时，招族中少年讲论，终日无倦容。"北平皋村的原氏祠堂，2008年6月被河南省人民政府公布为第五批省级文物保护单位。据温县政府网介绍："北平皋原氏祠堂创建于清光绪年间。坐北朝南，三进院落，全部混砖墙壁，中轴线上自南而北依次为山门、正殿、上房、后院，两侧有耳房，后院两侧有厢房各三间，布局严谨。"原氏祠堂为原峰冠所创建，原峰冠去世于光绪二年二月，从志文判断，原氏祠堂创建年代似应为原峰冠六十岁之前，即同治年间。原氏祠堂东厢房南墙镶嵌的祛凡先生家传巨碑，其文末附言："此传作于道光廿六年，同治八年上□□清□□有宿草之感矣。时新建家祠□□正□型以□□□□命工镌石。"故可确证原氏祠堂创建于同治八年。

原峰冠的父亲原应三花费十多年工夫收集整理《覃怀遗文录》，原峰冠继其父之志，与胞弟原峰罗、原峰峻广泛搜集覃怀（今焦作、济源地区）历代61名进士、举人的诗文160余篇并加以评点，整理而成《覃怀遗文录续刻》，分"元、亨、利、贞"一套四本，由当地文化名人崔敬一和李棠阶审定并作序，道光庚戌年（1850年）由平皋怀朴堂刊刻出版，代表了古代焦作地区最全面的文学成就，就保存地方文献而言，可谓其功至伟。原峰冠墓志及《志稿》均没有涉及这方面的记载。目前河南省图书馆收藏有这套《覃怀遗文录续刻》，可为研究原峰冠事迹及焦作地区古代文化成就提供第一手珍贵资料。

四、墓志撰文及书丹者

志载："赐进士出身，诰授奉政大夫、前翰林院编修、国史馆协修、会典馆总校，安阳马吉樟撰文。"马吉樟（1859—1931年），字积生，号子诚，晚年号坚壮翁，安阳人，是清末民初杰出的资产阶级革命家、妇女活动家刘青霞的二哥，其父马丕瑶是晚清封疆大吏，官至广西巡抚、广东巡抚。马吉樟自幼聪颖，被称为"神童"，入仕后任清朝翰林院编修、国史馆协修、会典馆总校，后升任湖北布政使，民国时期任袁世凯总统府秘书、北洋政府总统府秘书。马吉樟"嗜古笃学，谨于为文"，学识渊博，文采斐然，工于书法，篆书尤其有名，去职后寓居北京，精研金石，潜心著述。有《益坚壮斋稿》遗世[3]。据北平皋原氏家谱记载，原峰冠之弟原峰峻的次子原秉理，娶马丕瑶的次女（马青梅）为妻。北平皋村原氏宗祠门前尚有一通原秉理与马氏合葬墓表，记载马氏年轻守寡，两女尚幼，含辛茹苦经营致富，过继夫弟原秉密（娶袁世凯之妹）唯一的儿子原嗣毅为子，抚养成人并为之娶妻，两女长大择配名门。考虑到夫弟只有一子过继给了她，故又给夫弟娶二房赵氏夫人，生了次侄原嗣笃。一家人和睦相处，传为佳话。由此可知马吉樟与原峰冠是姻亲。温县由马吉樟撰文的墓志还有一合吴端甫墓志（现藏温县博物馆），时间为清光绪二十四年九月，记载的是"赐进士出身、前翰林院编修、国史馆协修、会典馆总校侄婿马吉樟"，与光绪二十六年十一月写原峰冠墓志时的官职名称对比，可知马吉樟在清朝的历官情况。

志载："赐进士出身、诰授中宪大夫、翰林院庶吉士、吏部考功司员外郎加四级，河内阎萃峰书丹并盖。"阎萃峰（1848—1903年），字荟青，号筱浦，今温县北冷村人。光绪九年（1883年）中进士后进入翰林院任庶吉士，散馆后任礼部主事，升任中宪大夫，为正四品文官。阎萃峰墓志现存于温县博物馆，记载其事迹颇详。[4]《焦作市文物志》有阎萃峰小传："清光绪年间中进士，光绪九年被点中翰林，历任吏部中宪大夫，传本御史，卒后葬于北冷。"[5] 阎萃峰是温县著名书法家，由其书丹镌刻的墓志，包括原峰冠墓志目前已知共有三合。另外两合墓志，一是光绪十六年（1890年）侯公圹记，现存焦作市博物馆。二是光绪十九年原田昀墓志，系笔者2008年春参加第三次全国文物普查时，在温县赵堡镇一居民家里发现，惜此墓志今已丢失无存。从这三合墓志尤其是光绪二十六年原峰冠墓志的志文书法来看，此时为阎萃峰的老年时期，他的楷书功力更为深厚，章法严谨、结构端正，字体秀劲，自成一体，在书法艺术上应有相当高的造诣。可与李棠阶、毛树棠、毛昶熙、段晴川等晚清时期焦作地区走出来的著名书法家相媲美。

五、平皋里古今

墓志记载："初自山西洪洞迁温之平皋里。"平皋里，即现在的北平皋村。北平皋是一个历史非常悠久的古村，村外有仰韶文化、龙山文化及二里头文化遗址，统称为北平皋遗址，1986年被河南省人民政府定为省级文物保护单位。这里曾是商王祖乙迁邢之地，后称"邢丘"。西周封周公之子于邢，建立邢国。许慎《说文解字》说："邢，周公子所封，地近河内怀。"司马彪在《续汉书·郡国志》明确提出："平皋有邢丘，故邢国，周公子所封。"春秋时期是晋国的邢邑。《左传》多次记载邢丘，如"赤狄伐晋，围邢丘"（宣六年）。"晋侯送女于邢丘。子产相郑伯，会晋侯于邢丘"（昭五年）。晋景公十一年（前589年），楚国大臣申公巫臣奔晋，晋国封巫臣为邢大夫（宣十二年）。到了战国时期，因此地居"河之皋地"而得名平皋。《史记·魏世家》载无忌谓魏王曰："秦固有怀、茅、邢丘，城垝津以临河内，河内共、汲必危。"《史记集解》徐广曰："邢丘，在平皋。"《史记正义》引《括地志》云："平皋故城在怀州武德县东南二十里，本邢丘邑也，以其在河之皋地也。"汉高祖七年封项佗为平皋侯，赐姓刘氏，建立平皋侯国。汉武帝时割温县、怀县两县地置平皋县，县治即北平皋村，直至北齐天保七年（556年），废平皋县入州县。北平皋作为平皋县治存在约700年。[6] 原峰冠在《平皋寨纪事碑》记载平皋的历史："我平皋之名其来甚古……其见于《汉书》则项羽后裔封平皋侯，见于《晋书》宣皇后张氏平皋人，见于《唐书·地理志》，县属河阳郡，相去七十里。至县治西移易名为镇。旧传为唐肃宗四年，然不载史册，无从考。今之郡县援古地名温犹曰平皋焉。"

明代平皋分为北平皋和南平皋两个村。查明万历《温县志》，其"乡里"条目下，太平乡六里已有北平皋和南平皋之名。据1986年《温县地名考》一书记载，清同治十一年（1872年）为与村西南派生村相区别，改名北平皋[7]。可见《温县地名考》所载不确，想是未查到万历《温县志》导致记载错误。

清咸丰、同治年间，太平天国和捻军先后北渡黄河，平皋一带备受骚扰。故村民决议筑寨自保，寨名曰平皋寨。原峰冠在《平皋寨纪事碑》中记载筑寨较为详细："而筑寨之谋始决，群议以三官庙为公所，而推余为祭酒。余以防河辞，不或已应之，始呈请邑宰缪逢山，并置办守具，未及葳事而蓬山□官去，韩令运丹莅任，复呈请均派行粮。寨计三丈五尺，宽唇两丈，河两丈，外□地三□尺，共计二顷六亩八厘。……董其事者同知原田治，儒童朱九霄，帮襄者侯九、董文□、董□□、徐□、贡生王方册、典籍原鉎，监生原辰生、原茂林，以上皆□为出力，其余在事人□□难以尽录名。始于咸丰十一年冬日，告竣同治元年五月。"《志稿》载平皋寨："平皋寨，于清咸丰十一年竣工，同治元年行落成礼。主其事者为原峰冠，襄办人为原田治、朱九霄、董文金、徐璧、王方册、原鉎等。周围九里短十三步，寨基三丈五尺，唇两丈，壕四丈，壕外地三尺。共占地两顷零六亩零八厘。后风雨摧残，圮毁日甚，人畜出入，多不由门。至光绪三十三年，原邦彦倡捐重修之。入民国来更于寨河植柳株焉。"目前北平皋村尚存部分寨墙残断，高出地面四五米。

原峰冠卒于光绪二年（1876年），光绪二十六年（1900年）下葬，其时村名早已改为北平皋，墓志中仍习惯写作"平皋里"，可为我们研究北平皋村的历史沿革提供宝贵的实物资料。

六、结语

原峰冠墓志记载了其世系传承及生平事迹，墓志所载可印证、补充及校正史志记载的缺误之处。志文所记原峰冠抗击捻军及修筑平皋寨等重大事件，真实反映了晚清时期的社会纷乱状况，显示了原峰冠作为正直的富裕乡绅，身上所具有的浓厚家国情怀。原峰冠搜集刊印的《覃怀遗文录续刻》一书，焦作市史志办有关专家正在校对整理。原峰冠墓志的发现与研究，对于《覃怀遗文录续刻》一书的整理，以及挖掘焦作古代厚重历史文化内涵，无疑具有较高的价值和意义。

---

[1] 温县志稿总编室. 温县志稿[M]. 河南省温县志编纂委员会, 1986.

[2] 焦作市地方史志办公室. 焦作人物志[M]. 郑州：中州古籍出版社, 2015.

[3] 百度百科. 马吉樟[OL]. https://baike.baidu.com/item/%E9%A9%AC%E5%90%89%E6%A8%9F/9120637?fr=aladdin.

[4] 张保民, 郑镇东. 清代阎萃峰墓志考[J]. 焦作师范高等专科学校学报, 2016（4）.

[5] 焦作市文物局. 焦作市文物志[M]. 郑州：中州古籍出版社, 2005.

[6] 张保民, 刘凤仙, 袁爱民. 北平皋遗址综论[J]. 焦作师范高等专科学校学报, 2006（1）.

[7] 温县人民政府地名办公室. 温县地名考：第一集[M]. 温县：温县印刷厂, 1986.

我国博物馆大中小学生教育水平提升的对策思考

刘 芳　曲 乐　黑灏芫

河南博物院

摘要：新时代文旅融合发展环境下，博物馆观众量日益增长，观众需求更为多样化、层次化、个性化。尤其是占据观众较大比例的大中小学生群体，对博物馆教育服务工作提出了更高的要求，博物馆在教育理念、陈列展览、教育项目实施、教育评估、社会资源整合、教育人才培养等方面还有较大的提升空间。

关键词：博物馆；大中小学生；教育；展览；体验

新时代文化事业的繁荣发展，文旅融合良好环境的建立，带动了博物馆观众量的增长。博物馆观众需求更为多样化、层次化、个性化，尤其是占据观众较大比例的大中小学生群体，处于人生成长的重要阶段，求知欲强、思维活跃、富于创新意识，渴望更好更广阔的学习体验空间，这对博物馆的教育服务工作提出了更高的要求。目前，无论何种层级、类别的博物馆，均意识到了"教育"与"为公众服务"的重要性，针对学生群体开展系列的教育服务活动，优化教育服务模式，提升教育服务水平，主动融入学生素质教育行列，形成了良好的、可持续发展的教育格局。但分众化、分龄化教育还是不够充分，博物馆教育理论有待进一步充实；学生对博物馆的利用率不高；适合学生的展览少，展教脱节；教育活动的管理有待进一步加强；公众需求调查不充分；社会教育资源整合方面还有很大的提升空间，这些问题一定程度上制约了博物馆学生教育的发展。为此，笔者结合博物馆实践经验，从我国大中小学生的发展特点、教育需求和教育目标出发，提出几点促进博物馆大中小学生教育水平提升的对策。

一、共性问题

（一）树立科学的教育理念

通过对博物馆学理论的学习积累和对博物馆

教育调研的感悟，笔者认为如下教育理念对做好博物馆学生教育服务工作有一定的指导意义。

1. 重视博物馆教育并充分发挥博物馆教育服务职能。

国际博协（ICOM）认为："博物馆应该抓住一切机会发展其作为教育资源为各阶层人群服务的职能……博物馆的一个重要职能就是吸引更多来自各个阶层、不同社区、地区以及团体的目标公众，并应该为一般社区、特殊人群及团体提供机会，支持特殊的目标和政策。"

2. 认识到博物馆教育是一项系统工程。

博物馆教育不是单一的陈列展示、公共讲座、藏品介绍和项目服务等，而是将教育理念植根于博物馆的每项工作，在完善环境、互相关联的工作及研究成果中得以综合、提炼，并以丰富的形式充分展现，易于被不同群体和层次的公众接受和认可。

3. 博物馆教育要给受众自主性，提供启发、便利、适宜的服务。

美国博物馆学者托马斯·福特认为，"所谓的博物馆教育就是让来博物馆的人自由参观、比较、提出问题、自己学习，而博物馆按照每个来馆者的需要、情趣，为其选择最适当的教育服务"。

4. 博物馆不是学校，学生到博物馆不是单纯学习概念和知识。博物馆教育的目的并不在"教"，而在帮助观众"学习、感悟、思考、探索"。

5. 博物馆学生教育的娱乐性要有根可寻，要把握好寓教于乐的尺度。

6. 知识和艺术审美不分国界，在中国博物馆里不仅要弘扬和传承中华文明，也要充分展示世界文明，要对大中小学生开展博物馆世界文明教育，让学生认识到文明交流互鉴的重要意义。

（二）充分发挥博物馆对学生素质教育的作用

素质教育的根本目的是全面提高人的基本素质，包括人的创造性能力的培养、自学能力的培养、社会公德教育、世界观教育、人生观教育、劳动观念教育、审美观念与能力的培养等。博物馆历来重视弘扬民族文化，倡导精神文明，提高青少年儿童的综合素质，为他们精神世界的成长和思想品德的形成提供宝贵的精神食粮，可谓素质教育的沃土。目前，博物馆在教育项目实施过程中愈加重视结合学生心理发展特点和需求科学规划教育活动，对学生创造性能力、自学能力的培养发挥着积极的作用。在培养学生艺术素养，提高审美情趣上也做了一定的工作，但还需要进一步重视，还有很大的提升空间。我国博物馆中艺术类博物馆占比较少，历史类、地方志类博物馆较多，一定程度上限制了博物馆艺术教育的发展。但文物的艺术性不容忽视，博物馆也开始重视对当代重要艺术品的收藏，同时无边界博物馆等理论的提出，以及以绘画、雕刻、装饰艺术、音乐、古代建筑、戏曲、电影、文学等为特色的民办博物馆的建设，使博物馆艺术教育资源日渐丰富。博物馆要深挖藏品的艺术性，加强与艺术博物馆、学校和社会相关机构的合作，推出吸引青少年儿童的品牌教育项目、艺术类文创产品等，积极开展国际合作，引进国外艺术精品展，打开博物馆大中小学生世界文明教育的突破口，传递艺术理念、艺术思潮，加深大中小学生对于艺术的理解与思考。

（三）举办吸引学生的展览

展览是博物馆实施学生教育的重要一环，缺

少适合学生的展览，对于博物馆教育的创新和发展是极大的阻碍。6—28岁的大中小学生占据了博物馆观众的较大比例，为学生举办适宜的展览应被视为博物馆陈展工作不可或缺的一部分。在展览策展之初要对学生目标群体进行研究，根据学生年龄段的心理特点，选取适宜的展示手段。考虑到学生的好奇心、求知欲和重体验性，要设计科学有效的互动教育方式，让学生体验博物馆教育、感受展览带给他们的启迪。博物馆要倾听不同年龄段学生对展览的意见，考虑让学生尤其是大学生参与到展览的策划和设计中。要重视展览的延伸和拓展性教育活动，使展教有机结合。同时积极推荐原创展览及配套的拓展性教育活动赴其他场馆展出，通过巡展等方式使展览流动起来，一定程度上缓解国内博物馆学生展览数量少的问题。

（四）重视合作的效用

有关博物馆学生教育的合作有多个层面：

一是博物馆内部的合作，包括藏品、展览、文保、科研、信息、文创开发等部门与教育部门的合作，以及人才、理念的合作。前者属于部门间的合作，后者属于人力资源的合作。博物馆教育是系统工程，需要以藏品、展览、文保、科研成果等为基础，拓展教育活动，同时博物馆信息化建设的加快，丰富了教育模式和传播方式，虚拟展览、AR技术、多媒体、微博、微信等的应用，使博物馆学生教育开拓了线上领域，增强了互动体验，获取了海量的信息资源。因此优质的博物馆教育不能仅限于一个部门的工作，而要与多个部门协调配合，形成完整的项目链条，实现资源的有效整合。教育需要硬件设施的支撑，但人才、理念方面的软实力更不容忽视，一个教育项目能跨部门、跨领域集合充足而适宜的人才，获取先进的科学理念，将会拥有不竭的发展动力和创新能力，拥有更多的思考角度和发展空间，这是非常难能可贵的。

二是博物馆与学校、家庭和社区的合作。博物馆围绕学生开展的教育工作与学生的成长环境有着密切的联系，其中学校、家庭和社区占重要位置。近年来博物馆教育工作者对馆校合作做了大量的研究工作，提出了很多建设性意见，如郑奕等在论文《馆校合作："合纵"与"连横"》中提出，"将博物馆纳入国民教育体系或者青少年教育体系事业，要求多层次的机构和单位通力合作，致力于发挥我国博物馆的非正规教育特色，并与学校正规教育紧密结合，组成社会教育网，最大范围和最大限度地惠及青少年与全民"。[1] 冯统在《馆校合作之课程实践研究》中以中国国家博物馆实践课程为例，深入分析了博物馆课程的建设。[2] 宋娴在《中国博物馆与学校的合作机制研究》中梳理了中国馆校合作的脉络、现状及合作机制的构建。[3] 还有很多学者提出了馆校合作的具体实践措施，博物馆教育人员与学校教师的合作方式，对区域内学生群体及家长、教师的博物馆教育需求进行了调研，这些成果都值得我们学习和借鉴。对于博物馆与社区的合作，国内博物馆做得还不够充分，社区与博物馆合作的优势，社区教育受众的复杂性还需要进一步研究，这些方面国外博物馆有丰富的社区服务经验值得我们了解和学习。

三是博物馆大馆之间强强合作、大馆与地市县农村博物馆的合作帮扶、公共博物馆与高校博物馆合作，以及国有和非国有博物馆之间的合作。各类博物馆都需要开展教育工作，围绕学生群体教育，不同馆有不同的教育角度、方法和内容，馆际之间的充分合作，可以使博物馆学生教育多元化，教育资源更丰富，教育实施更加平衡。具体合作方式很多，涉及博物馆工作的方方面面，但合作需要深入、有效地开展，要杜绝教育项目的照抄照搬、同质化和形式化。

（五）博物馆学生教育团队建设及人才培养

博物馆学生教育团队广义来讲是参与博物馆学生教育工作的人员集合，包括博物馆内社会教育部门的专职教育人员、其他部门的相关配合人员、志愿者以及学校、社会合作机构的相关人员等。狭义的教育团队是指博物馆社会教育部门的教育人员，包括讲解员、教育项目管理人员、活动策划组织人员、宣传推广人员、服务人员等。此处论述主要针对狭义的博物馆学生教育团队。博物馆应将教育工作摆到与研究、展览同样重要的位置，给予教育部门及教育工作者应有的重视。教育团队的构成及人才结构要避免单一，除专业教育人员外，还需要引进掌握心理学理论、教育学理论、项目设计、传媒、信息技术等领域的专业人才，确保教育项目的科学管理、教育技术的便捷先进、教育信息的传播畅通。为解决博物馆教育人才缺乏的问题，博物馆也需要对现有教育人员开展系统培训，普遍提高教育人员的综合素质，掌握基础的历史文化、语言艺术、科学技术、美术创作、教育技巧、教育心理学等方面的知识和技巧，提高心理素养、教育热情，强化社会责任感和沟通表达能力、管理应变能力等。

（六）完善博物馆观众调查研究及教育评估

博物馆观众调查研究是一项长期工作，随着研究的深入和研究方式的多样化，目前，对于学生群体的调查研究已改变了展后发放调查问卷和汇总观众留言等单一的模式，转而利用更为先进的技术设备，并注重与教育部门和社会机构等的合作，共同开展学生教育资源调查，了解学生、教师、家长对博物馆教育的需求，了解不同年龄段学生对博物馆教育活动的倾向、兴趣，将博物馆资源与学校课程教育、研究性学习、社会实践有机结合，有效地提升了博物馆教育的针对性。但在博物馆教育项目的评估方面还需完善，博物馆对教育项目的效果评估具有一定的意识，但对教育的前置评估和过程评估的重视程度不够，系统性不强，甚至流于形式。在具体设置评估时可以参考一些已有的成果，如周婧景、陆建松在《博物馆未成年人教育项目评估研究》一文中提出了一套博物馆未成年人教育项目评估体系，以外部观众评估和内部专业评估相结合，并规定与两类评估相适应的评估程序，对于博物馆从业人员有很好的参考和实践意义。[4]

二、个性问题

个性问题需要考虑大中小学生不同年龄段的发展特点、教育需求和教育目标，实施适合各年龄段学生的教育。

（一）教育项目的实施

教育项目的有效实施需要针对大中小学生不同年龄段营造适宜的教育环境，设计合理的教育项目，制作有指导意义的教育手册，开展教育活动的人性化服务。如针对小学生设置模拟情境、趣味游戏等体验式教育活动，引导小学生在"玩"的过程中获得新知和启迪，进而有兴趣深入探究新问题，了解新领域。教育手册的设计应简单易读，色彩亮丽；教育设施器材的选用要注重安全性，在活动中应给予更细致的指导和服务。对于大学生教育项目可以设置适合的互联网教育环境，借助微博、微信、手机 APP 等媒介，使文化传播更加广泛深入。项目的开展不仅要做好评估，还要让有专业特长的大学生加入项目设计和实施过程中，在项目推广上也可以借助大学生进行宣传，为教育项目引入优势资源和活力。

（二）博物馆教育课程的设置及教育服务成果的转化

博物馆教育课程经历了博物馆邀请学校教师共同参与教育活动的策划实施，在深入沟通的基础上了解双方的需求，经资源整合重构、教育实践总结，把"教育活动"转变为"教育课程"的过程，促进了博物馆公共教育的深化和拓展，提高了博物馆教育的规范化、科学化水平。其中，中国国家博物馆的馆校互动具有一定的示范性，其与史家胡同小学合作，共同开发出版了"中华传统文化——博物馆综合实践课程""写给孩子的传统文化——博物之旅"等系列教育丛书，并总结出了字词溯源法、猜想实证法、模拟感悟法、摹写创作法、劳作识技法、类比寻规法六种博物馆教学法。[5]教育课程随着受众群体的不同，课程设计也不同，目前我国博物馆教育课程多针对小学生，对中学生和大学生的教育课程设计欠缺，这与中学生同博物馆互动少，大学生被视为成人，忽视对其进行课程设计有关。实际上中学生和大学生对博物馆教育课程均有需求，加之教学改革的推动，博物馆教育对大中学生综合素质提高的作用愈加明显，所以，博物馆应结合大中学生学校课程标准，设计适合他们的教育课程，并在教育形式上考虑多样化，如推出网上课程。除教育课程之外，博物馆教育活动的转化还可以普及类书籍出版的形式出现，可以简单到图录，也可以结合文物背后的故事、研究成果等推出系列书籍。

（三）发现学生群体的巨大能量

大中小学生这样一个庞大的群体，一旦与博物馆建立联系，其资源优势不容小觑。博物馆通过好的展览和拓展性教育活动能够吸引大中小学生成为博物馆的"常客"，但博物馆之于学生群体不光是参观学习和体验的地方，还可以是社会实践、兴趣爱好培养、专业能力提升、人生价值实现的重要场所，如果这些目标得以实现，在学生群体与博物馆互动中将会产生巨大的能量。目前很多博物馆组建了小讲解员队伍，他们大多是小学生和初中七、八年级学生，课业负担相对较轻，能长期为博物馆讲解服务，服务人群老少咸宜。虽然有些专家学者对小讲解员的教育服务模式存在不同的看法，但不能否认的是小讲解员确实在展厅讲解中博人眼球，自身也获得了一定的文物和博物馆学专业知识，还收获了很多同龄人乃至成人的赞许，成为博物馆培育的潜在观众。此外，近年来河南博物院打造的校外实践品牌，实施传统文化育苗工程也是博物馆与小学生群体合作互利的有益尝试。博物馆为小学生提供实践活动的机会，量身打造活动项目，锻造出一支集讲解、展演、服务于一体的学生文化教育服务团队，实施常态化实践服务。此举与学校开发的校本课程相互配合，有力地促进了学生素质教育的发展。

初、高中学生，尤其是九年级和高三学生学业压力大，参观博物馆的时间和次数相对较少，博物馆可以送展览进校园，通过文化宣讲等形式开展教育服务，让学生有更多的机会接触博物馆文化，使文化的传承和传播在这个群体得以实现，但群体能量的发挥还有待进一步发掘。值得注意的是，信息在这个群体中传播较快，一旦接受，易与学校所学相结合，其对文化传承的作用就很明显。

大学生群体年龄相对较大，有的已成年，与社会接触相对广泛，有较为丰富的专业技能和阅历视野。通过对大学生教育服务可以吸引他们参与博物馆教育项目的管理和实施、志愿者队伍的建设和文化传承、对外交流等工作。国内外很多大馆都将大学生作为志愿者队伍的重要成员，积极招募，但由于国内博物馆对志愿者职责范围的限制、培训内容的单一、给予志愿者的自主性小等原因使得志愿者流失率高，在这方面我们应该学习和借鉴国外博物馆好的经验。据大英博物馆2011年国际培训资料统计：大英博物馆约有570名志愿者，他们的身份为正在攻读学位的学生，需要获得工作经验的学生和来自国际、国内的访问学者和专业人士，他们由大英博物馆的志愿者办公室管理。博物馆对志愿者的培训主要包括客户服务、对儿童和易受伤害的成人的保护、文物的处理、展示技巧、健康和安全等方面的内容，通过这些培训，志愿者得到的不仅仅是如何成为一名合格的志愿者，而且还扩展了自己的知识储备。大英博物馆的8个馆员部门都有自己的志愿者队伍，其他非馆员部门，如藏品服务部、商业部、保护和科学研究部、发展部、展览部、财务部、学习部、志愿者和观众部、法律服务部、市场部等也都有志愿人员。大英博物馆为志愿者提供了相当丰富的"报酬"：志愿者可以成为大英博物馆大家庭中的一员；获得大英博物馆的培训和支持；参与庆祝志愿者周所组织的聚会、会议和活动；获得大英博物馆的通行证，凭此证件可以以折扣价购买大英博物馆商店的商品，并可免费参观许多英国的其他博物馆。[6] 由于体制的不同，国外经验我们无法照搬照学，但从大英博物馆的志愿者管理中我们可以了解到大学生群体在博物馆运作中重要作用。他们能接受较为全面的培训，而不是我们国内常规性简单培训；培训后几乎能参与博物馆工作的各个方面，而不似国内博物馆志愿服务岗位的单调和机械化；在激励机制上也使志愿者更有归属感。如果我们国内博物馆能借鉴这些经验的话，可以想象来自不同专业的大学生志愿者将会回报博物馆巨大的惊喜。

---

[1] 郑奕, 张亦如. 馆校合作："合纵"与"连横"[J]. 中国民族教育, 2017 (5).

[2] 冯统. 馆校合作之课程实践研究 [D]. 山东艺术学院, 2017.

[3] 宋娴. 中国博物馆与学校的合作机制研究 [D]. 华东师范大学, 2014.

[4] 周婧景, 陆建松. 博物馆未成年人教育项目评估研究[J]. 东南文化, 2015 (4).

[5] 黄琛. 博物馆青少年教育中的教学法研究：以中国国家博物馆为例 [J]. 中国博物馆, 2017 (4).

[6] 彭玮. 我国博物馆志愿者管理研究：从心理契约角度谈起 [D]. 中央美术学院, 2014.

博物馆事业中的公民参与

曲 乐
河南博物院

摘要：当前我国博物馆事业发展驶入快车道，博物馆年接待观众人次屡创新高，但距离满足人民群众的精神文化的需求仍有差距，因此博物馆必须探索多元发展路径。本文拟从公民参与角度，对公民参与的概念、意义等问题做一简要论述，分析博物馆事业中公民参与的发展历程、现存问题，并对博物馆事业中的公民参与提出若干建议，以期对公民参与博物馆事业发展有所助益。

关键词：公民参与；博物馆事业；文化生活

改革开放以来，党和政府一直强调"公民的有序参与"，并把它作为推进中国特色民主政治的重要内容。习近平总书记多次提道："评价一个国家政治制度是不是民主的、有效的，主要看国家领导层能否依法有序更替，全体人民能否依法管理国家事务和社会事务、管理经济和文化事业，人民群众能否畅通表达利益要求，社会各方面能否有效参与国家政治生活，国家决策能否实现科学化、民主化，各方面人才能否通过公平竞争进入国家领导和管理体系，执政党能否依照宪法法律规定实现对国家事务的领导，权力运用能否得到有效制约和监督。"[1] 全体人民能否依法参与文化事业，能否畅通表达利益要求在政府工作中越来越重要，其中核心概念便是公民参与。

一、公民参与的概念

公民参与，通常又称公共参与、公众参与，就是公民试图影响公共政策和公共生活的一切活动。公民参与有三个基本要素。一是参与的主体。公民参与的主体是拥有参与需求的公民，既包括作为个体的公民，也包括由个体公民组成的各种民间组织。二是参与的领域。社会中存在一个公民可以合法参与的公共领域，这一公共领域的主要特征是公共利益和公共理性的存在。三是参与的渠道。社会上存在各种各样的渠道，公民可以通过这些渠道去影响公共政策和公共生活。[2]

公民参与最主要的就是参与国家的政治生活

和政治决策。因此，在公众的所有参与中，政治参与尤其重要，最具有实质性的意义。也正因为如此，不少人直接就把公民参与等同于政治参与。然而，严格地说，公民参与和政治参与之间不能完全画等号，公民参与的范围比政治参与更大。除了政治生活，公民参与还包括公共的文化生活、经济生活和社会生活。特别是在社会越来越发达的今天，公民参与的范围正在日益扩大，已经从国家的正式领域，扩大到社会的非正式领域。

二、公民参与对于博物馆事业的意义

公民参与对于博物馆事业而言，意义重大。公民参与是构建现代公共文化服务体系的核心问题之一，无论对于博物馆单位，还是社会，公民参与都是实现公共文化服务体系现代化的必要条件。只有通过公民参与，博物馆事业才能真正得到发展。可以说，没有公民参与，就没有公共文化服务体系的现代化。

第一，公民参与是实现公民基本文化权利的基本途径。在现代民主国家，虽然公民的权利都得到了宪法的确认和保障，但这些法定权利并不会自动实现。公民只有通过积极参与，才可以充分享受文化发展的成果。

第二，公民参与可以使博物馆事业更加科学。公民参与的直接后果通常就是影响公共决策和公共生活，从而使博物馆的相关行为（如陈列展览、社会教育等）变得更加符合公民的利益。对于博物馆事业来讲，大部分决策行为具有较强的专业性，一般民众很难参与其中，但仍有部分事务需要决策者倾听人民群众意见，倾听人民群众呼声，并按照人民群众意见来制定有关事项，从而使博物馆事业发展变得更加符合公民的利益，使有关决策更加科学化、民主化。

第三，公民参与本身就是公民的义务和美德。从公民伦理角度看，公民参与无论从过程还是结果来看，都有利于冲破"私德主导，公德不彰"的伦理格局，在公共文化服务体系框架下，公众的参与本身就是一种价值。对博物馆事业以及公民个人来说，参与可以唤醒公民的权利意识，可以提高公民的文化素养，可以培养公民的公共合作精神，可以增进公众的政治认同，可以使公民学会适应公共生活，提高参与的技巧，积累参与的经验，发展参与的能力。因此，公民参与既是一种公共文化服务能力的体现，也是一种公民个人素质美德。

三、我国博物馆事业中公民参与的发展历程

我国是一个文明古国，拥有丰富的文物、文化资源，具有得天独厚的优势。如何充分利用好文物、文化资源，让更多的人民更好地享受文化建设成果，一直是决策者们努力的方向。博物馆事业的公民参与，既需要政府提供支持，也需要公民个人参与意识的觉醒。因此，博物馆事业中公民参与的发展是受到政策和个人双重因素影响的。纵观其发展历程大致可以分为四个阶段。

第一阶段，公民参与萌芽期。这一时期博物馆事业中公民参与的特点表现为政府不断加大文化设施建设力度，公民个人有限参与文化生活。2005年5月27日，文化部财务司发布《2002年国家加大对文化设施建设的投资力度文化设施建

设项目增幅较大》一文，文中提道："2002年，各级政府认真贯彻国办发〔2002〕7号文件的精神，加大了对基层文化设施建设的投资力度。全国文化（文物）系统固定资产投资项目总数达到972个，比上年增加154个，计划总投资达239.2亿元，比上年增加9.7亿元，增长4.2%；计划施工面积（建筑面积）493.7万平方米；本年完成投资额为30.9亿元，比上年增加2.7亿元，增长8.1%。其中国家投资19.7亿元，占本年投资总额的63.8%。建成项目260个，竣工建筑面积108万平方米。2002年，中央财政通过对全国215个'两馆'基层文化设施建设项目的1亿元补助，推动各地基层文化设施的建设发展。2002年，全国投资在亿元以上筹建新开工的大型文化设施项目有苏州市博物馆新馆、浙江美术馆改造工程、河南省艺术中心、深圳书城、江西省美术馆等。"[3] 文化设施的健全、发达是公民参与博物馆事业的基础，政府对于文化设施建设的投入有目共睹，但公民参与意识刚刚萌发，尚不成熟，亟待提高。

第二阶段，公民参与探索期。这一时期博物馆事业中公民参与的特点主要为政府积极引导，公民浅层次参与。2006年8月31日，文化部社会文化司发布《文化部、国家文物局关于公共文化设施向未成年人等社会群体免费开放的通知》，其中指出："从2004年5月1日起，全国文化、文物系统各级博物馆、纪念馆、美术馆要对未成年人集体参观实行免票；对学生个人参观可实行半票；家长携带未成年子女参观的，对未成年子女免票。对持有相关证件的现役军人、老年人、残疾人等特殊社会群体，也要实行门票减免或优惠。被确定为爱国主义教育基地的各级各类公共文化设施要积极创造条件对全社会开放。"[4] 该政策的出台直接降低了未成年人等社会群体在博物馆事业中参与的门槛，促进了一部分社会群体在博物馆事业中的参与热情。2008年2月29日，中宣部发布《关于全国博物馆、纪念馆免费开放的通知》，其中指出免费开放的实施范围为："全国各级文化文物部门归口管理的公共博物馆、纪念馆，全国爱国主义教育示范基地全部免费开放。"[5] 至此，全国公共博物馆等博物馆机构全面向社会免费开放，极大提高了公民参与博物馆事业的热情。政府的合理引导是公民参与博物馆事业的保障，政府对公民参与文化活动的门槛降至最低，公民参与能力、意识开始提高。

第三阶段，公民参与发展期。这一时期博物馆事业中公民参与的特点主要为政府引导公民参与向纵深发展。党的十八届三中全会后，按照《中共中央关于全面深化改革若干重大问题的决定》要求，公益性文化事业单位开始引入法人治理结构，吸纳有关方面代表、专业人士、各界群众参与管理。由此，人民群众得以以被服务的身份在博物馆管理决策中占有一席之地，打破博物馆人才队伍内卷化局面。2015年国家文物局印发《关于推进博物馆理事会建设的指导意见》，分类推行、循序渐进、积极稳妥、不断完善我国博物馆法人治理结构，推动了公众和社会力量参与博物馆的各项决策和建设，使公民参与博物馆事业向纵深发展。公民参与博物馆事业的渠道更加丰富，部分精英群体的参与能力与意识显著提高，但参与的广泛性仍有差距。

第四阶段，公民参与成熟期。这一时期博物馆事业中的公民参与特点主要为政府进一步完善公共文化设施建设，并通过法治手段进一步引导、保障公民参与博物馆事业，公民深层次参与博物馆事业。2016年12月25日第十二届全国人民代表大会常务委员会第二十五次会议通过《中华人民共和国公共文化服务保障法》，从法律的角度对公共文化服务领域的诸多方面做出规定，为加强公共文化服务体系建设，丰富人民群众精神文化生活，传承中华优秀传统文化，弘扬社会主义核心价值观，增强文化自信，促进中国特色社会主义文化繁荣发展，提高全民族文明素质提供了法律保障。该法的确立有利于公共文化服务标准化、均等化，有利于公共文化服务覆盖面的扩大，有利于文化资源的整合，从而使公众参与文化生活更加方便快捷、优质高效。政府继续深化文化体制改革，全方位多角度促进公民参与博物馆事业，公民参与博物馆事业的能力与意识大幅度提高，参与的权利意识觉醒，但义务意识仍待提高。

四、博物馆事业中公民参与存在的问题

（一）公民参与博物馆事业的"经济人"行为动机

"经济人"假设起源于享受主义哲学和英国经济学家亚当·斯密的关于劳动交换的经济理论，多适用于经济活动中。博物馆事业中的"经济人"行为动机主要表现为获取免费参观的私利满足感。免费开放博物馆、纪念馆是实现和保障人民群众基本文化权益的积极行动，博物馆宣教工作确实得到了极大发展。据文化和旅游部《2019年文化和旅游发展统计公报》显示，"文物机构全年接待观众114732万人次。"而这一数据在2007年未实行博物馆免费开放时仅为9643万人次。从数据上看，政策引导确实使公民参与积极性有了质的提高。但是，部分公民参与博物馆活动的行为动机并不是为了提高思想道德和科学文化水平，仅仅是冲着免费而来，乘凉休息，不参观不学习。这种自利的"经济人"动机在现阶段的博物馆活动中依然存在，这种畸形参与仅仅体现在数据上的增长，而受众并没有在实质上对公共文化服务做出响应，对博物馆事业的建设而言毫无益处，其参与动机与政府丰富人民群众精神文化生活，促进中国特色社会主义文化繁荣发展，提高全民族文明素质的初衷背道而驰。

（二）公民参与博物馆事业的权利与义务意识不统一

公民拥有免费参观的权利，同时也应担负权利带来的相应义务。乱刻乱画、肆意攀爬文物的不文明现象时有发生。抵触反馈意见、不支持观众调查，主动放弃行使参与博物馆建设权利的情况也是司空见惯。这种现象绝非公民参与的理想形态，理想的社会伦理形态自然是高扬"义务"和"服从"为旨归的"美德伦理"，德行高低的判据绝非个体的权利存在及其实现状态，而是无条件践履成为公民所应具备的德行规范。[6] 现阶段公民在博物馆事业中的参与大多只停留在权利意识的确证与弘扬，而忽视了对义务向度的考量。

（三）公民参与的广度和深度仍有发展空间

公民参与博物馆事业的形式单一，现阶段，我国公民参与博物馆事业的方式是以个人或团体的方式参与博物馆机构的各项活动为主，参与决策、评估、服务的规模依然较少。[7] 这方面的不

足导致诸如博物馆机构志愿者资源的严重匮乏、绩效评估中公民参与缺失的情况时有发生。

不同地区与阶层之间参与程度差异较大。经济发达地区和贫困落后地区、城乡之间参与水平存在较大差异。发展程度较高的城市，公民参与文化活动的机会相对较多；发展程度较低的地区，则缺乏开展类似活动的条件。而从阶层来看，文化素质较高的公民参与博物馆事业的意识较强，例如志愿者队伍中主要以学生或退休教师为主，当然这也与文化素质较低阶层周边缺乏文化场所有关。在公共文化服务标准化、均等化的道路上，这是一大亟待解决的难题。

五、对公民参与博物馆事业的建议

（一）加强教育引导，扩大博物馆事业的教育影响

传承中华优秀传统文化，弘扬社会主义核心价值观，增强文化自信，促进中国特色社会主义文化繁荣发展，提高全民族文明素质是博物馆事业的固有属性，也是构建现代公共文化服务体系的客观要求。公民的高素质、高水平不是一蹴而就的，道德素质需要时间的历练，在潜移默化中培养。博物馆机构需要进一步发挥其教育职能，一方面帮助公民杜绝不良习惯，拒绝缺乏公德的行为，并在形式上尽可能降低不良现象发生的条件（如在露天文物周边设置围挡），形成公民自我意识不允许和客观环境不允许双保险；另一方面培养公民高度的参与意识和能力，建立健全公民参与机制和渠道，引导公民更深层次地参与到博物馆事业中去。

（二）加强设施建设，扩大博物馆事业的覆盖面

鉴于地区间发展差异的客观事实，公民参与博物馆事业的程度差异也在所难免，但也应尽可能地缩小这种差距。一方面鼓励博物馆事业发达地区向欠发达地区输送文化资源，倡导博物馆机构间的共建与交流，在平台层面将地区间公民参与困难尽可能降低；另一方面，畅通经济发展较落后地区公民参与文化活动的渠道，公共文化服务体系现代化的过程也是博物馆事业的信息化、科技化、数字化的过程，利用好现代科学技术，打破区域壁垒，促进公共文化服务的标准化、均等化。[8]

（三）加强人才队伍建设，提高公共文化服务水平

人才是博物馆事业发展的重要资源，中共中央印发的《关于深化人才发展体制机制改革的意见》，更是体现了人才在国家治理现代化中的重要性。加强人才队伍建设，一是要加强博物馆事业单位自身的人才队伍建设，敞开用才之门，凝聚人才之心，汇聚人才之力，集思广益，为公民参与博物馆事业提供更好的服务；二是要加强志愿者队伍建设，志愿者作为一种更深层次的公民参与形式，一定程度上反映了公民参与的意识与能力，志愿者队伍的壮大不仅是公民参与意识与能力的体现，而且可以弥补博物馆事业自身人才资源的短缺，为博物馆事业的有序发展提供有力支持。

（四）完善绩效评估体系，提高文化服务效率

加强调查研究，完善评估体系，把握好公民参与绩效评估的方式方法，正确引导公民参与绩效评估。提倡公民参与绩效评估，重视群众满意

度测评，并不是一味地提高群众满意度在绩效评估中的比重。群众满意度有时并不能正确地反映真实的绩效，举个例子，A地治安长期良好，连续多年实现零治安案件，在全体人员努力下，今年仅发生1起治安案件；B地治安长期混乱，连年发生多起治安案件，今年发生3起治安案件，与去年相比下降2起。从上述案例可以看出，A地治安明显好于B地，但在群众满意度测评中，A地的群众满意度却低于B地。所以，如何正确对待群众的满意度，如何正确引导公民参与绩效评估，如何使公民正确地对博物馆事业进行评判才是公民参与绩效评估的关键，只有正确地反映出真实的工作绩效，才能真正促进博物馆事业的发展，提高公共文化服务水平。

---

[1] 习近平. 在庆祝全国人民代表大会成立60周年大会上的讲话[OL]. 新华网, 2014-09-05.

[2] 俞可平. 关于公民参与的几个理论问题[OL]. 人民网, 2006-12-20.

[3] 文化部财务司. 2002年国家加大对文化设施建设的投资力度 文化设施建设项目增幅较大.

[4] 文化部社会文化司. 文化部、国家文物局关于公共文化设施向未成年人等社会群体免费开放的通知.

[5] 中宣部. 关于全国博物馆、纪念馆免费开放的通知. 2008-01-23.

[6] 刘文俭. 公民参与公共文化服务体系建设对策研究[J]. 行政论坛, 2010（3）.

[7] 刘琼莲, 彭跃辉. 博物馆事业公共文化服务体系的利益相关方角色定位[J]. 中共天津市委党校学报, 2011（5）.

[8] 何义珠, 李露芳. 公民参与视角下的城乡公共文化服务均等化研究[J]. 图书馆杂志, 2013（6）.

特殊时期博物馆如何为儿童策划一个线上展览

| 王琪琪
  郑州大学历史学院

摘要：特殊时期博物馆应策划适合儿童线上展览的主题，按照年龄段策划教育项目和教育目标，通过多样化、高科技的展示手段，充分使用辅助展品，营造欢乐的展场氛围，打造出符合儿童特点的线上展览。

关键词：博物馆；儿童；展览；教育

抗击新冠肺炎疫情需要医生、护士、警察乃至全国人民的全力以赴，而修复由疫情造成的创伤则需要精神文化的力量。在此期间，全国各地博物馆积极响应国家文物局的号召，以最快的速度整合现有数字资源，创新通信方法，并通过门户网站、移动客户、微信小程序和其他网络运营商进行建设。云展览和在线博物馆实现了博物馆内容的数字化、创意和可视化。线上博物馆的繁荣为公众带来了全新的体验。不能出门遛娃，在家带孩子云逛博物馆是个不错的选择，不仅可以让孩子补充课本外的知识，更重要的是让孩子去感受文物，激发儿童对自然、科学、历史和文化的好奇心，鼓励儿童的探索精神和创造力，培养儿童对艺术的欣赏能力。

然而，线上展览毕竟是一个新的尝试，而且大部分展览都是以成人为受众群体，儿童这个群体很少被考虑在内。那么如何为儿童打造专属于他们的线上展览，这是一个充满挑战且富有新意的任务。

线上展览与线下展览虽说受众群体没有变，但是因为观览方式的改变，反而对展览主题、展览结构、教育目标、展品说明、展陈方式、展场氛围等提出了更高的要求。为儿童量身打造的这场线上盛宴，除了改善线下这些研究不足的展览选题、有待提高的展示手段、目标年龄界定不清、信息凝练成人化、展场氛围不足、无专门的标识系统或者标识系统表现效果不明显等问题，更要花心思策划出理想的博物馆儿童展览。

一个完整的博物馆展览，需要很多条件的支撑，比如作品征集、观念创作、策划书、布展、宣传、展览维护、展后评估等。但重中之重还是学术研究成果和展品形象资料收集整理、展览学术大纲、展览内容文本、形式创意构思和设计之间的依次转换。前期的准备工作是展览内容策划设计的基础，而展览内容则是整个展览的支撑和体现，更是后续进行评估的必不可少的要素。

一、前期策划

（一）展览学术资料的搜集和梳理

博物馆展览与其他展览的不同之处在于：其目的是向观众传授文明、常识、艺术、观念和思想。因此，展览提出的概念和内容必须基于客观和真实的学术研究。[1]学术研究的结果不仅是博物馆展览的学术基础，而且也是展览中科学或艺术辅助展览的学术基础。

在实际的博物馆展览准备中，如果没有系统的收集和讨论，将严重影响展览的概念、思维和内容，甚至影响展览的艺术形式和质量。因此，为完成一个好的博物馆展览，在筹备之前，有必要安排一个专门部门来收集和讨论与展览主题和内容有关的学术研究材料。

（二）观念创作

博物馆作为有教育功能的公共设施，在面对儿童这个受众群体时，一切创意、观念的迸发首先都要以儿童为中心、以儿童的需求为根本出发点。对于儿童来说，日常的学习占用了他们的主要时间，所以，博物馆的展览活动要满足他们的时间要求。其次，由于儿童的知识水平和大多数博物馆输出的内容相差太远，因此展览的吸引力自然不够，要改变这种状况，就应该用寓教于乐的方式让展览内容与他们的日常生活挂钩，比如能获得学业上的加分，能得到父母、老师、同学的认可，拓宽他们的眼界，体验成就感等，这样自然就会产生吸引力。

除此之外，方式上也要有所革新。博物馆有句行话："儿童是博物馆的下一代观众。"[2] 由于所处时代的特殊性，导致他们接受信息、获取知识的方式发生了根本性的变化，博物馆要吸引儿童，必须用他们熟悉的方式，即信息时代的方式。而且，吸引也并不只是来到实体馆参观，线上的虚拟博物馆、数字博物馆是更符合他们参观的新兴方式。通过线上虚拟博物馆、掌上博物馆之类的APP直接查阅、调用博物馆的知识内容，让博物馆的资源予求予取，直接访问，这对基本上都是信息时代原住民的儿童来说，吸引力是很强烈的。

二、展览内容的策划与设计

（一）适合儿童的主题

主题是展览的灵魂，贯穿于展览的全过程，一个能统领整个展览的、个性鲜明的、具有高度思想性的展览主题，是展览成功的重要一环。[3]虽说儿童博物馆展览和博物馆儿童展区近几年发展势头很猛，但要策划出儿童熟悉且又能激起儿童好奇心和想象力的展览，还是很多馆做不到的。宋向光教授指出："美国的儿童博物馆多是由教育专家和博物馆人士共同设计的，而我国目前的博物馆多是由博物馆人士策划的，因而也更多地从成人的视角和观点出发，对儿童博物馆的实物和体验项目关注得不够。"[4] 要想让展览受到儿童的青睐、获得儿童的好感，就要把握好儿童的心理认知发展过程，只有这样才能策划出适合儿童的展览。

"天文""地理""恐龙""木乃伊""金字塔"，此类话题似乎永久对儿童有着无穷的吸引力。国内外也有很多博物馆策划过这些展览。位于埃及开罗赫利奥波利斯的一家儿童博物馆，由埃及、英国和美国专家共同建设，大致分为室外展区和室内展区两部分。孩子们在室外展区参观就是一次穿越尼罗河谷的时空之旅，在这场旅途中，孩子们可以看见曾经生存在古埃及的恐龙，会遇到这些恐龙的后裔——河马和鳄鱼，还可以见埃及是如何从过去发展到现在的情形，并体验当时的生活场景。室内展区主要是通过时间轴让孩子们了解埃及的过去、现在和未来，并运用有趣的体验考古、探索金字塔、观察木乃伊、潜水训练以及体验星星、船舶、星座、望远镜、飞机、太空旅行、沉浸式4D穹顶声光等展项，让孩子们对埃及有一个更加全面且深度的认识。这个展览把科学技术、想象力、时空与古老的埃及文化巧妙地结合在一起，再加上丰富而精妙的展项，为孩子们提供了一次穿越埃及时空的独特冒险体验。

广东博物馆也曾在六一儿童节以儿童为观众群体，以"文物动物园"为主题创办了一个将动物造型的文物作为主要展品的专题性教育展览。整个展览分为"陆地""水中""空中""家园"和"变形"五大部分，展览中还设置了一些启发儿童思考人类活动对动物生存环境的影响的问题。这个展览之所以吸引大量儿童参观，是因为布展者站在孩子的角度去思考。动物园是小朋友很熟悉的地方，把孩子们的兴趣点和博物馆相结合，便找到了文物动物园这个交集点。一个好的主题可以让展览的意义、思想性和教育性得到充分展现。

（二）目标年龄明确界定

众所周知，成人展不适合儿童观览，欲利用一个展览或一项教育项目来满足所有年龄层儿童的心理需求，显然是不可能的[5]，因为儿童心智发展有自己的规律，呈现明确的阶段性。为了避免儿童出现参观积极性不高、兴趣丧失、情绪低落、毫无互动体验的情况，就要按照儿童的年龄段来策划展览和教育项目。

玩具伴随着儿童整个成长阶段，是儿童最忠诚的玩伴。坐落于美国弗吉尼亚州的弗吉尼亚儿童博物馆，致力于用火车玩具为1—11岁的儿童及其家庭参观学习，他们用火车和玩具给孩子们制造惊喜。馆中除了藏有5000多件古董火车玩具，还收藏有2000多件小汽车玩具，几乎包含了所有车型。火车展览根据不同的布景分为四个主题，这些与铁道相结合的场景设计让孩子们充满好奇并乐在其中。除了火车展览，还有"繁忙港口""梦幻泡泡""探险乐园""银行助手""声音的奥妙"等展览，不同的展览分别对应不同的年龄阶段，在强调互动性和趣味性的同时，给不同年龄的儿童带来属于自己的美妙体验。而且儿童可以触摸馆内所有的展项和展品，还可以发挥想象力亲手制作物品，这些动手体验活动在创造儿童乐趣、激发儿童好奇心、鼓励儿童创造的同时，他们的活动能力以及认知发展都有很大的提升。

国内近些年也出现了一些优质的儿童博物馆和博物馆儿童展区，比如中国儿童中心老牛儿童探索馆，坐落在中国儿童中心园内，是中国儿童中心、老牛基金会、北京师范大学中国公益研究院三方合作在中国建立的第一家融合国际先进儿童博物馆教育理念和运作模式的公益性儿童探索馆。[6]致力于为0—7岁的儿童打造一所创新型、公益性、示范性的儿童探索馆。探索馆按照活动主题，分为城市广场、开心市集、繁忙小镇、阳光之谷、科学天地、主题空间和4D影院七个展厅，展区设计贯穿了中国传统十二生肖的元素。多样化的展览为孩子们提供了全感官学习环境和机会。因为疫情的原因，人们没有办法亲身前往体验，但老牛儿童探索馆积极响应号召，快速在公众号上发布丰富的互动项目，比如"有奖竞答""宅家长知识""宅家趣科普""线上家庭教育公益大讲堂""小手探索大世界系列展项教育指导"等。特别是教育指导这个活动，让宅在家的孩子们把展项延伸到自己家里并玩出了新花样。比如教育指导第三期——冒险云梯，这个展项融合了中国传统八卦图的阴阳元素，体现了统一与平衡。板与板之间距离不同、高度不同，这就为攀爬者设立了更高难度的挑战。在这个过程中可以锻炼孩子的社交能力和解决问题的能力，增强孩子四肢的攀爬能力和对身体的控制能力。活动最后还设计了在家实现冒险云梯的替代玩法，用跳绳搭建一个简易的平衡木，锻炼孩子的专注力和平衡能力。拆一个废纸箱让孩子钻箱子来锻炼四肢能力，低矮的小板凳扮作梅花桩可以让孩子

很好地控制自己的身体。年龄更小的小朋友可以在床上用枕头来玩。除了"冒险云梯"，还有"梦幻舞台""小魔棒""地震桌"等教育指导活动，真正实现让你足不出户也能体验探索馆的魅力。不论线上还是线下，老牛儿童探索馆都践行了通过在探索馆自由探索、放开手脚触摸实物、体验感悟、快乐学习、亲子互动等活动，从而促进儿童身心全面发展，培养幸福健康人格目标的教育理念。

（三）根据儿童年龄阶段制定详尽教育目标

展览的教育目标并非是针对所有年龄段的儿童。[7]儿童心理与成人完全不同，但仅洞见儿童与成人间的区别并不能解决问题，还需要进一步掌握儿童与儿童间的差异。不同年龄儿童的心理与智力发展呈现阶段性变化，因此，教育项目要遵循儿童心理与智力发育规律，并用来指导教育项目的策划与实施。

同一展览有不同年龄段的受众，要根据年龄段设置不同的教育目标。很多著名的儿童心理学家都对儿童心理发展划分了阶段，比如皮亚杰的儿童认知发展四阶段理论，分别是感知运动阶段（0—2岁）、前运算阶段（2—7岁）、具体运算阶段（7—12岁）、形式运算阶段（12—15岁），每个阶段呈现出不同的特征。感知运动阶段的儿童只关注自身的感受，喜欢通过观看和触摸来认识外在的世界；前运算阶段的儿童已经可以接受文字、图像等简单的概念，喜欢用语言符号和象征符号来替代外部世界；具体运算阶段的儿童已经具备了可逆、守恒的概念和分类的能力，但思维运算需要具体的实物协助；形式运算阶段的儿童因为智能的发展，可以利用语言文字等抽象的

概念去解决问题，也能通过假设去进行推理。[8]由此可知，博物馆展览和教育项目要立足儿童不同年龄段的心理特征，以此为标准制定详尽的教育目标，策划出儿童钟爱的教育盛宴。

虽然博物馆儿童教育内容与形式丰富多样，但由于服务对象是儿童，所以要严格按照儿童心理特征来区分他们可以参加的项目。并非所有孩子都适合一个项目，如果不对年龄严格把关，就会没有效果，体现不出价值所在。

（四）合理的展览结构

策划一个展览，目的就是要达到教育的目标，为实现这一目标，就要建立起一种结构，也就是常说的展览结构。展览结构的意义就是把与主题有关的一切结构化，不然，整个教育活动就会一盘散沙，毫无系统可言。所以，有了合理的展览结构，才能有效地保证教育活动朝着预期的方向发展。不然，观众就会在零散的教育活动中迷失方向。

由于服务对象的特殊性，所以平常较为常见的平行展览结构在这里并不适用。不同的展览，要达到不同的教育目的，但每个观众的水平不同、需求不同、知识基础也不一样，所以，需要一种像郭青生教授提出的从低层到高层的递进关系的展览结构，让儿童尝试一下"参观导览""博物馆体验""思考和探索"这种由浅入深的全方位教育类型，按照递进关系的结构来策划展览，呼应了儿童心理年龄所展现的特点，可能更符合这群特殊的观众。

（五）信息表达儿童化

不同于成人对语言表达所追求的那种精简、准确、富有内涵且有深度的极致美感，儿童想要的是适合他们的那种没有长篇大论，文字风格活泼，图文并茂，颜色和字体多变的趣味吸引。儿童教育项目和展览要力求以儿童为中心，整个过程以儿童为本，将贴心的服务延伸至每个细节。

关于信息儿童化表达，儿童博物馆不论是在展览还是教育项目上都要注意，信息表达应比较符合儿童的口味。但博物馆儿童展览和教育项目在这方面的表现却更倾向于成人化，比如看板提醒、展览说明、折页、电子牌等信息负载内容重复、表述用语大同小异、不活泼、政治化内容过多等，总地来说就是将对象视为成人，有的甚至出现文言文，对成人来说都晦涩难懂的文字，对儿童来说更谈不上有吸引力。

根据儿童心理认知发展过程，大概可以了解到不同的阶段会凸显出不同的心理特征，抓住这些特征，就可以激发儿童的兴趣，引起他们的注意。[9]在对儿童传达信息时，可以多采用疑问句、祈使句、感叹句来引发儿童思考，鼓励儿童去探索、设计，吸引儿童动手参与，从而进行创造性活动。如果能辅以生动简短的故事组织部分展区的说明内容，并饰以图片和丰富的颜色与多样化的字体，以生动活泼的形式展现出来，让儿童产生一种展品在与人近距离对话的感觉，就能吸引他们的注意力，从而以更大的兴趣参与活动。

三、展览及其展品展项的形式设计

（一）多样化、高科技的展示手段

快速发展的高科技，给人类社会发展带来了巨大的推动力，现在的博物馆展览已经不再满足于对部分展品的触摸和对简单装置的操作。单调枯燥的展览会使人产生疲劳感，所以在博物馆的的展览设计中，不能再用传统展示手段与思维去对待它，需要融入更多新鲜元素。为了满足观众的需求，高科技在博物馆展览中的运用是必然的，当然，科学技术的运用要建立在真实的历史之上，以实用性为主，让展览过程呈现高效、现代化特色，给观众带来良好体验的同时发挥展览的教育目的。[10]

国外在展示手段方面已经做得相当成熟，国内亦有许多惊喜的实践成果，比如音频技术、影像技术及多媒体场景合成技术等高科技得以实现，电子导览、视频播放系统、Flash动画游戏、模拟场景体验等项目已经在许多博物馆广泛应用。3D、AI、VR、AR、MR等技术也在给观众创造着惊喜。当《清明上河图》遇上了高科技，观众仿佛化为《清明上河图》里的一员，感受着里面的繁华盛景。事实证明，让高科技和展览内容相结合，可以讲出更好的、更具有教育意义的故事。

随着儿童专区展览模式的日渐成熟，展示手段除了更趋向多元化，还要适当运用新兴的先进技术给儿童创造出一个成功的"互动""浸入"的展览环境，从而达到在观览过程中对动手、动脑、合作等多方面能力的塑造，甚至让其产生主动探索的欲望。

（二）充分使用辅助展品

此点与上述展示手段相辅相成，展示手段的多样化离不开丰富的辅助展品。在儿童博物馆展览模式中，辅助展品成为主要的展品资料已经成为普遍的方式，但在普通博物馆儿童专区展览中还有待普及。

开罗儿童博物馆的亮点就在于可触摸，提倡一切展品皆为儿童服务，时刻强调以儿童需求为中心，这对于藏有大量不可再生的珍贵文物的普通博物馆来说，无法对儿童这个特殊服务对象做到真正意义上裸展。

在儿童博物馆展览模式中，具有可操作性和趣味性的辅助展品已经占据了各大展区的主场，也更能赢得儿童的喜好。[11] 不同主题、不同材料的仿真展品可以让儿童毫无顾忌地触摸、摆弄，还可以大胆地参与展品的操作，在与展品密切接触的过程中，从而发现和发展自我。但在有些博物馆儿童专区，仍较倾向于"文物展示"这种形式，大量实物展品"静默"地矗立于展柜内，这种模式违背了儿童好动、猎奇的天性。儿童需要通过触摸、操作这种方式去感知展品的属性，探索展品的功用以及了解它的内在原理，但封闭式的橱窗把儿童的探索欲望隔在了展柜外。鉴于服务对象的特殊性，安全、精美、实用性高、操作性强、趣味性浓的辅助展品应在展览上占据主场，因为儿童展览始终要把儿童的需求当作最高要求来实现。在服务对象是儿童的展览上，藏品的数量和价值已经不再处于不可撼动的位置了，能自由触摸的辅助展品才是他们的心头所爱，所以，使用得当的辅助展品毫不逊色于展品本身，甚至能创造出1+1>2的价值。

（三）营造展场氛围

感兴趣有意思的事情做起来事半功倍，反之，事倍功半。这样的情况对儿童博物馆展览和博物馆儿童专区展览来说有异曲同工之妙。与其他展览不同，儿童类的展览要用强烈的色彩和逼真的环境来吸引他们，试图让氛围的营造给儿童带来进入乐园的感觉。

开罗儿童博物馆展览在氛围这方面相对来说营造得比较充分。建筑外观整体用鲜亮的颜色，与常规建筑不同，非常吸人眼球，入口、楼梯、走廊、地面、门、窗户等也做了很多外延设计，展墙、展台更是巧思用尽，使得每处都与展览主题相呼应。[12] 同时，为了突出展品和创造浸入式环境，还运用大量灯光和色彩来烘托，更值得一提的是，现代技术在这里也应用得淋漓尽致。场景复原是展览中很常见的一种展示形式，虽说最初源自国外，但很快也在国内蔓延开来。现在的场景复原手段更加丰富，大量的多媒体技术被加入到场景复原里面，比如声像资料、动态多媒体、幻影成像、声光电合成技术等。辅助材料搭配在仪器设备上，使得展场生动、直观，深受儿童的喜爱。

与儿童博物馆展览相比，博物馆儿童专区展览在氛围营造与展览主题融合上稍显逊色。儿童专区展览与传统的博物馆陈列展览不同，因为对儿童展项等方面要求不够了解，且刚开始向儿童博物馆展览模式转变，所以这条路走得曲折且艰难。[13] 未来的发展方向一定是内容和形式高度融合的，所以博物馆儿童专区展览除了先进技术的运用，更重要的是策展团队"蹲下身来"将视线放低，从小朋友的视角去理解，不需要丰富的内涵和高深的知识，重点是给儿童创造出具有可以体验探索氛围的游乐场。[14]

（四）重视亲子理念

儿童曾是长期被博物馆忽略的群体，现在，很多博物馆走上了亲子理念这条路。由于博物馆儿童教育项目的对象大部分都是低龄儿童，所以需要家长陪同参与，但奈何没有合理的项目方案，所以本应该是亲子共同参与的欢乐场景，却变成了家长在室外漫长等待的场面。

在国外，博物馆融入亲子理念是非常盛行的一种做法。都说父母是孩子的第一任老师，是儿童观察学习的榜样，因为这个阶段儿童不论是生理还是心理都还非常依赖成人，那么整个家庭的参与会产生良好的教育效果，甚至收获良好的亲子关系。

所以，博物馆儿童教育工作者应该重视亲子理念，因为在儿童的学习过程中，父母的影响具有重要的作用。与此同时，家长也要扮演好自己的角色，在整个教育活动中，父母的定位不应该是领导型或者看管型，这会挫伤儿童的积极性，从而使其丧失探索学习的欲望。父母要扮演的角色应该是孩子的朋友或者搭档，鼓励孩子积极参与活动并适当提供帮助，激发其主动学习的热情。

但亲子理念的强调，并不只是在博物馆中，生活中也时时刻刻都在发生着，特别是在特殊时期，家长陪伴孩子的时间变多了，但有没有想过，陪伴的质量如何？高质量的陪伴无关乎时间长短，而是父母在陪伴孩子的时候全身心地投入，与孩子建立联系，并与之互动，帮助孩子增加自信，引导孩子思考，拓展孩子多方面的技能。

四、反思

（一）展览评估匮乏

自博物馆免费开放以来，各类博物馆推出了大量的展览来满足观众的需求，但对展览的评估却没有跟上展览数量飙升的脚步。这就导致了一些内容形式单一、教育活动良莠不齐等现象的发生,严重影响了展览效果的发挥。

在展览评估这方面,随着国家文物局《关于提升博物馆陈列展览质量的指导意见》出台,我国博物馆展览评估有了标准。纵观近些年我国博物馆的展览评估工作,主要集中在对展览项目开展的专项评估和非专项性考察,大都是上级对下级发起的评估,但由博物馆自身发起的展览内部、展览外部的评估却相对较少,特别是针对儿童这个群体,一份展览指标评估表和一份观众问卷调查表是馆方充分掌握展览优势与不足和了解儿童心理活动的重要方式。所以,一套科学、合理、全面的展览评估体系的建立对博物馆展览评估工作大有裨益,也是打造精品展览的指路牌。

(二)资源利用不充分

细看近几年博物馆的儿童项目,主要是手工、夏令营、讲座、讲解等项目,甚至有很多模仿国外的创意。出现这种现象,无非是没有对馆藏资源进行深度的挖掘,更没有主动去吸收有用的馆外资源,所以陷入了没有吸引力和参与性的困境之中。[15]

现如今的博物馆已经成为大众日常生活的一部分,除了服务大众,也要吸引社会资源的加入,从而实现双方价值的最大化。仔细观察国外的博物馆就会发现,博物馆与学校、社区、企业、社会团体等组织或者机构建立了密切的合作关系。反观国内,博物馆与学校、事业单位及其他社会力量的合作屈指可数。

幸好合作机制的缺乏在这次疫情之下得到了改变。为了弥补新冠肺炎疫情防控期间博物馆闭馆后观众不能实地参观的遗憾,应国家文物局要求,线上展览应运而生,线下不能畅游博物馆,线上展览传温情也是不错的选择。

线上展览这一举措,打破了以前仅是将项目信息在官网上挂出的单一手段。既然机遇已经来临,就要紧紧地抓住,整合多方面的资源,共同打造有本馆特色的展览。一个优秀的线上展览,除了博物馆自身扎实的研究、整理、策划,更需要强大的技术支持,要和先进的网络科技公司开展合作,用显示技术例如3D建模、实景拍摄、交互技术等呈现虚拟展台和展品,利用线上互动性的特性和主办方自身流量的资源优势,鼓励大家邀请、转发来实现引流,也可以和腾讯、微博、B站、抖音等各大平台洽谈合作事宜来促进线上展览,还可以用微信公众号这一方便、快捷的平台,各个博物馆都有自己的公众号,这样就打破了博物馆和观众之间在时间和空间上的条件限制,用户可以接收到各项展览和博物馆教育项目等信息的推送,用户也可以自主查询相关信息,让用户感觉拥有了一个掌上自助博物馆。这样,不论观众在哪里,随时都可以通过微信公众平台查看自己感兴趣的展览。应该让这些技术与平台成为博物馆推动社会文化发展的积极力量。

近几年新兴的社交媒体有很多,已经深入人们生活的方方面面,博物馆应该与他们紧密相连,通过与公众平台信息的双向互通来了解公众的需求,打造博物馆的精准、精品服务。也希望随着文博机构不断探索创新和跨界合作的深化,线上展览能够呈现更多惊喜。

五、结语

近些年,虽然儿童博物馆和博物馆儿童展览

开始受到重视，但由于国内儿童博物馆数量的稀少以及众多博物馆关于儿童教育项目的缺乏，很多家庭忽略了儿童博物馆这一重要的教育渠道。线上博物馆的运行，产生了很好的反响，特别是对于没有能力进入实体博物馆的家庭来说，这是一个可以忽略时间、金钱、交通、文化程度、教育背景等因素的一个新的学习体验机会。就像一些父母所说，与其天天抱着手机、电脑玩游戏，不如父母和孩子共同参与进来学习一些新知识。当真正参与进来以后，会发现孩子对博物馆这种富有藏品和符合这个年龄段的教育项目产生了浓厚的兴趣，本以为孩子会不懂得欣赏或者只是三五分钟的热度，但我们真的是低估了孩子的感知和审美能力，还有艺术品对孩子的感染力。一个展厅接着一个展厅地逛着，看着专为儿童打造的科普视频，做着有趣的线上游戏，有时候家长都觉得累了，孩子却还意犹未尽，这种情况出乎很多家长的意料。这就是儿童博物馆的魅力，针对不同年龄段设计不同的展项，让儿童在好奇心的驱使下，让展品与儿童的感官体验联系在一起，引导孩子主动打开储藏人类文明的博物世界，成为真正的博物君子。

随着新冠肺炎疫情得到控制，许多博物馆已经陆续开放，但线上展览这种新的方式，也可以继续进行，不失为一种吸引观众的良好方式。这也为那些没有能力到博物馆参观的群体提供了一个接触博物馆文化和感受博物馆氛围的渠道。

[1] 王宏钧. 中国博物馆学基础[M]. 上海：上海古籍出版社，2001.
[2] 严建强. 博物馆的理论与实践[M]. 杭州：浙江教育出版社，1998.
[3] 陆建松. 博物馆展览策划：理念与实务[M]. 上海：复旦大学出版社，2016.
[4] 郭青生. 兴趣是学习的先导：谈谈上海博物馆未成年人教育的尝试[M]// 博物馆教育新视域. 北京：文物出版社，2009.
[5] 海曼. 寻找与学校教育的契合点：史密森学会的实践[J]. 杨立平，马燕茹，李薇译. 中国博物馆，2000（3）.
[6] 宋向光. 博物馆展览的评估与达标[N]. 中国文物报，2001-10-26.
[7] 严建强. 从展示评估出发：专家判断与观众判断的双重实现[J]. 中国博物馆，2008（2）.
[8] 陆建松. 重视展览文本策划的前期准备[M]// 博物馆展览：策划设计与实施. 北京：学苑出版社，2005.
[9] 杨玲，潘守永. 当代西方博物馆发展态势研究[M]. 北京：学苑出版社，2005.
[10] 张永春. 高科技引领下的展览手段创新[N]. 中国文物报，2012-05-16.
[11] 宋娴，忻歌，鲍其泂. 欧洲博物馆教育项目策划的特点分析[J]. 外国中小学教育，2010（7）.
[12] 于庆芝. 谈博物馆陈列展览的"特色意识"[J]. 北方文物，2004（2）.
[13] 陆琼. 网上博物馆与传统博物馆[J]. 中国博物馆，2000（2）.
[14] 科特勒 N, 科特勒 F. 博物馆战略与市场营销[M]. 潘守永译. 北京：北京燕山出版社，2006.
[15] 刘金花. 儿童发展心理学[M]. 上海：华东师范大学出版社，2001.

博物馆青少年教育创新发展路径探析
——以河南博物院为例

梁 爽
河南博物院

> **摘要**：近年来，博物馆的教育功能逐渐凸显，尤其是在数字化的新时代，作为青少年的"第二课堂"，越来越多的博物馆逐渐意识到做好青少年教育工作，不再只是简单地举办几场讲座、完成一场手工体验活动这么简单。本文以河南博物院社会教育工作为例，探讨新形势下如何紧跟时代步伐创新教育发展路径，让青少年走进博物馆、感受博物馆、爱上博物馆。
>
> **关键词**：博物馆；青少年教育；创新发展；路径

一、博物馆青少年教育创新发展的理论基础

任何实践的开展都离不开理论的支撑，博物馆青少年教育更是如此。博物馆教育虽有别于学校教育，但教育产品的策划与开发、教育活动的开展，依然应当有可以遵循的理论基础，这样才能使青少年在博物馆里的社会实践激活脑中已有的知识模块，真正促进实践与理论的结合。

世界著名教育心理学家霍华德·加德纳认为，人的智能是多元化的，在特定情景中人利用智能解决问题并有所创造。他认为我们每个人都拥有八种主要智能，分别是言语（语言智能）、逻辑（数理智能）、视觉（空间智能）、身体（动觉智能）、节奏（音乐智能）、交流（人际交往智能）、自知（自省智能、自然智能）。他提出的"多元智能理论"，认为这八种智能同等重要，虽在每个人身上的组合方式不同，但每个正常人都有自己的智能强项，且会随着环境的变化不断发展。因此"多元智能理论"主张在教育教学中，坚持"以人为本"，构建多元化的教学方式，促进孩子的全面发展；将差异性当作一种宝贵的资源，改变过去用一把尺子衡量孩子的标准，强调用发展的眼光看待孩子的成长。

从这一理论出发，博物馆青少年教育的创新发展不难找到方向，同时也可以明确教育创新发展的着力点及途径：即从语言、逻辑、视听、审美、认知、实践等方面出发，从青少年视角"活化"文物资源；教学策划注重多元构建促进青少

年实践技能的全面发展；教学实施过程中用发展的眼光看待每个孩子智能的暂时差异；后期测评要多方衡量。比起知识构建，博物馆教育评价应更多关注青少年实践体验后的感受与反馈。

二、博物馆青少年教育创新发展的理念更新

（一）树立品牌，打造教育精品

"品牌"这一名词从商业领域引入博物馆教育领域，目前已经得到国内博物馆教育界的广泛认可，成为博物馆社会教育遵循的正确路径。新时期，博物馆教育创新发展应当从实际出发，找准教育项目中的重点，形成独特优势，并逐渐培养成本馆的特有品牌、知名品牌。[1]

河南博物院确立"品牌战略"以后，逐渐形成"专业讲解""志愿服务""历史教室""国学讲坛""暑期少儿活动节""讲解培训基地"以及"特约讲解"等一系列深受公众喜欢、深刻影响社会的专业品牌。品牌效应不仅使河南博物院的社会教育工作在全国闯出了知名度，还在全省掀起了"加盟品牌"的热潮。"历史教室"因为超高的品牌名气，逐渐走上连锁化发展之路，成为全国独一无二的"连锁化"教育品牌。

（二）积极倡导走融合式创新发展之路

"融合式发展"一词最初是为推动国防建设和经济建设良性互动而提出的，十几年来为国防现代化和社会经济发展带来了可持续发展的后劲。河南博物院最早在博物馆系统提出"融合式发展"这一理念，主张大力实施跨界融合、开放合作、互动多赢，以推动陈列展览、公共服务等方面的改革并已取得显著成效。经过近些年的不断尝试，这一理念在国内博物馆未成年人教育领域已经叫响，"跨界合作""无边界发展""超级链接"这些新表达为青少年教育的创新发展注入了活力。[2]

河南博物院连锁"历史教室"就是"融合式发展"理念的成功探索。"历史教室"从2009年一个200多平米的小小空间，发展至今，已经形成院内1家、院外9家，分布于郑州、开封、商丘、平顶山四地的学校博物馆共建合作的连锁化发展新格局，是目前国内唯一实现"连锁化"发展和"互联网+"的"线下"与"线上"并行、互动的博物馆教育体验区。大胆借鉴、融合"连锁经营"的商业模式，对教育项目进行"公益性"复制、"连锁式"推广，为河南博物院教育影响力在河南乃至全国的提升，提供了坚实的基础。

三、河南博物院在博物馆青少年教育创新发展中的新实践

近几年，河南博物院依托"历史教室""特约讲解"等教育品牌，快速适应时代新变化，立足发展理念，夯实理论基础，经过精心策划和打造，开发出一系列青少年喜闻乐见、参与性强、互动性强的教育产品。

（一）专业性的教育项目

教育项目是博物馆以社会教育和服务为目的，依托馆情优势，策划并实施的一系列有组织活动的总称。博物馆教育项目是进行公众教育的重要手段，有助于加深观众对博物馆收藏和陈列展览的理解。近几年，团队采取"分众化、菜单式"的方式，精心打造出一些经典的教育项目。

特色教育项目。本项目以中原历史文化、基本陈展为基础，通过梳理历史知识、展示藏品精粹、讲述文物背后的故事等形式，帮助青少年了解老家河南、学习学科知识、丰富社会实践。项目包括"博物馆学程""传统节日""文物保护观摩""主题教育活动"四类共近五十门课程，全年向青少年开放体验。"菜单式"的课程可自由选择，满足不同年龄段孩子需求的同时，也展现出本馆教育服务的专业化。（图1～图4）

精品研学教育项目。随着近两年研学热潮的兴起，各大博物馆纷纷投入到研学大潮中。河南博物院作为全国中小学生研学实践教育基地，结合时下热点，通过反复实践，开发出一系列丰富的研学课程。目前已经成熟并广受青少年喜爱的项目有"考古知多少""国宝守护人""新五好学生""成语典故""老家河南"系列研学课程，还有如"大象中原——内地与港澳中学生文化遗产暑期课堂"这种成熟、热门的研学线路。其中"考古知多少"课程更是获得"全国博物馆研学旅行优秀课程及优秀线路推介活动"最佳课程奖。（图5～图11）

图1 博物馆学程——木版年画

图2 主题教育项目——甲骨文

图3 传统节日——中秋节

图4 传统节日——欢庆六一

图5 文物保护观摩与体验

图6 陶器主题教育活动

图7 "考古知多少"体验项目

图8 "国宝守护人"研学特训班

图9 "老家河南"系列研学课程

图10 "成语典故"课程结业典礼

图11 "大象中原——内地与港澳中学生文化遗产暑期课堂"

图12 "中原文化我传承·古都重宝篇"平顶山博物馆开幕式

（二）常规化的教育展览

展览，是博物馆与观众发生联系的桥梁。相对传统陈列展览，教育展览在内容、形式和手段上都有所不同。教育展览更在乎展览的文化知识内涵，追求教育性与观赏性、趣味性、体验性的有机统一。[3]河南博物院近几年经过积极策划，举办了"巧手绘国宝"儿童专题绘画艺术展、"中原文化我传承"主题系列图片流动展览，在扩大本院社会教育影响力的同时，也使得更多的孩子参与进博物馆的展览中来。

"中原文化我传承"主题系列图片流动展览是我院社会教育部这两年重点打造的教育展览。（图12～图15）展览围绕中原文化、红色历史、城市记忆等主题，由河南博物院牵头，联袂省内多家博物馆，以连锁化历史教室为平台，采取"展教结合、多维解读"的创新方式，利用可循环使用的展架，在博物馆、学校、图书馆等地流动展出，通过让全省各地的青少年观看展览、参与活动，感受中原风采，激发他们的家国情怀、文化自信。目前展览已经推出"中原文化我传承·古都重宝篇""中原文化我传承·千秋英烈篇"两个主题

图13 展览中讲解员为孩子们接龙讲解

图14 每一站展览中配有不同的教育体验活动（1）

系列，分别走进洛阳、安阳、平顶山、开封等地，受到众多孩子的喜爱。

"巧手绘国宝"儿童专题绘画艺术展分线下和线上两种形式。展品创作以河南博物院的6件镇馆之宝为主题，形式不限，由参与的青少年自由创作发挥。线下展出的作品有百余幅，这些作品构图新颖，独具匠心，充满了童趣和想象，展示出国宝的无穷魅力。线上展览除了大量的参展作品，还有记录参展孩子创作过程的照片。由孩子参与创作完成的教育展览，除了能够鼓励他们深入了解文物及历史，发挥创作潜能，更能激发其成就感、自豪感[4]。（图16～图18）

图15 每一站展览中配有不同的教育体验活动（2）

图16 "巧手绘国宝"儿童专题绘画艺术展开幕式

图17 "巧手绘国宝"儿童专题绘画艺术展线上展览

图18 "巧手绘国宝"儿童专题绘画艺术展线上展览

（三）互动性的线上教育课程

博物馆开展线上教育服务是数字化新时代的需求，也是以最快速、最便捷的方式扩大影响力的重要途径。河南博物院自2016年开始已经有了成熟的线上教育项目——历史教室数字课堂。本项目利用"互联网＋"建立在线历史文化教育平台，学校以及其他博物馆均可在此平台上共享教育资源。

2019年突如其来的新冠肺炎疫情，更像一道"加试题"，促使各大博物馆都将阵地转移到了线上，纷纷掀起"云课堂""云直播"热潮。河南博物院在春节假期就已精心筹备，率先在官方微博和微信推出"豫博云讲""历史教室云课堂——手工玩转博物馆"两个项目近二十节课程。由于内容丰富、视听兼备、学习简单、互动及实践性强，课程广受欢迎，不仅收到很多家长上传的孩子手工照片，还引发大家不断留言互动。课程单条微信阅读量近三千人次，微博阅读总量更是超过百万人次。（图19～图22）

著名教育学家杜威曾说："教育是生活的过程，而不是将来生活的预备。"博物馆创新发展青少年教育工作，只有着眼于教育本质，寻找有效的路径让收藏在博物馆里的珍贵文物、经过千年积淀下来的优秀成果"活"在每个走进博物馆的

图19　历史教室云课堂

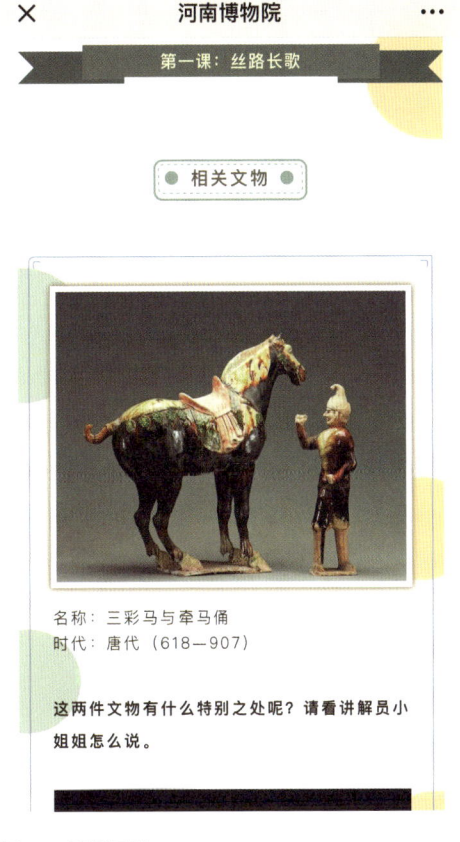

图20　豫博云讲

图21 历史教室联动课——博物馆里的清明节

图22 官方微信后台的观众留言

青少年的现实生活中，才能真正有效践行将中华厚重文明深植于青少年的心底。[5]

[1] 丁福利. 博物馆宣教工作也要打造精品树立品牌[N]. 中国文物报，2003-06-08.

[2] 丁福利，刘璐. "互联网+博物馆教育"的探索与展望[N]. 中国文物报，2016-11-07.

[3] 杨丹丹.《读城》：探索博物馆青少年展教结合的创新之道[J]. 中国博物馆，2017（4）.

[4] 钱进. 教育改革背景下博物馆与学校教育的共赢发展[J]. 中国博物馆，2014（3）.

[5] 李李. 教育兴则国家兴 青年强则国家强：以故宫博物院为例探讨青少年教育途径[J]. 中国文物科学研究，2019（3）.

基于抖音短视频的博物馆文化传播力提升研究
——以河南博物院为例

贺传凯
河南博物院

摘要：短视频行业迅速发展，使博物馆文化传播有了新的载体和渠道，它打破了博物馆的时空限制，为博物馆注入鲜活的生命力，令文化传播更加便捷、时尚、高效。本文以河南博物院官方抖音短视频为例，对其运营现状进行数据统计和分析，并从内容创作、视频编发、用户互动、人员培训四个方面，提出利用短视频提升博物馆文化传播力的路径，以期为广大博物馆文化传播提供参考。

关键词：抖音；短视频；文化传播力；河南博物院

移动互联网时代，短视频作为最受欢迎的新媒介之一，正日益蓬勃发展，并为诸多领域注入新活力。博物馆作为公共文化机构，只有持续地更新理念、方法和技术，才能提升文化传播力。从全国博物馆来看，开通短视频账号的博物馆正呈上涨趋势，但在有效利用上，许多博物馆存在内容不鲜活、互动性不强、更新频次低等问题。本文结合河南博物院官方抖音短视频的运营实践，拟就如何推动以短视频为手段提升博物馆文化传播力，促进传统文化传承与发展进行探讨。

抖音短视频是一个帮助用户表达自我、记录美好生活的音乐短视频分享平台，它凭借完善的功能、多元的内容和先进的算法（抖音推荐机制），以及契合现代人群碎片化阅读的习惯，迅速在年轻群体中走红。根据 2020 年抖音创作者大会公布的数据，截至 2020 年 8 月，抖音日活跃用户（含抖音火山版）数量已达 6 亿，意味着每天有一半中国网民在使用抖音[1]，抖音已成为现代人生活中重要的表达和互动方式。

抖音短视频拥有巨大的用户，在抖音算法下，任何一个经审核的短视频都会被给予流量支持，经过层层推荐，优质短视频脱颖而出，获得最大规模曝光和传播。如今，越来越多的个人、媒体、国家机构、其他组织入驻抖音，分享生活、营销产品、传递信息……他们既是内容生产者，也是抖音用户。2020年2月，巨量算数发布《抖音用户画像报告》，在抖音用户偏好视频类型中，演绎、生活、美食类播放量较高，文化类视频增长较快[2]，可见，抖音用户对文化类短视频存在日益增长的需求。博物馆承载着中华民族宝贵的文化遗产，以传承优秀历史文化为职责，其在文化输出上具有先天的优势。新时期，博物馆也在不断探索年轻化的表达方式，而"抖音平台具有自下而上、由内而外、由人而物的传播特征，能够将有着共同兴趣的人凝聚起来，扩散成群，进而扩大传播效果"[3]。此特性正契合博物馆的现实需求。抖音短视频打破了博物馆的时空限制，使传统文化被唤醒和激活，促进了博物馆以崭新形态向公众开放，具有广泛的示范意义，令文化传播更加便捷、时尚、高效。[4]

2018年国际博物馆日，中国国家博物馆、湖南省博物馆、南京博物院等7家国家一级博物馆集体入驻抖音，在抖音平台支持下，联合策划推出《第一届文物戏精大会》，视频将抖音流行元素与国宝进行有机融合，进行年轻化演绎，让文物"活"起来。短短几天，视频累计播放量突破1.18亿次，点赞量达650万人，分享数超过17万[5]，既撕掉了博物馆保守的固有标签，也提升了博物馆的文化传播力，促使更多用户从"线上"到"线下"，走进博物馆。更重要的是，抖音短视频为传统文化传播提供了新的路径。

一、河南博物院抖音短视频的内容传播现状

河南博物院是首批央地共建国家级博物馆之一，在抖音短视频运营中表现相对活跃，具有一定的示范性。根据河南博物院官方抖音账号进行统计，截至2020年9月1日，河南博物院官方抖音账号现已推送短视频234条，拥有8万粉丝，获赞4万，评论（含回复）493条，转发3183次。根据短视频内容，可大致划分为9类，分别是文物速览、文物纪录片、华夏古乐、展览、活动、文创产品、科普知识、讲解员文物讲解、院务以及其他。（图1）

（一）内容分析

从图2看，河南博物院抖音短视频内容比较

图1 河南博物院官方抖音短视频数据统计

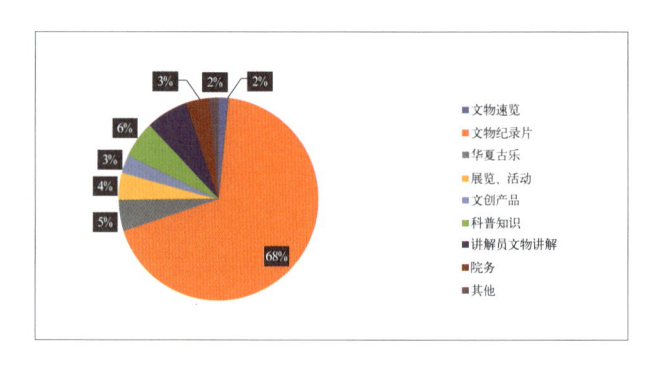

图2 河南博物院官方抖音短视频内容分类

全面，大体涵盖了博物馆收藏、研究、教育、展览、文创主要领域。其中，短视频内容尤以文物纪录片为主，其他内容比例极小。文物纪录片是河南博物院在移动互联网时代下，适应用户需求、打破物理界限、创新服务方式，以短视频这种当下最流行、最有效的传播方式，精心制作的"中原藏珍""中原藏珍·讲述""鹰蕴"系列。纪录片由专家学者、讲解员主讲，集知识性、专业性于一体，深入挖掘文物背后的故事，让更多用户通过文物了解河南，了解厚重的中原文化。

（二）点赞量分析

从图3看，河南博物院抖音短视频平均点赞量较高的是讲解员文物讲解、院务、展览、活动、文物速览和科普知识，说明此类短视频更受用户喜爱。平均点赞量较低的是其他、文物纪录片、华夏古乐和文创产品，特别是文物纪录片，其最大的推送量与较低的点赞量形成鲜明对比。据统计，在文物纪录片中，部分预告短视频点赞量较高，而正片普遍点赞较低，如"中原藏珍"第十九集《莲鹤方壶》预告点赞2013次，而正片点赞数低于100次。

（三）分享量分析

从图4看，河南博物院抖音短视频平均分享量较高的是文物速览、其他和院务，只有文物速览的平均分享量与平均点赞量呈现高度的一致性。

（四）评论量分析

从图5看，河南博物院抖音短视频平均评论量均较低，说明用户参与评论互动的积极性不高。其中，文物纪录片推送量最大，平均评论量最高，官方回复也较多。

（五）时长分析

从图6看，河南博物院抖音短视频中，60秒以上的占69%，30秒以下的仅占26%。据统计，文物纪录片正片时长均在60秒以上，华夏古乐时长也多在60秒以上，它们较低的点赞和分享量，说明长视频难以得到观众认可。

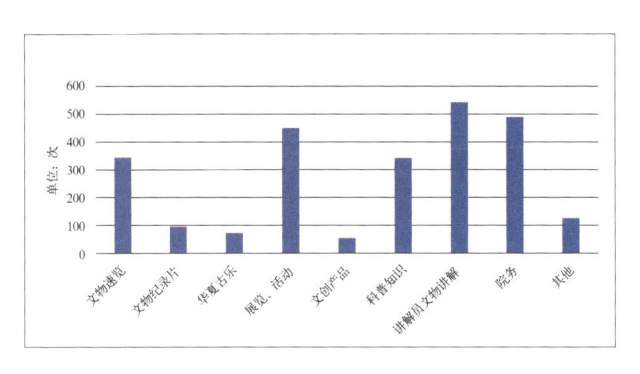

图3 河南博物院官方抖音短视频平均点赞量

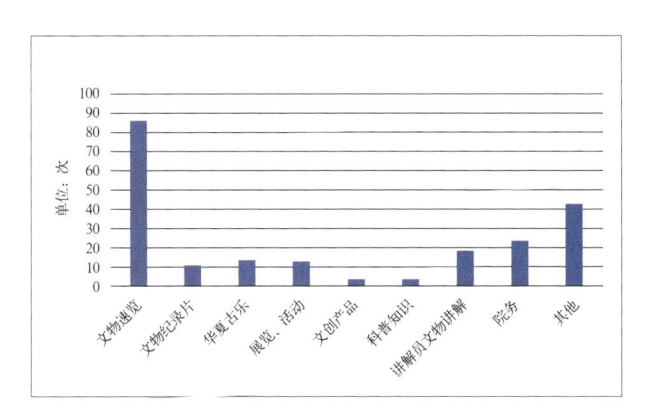

图4 河南博物院官方抖音短视频平均分类量

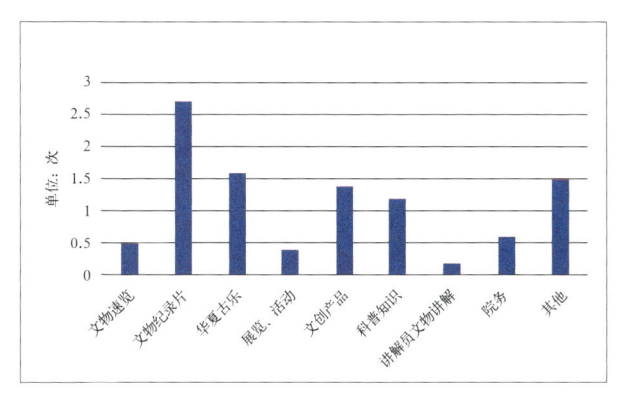

图5 河南博物院官方抖音短视频平均评论量

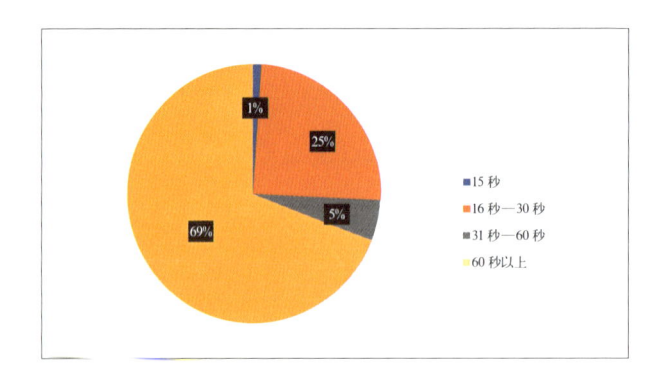

图6 河南博物院官方抖音短视频时长统计

二、河南博物院利用抖音短视频传播存在的问题

毋庸置疑，河南博物院抖音短视频促进了文化传播，但从粉丝量、点赞量、评论量、分享量的数据看，河南博物院抖音短视频的传播力不强，距离"抖音达人"差距巨大。究其原因，传统文化短视频相较流行文化短视频受众面窄，在传播中存在弱势，难以实现广泛传播。但结合实际分析，河南博物院抖音短视频存在一系列问题，如内容不均衡、吸引力不够、互动性不强、时长偏长等。另外，短视频封面设计缺乏统一性，横、竖屏交替，且部分短视频画质不高、配文不突出，难以加深用户印象和保持用户兴趣，这些都制约着博物馆文化的广泛传播。

三、以抖音短视频提升河南博物院文化传播力的路径

信息传播必然要结合受众的视听习惯及审美情趣，以新的语言、新的表达、新的融合，用最快的速度抓住他们的注意力。[6] 河南博物院抖音短视频在立足文化属性的基础上，需把握新时代的用户需求和抖音算法，探索适合博物馆文化传播的短视频路径，顺应时代潮流，不断地扩展用户，增加博物馆粉丝，从而提高短视频点赞量、评论量和分享量，促进博物馆文化传播力提升。

（一）创作优质短视频内容

收藏、研究、教育是博物馆的主要职能，短视频应围绕促进其社会职能发挥进行创作。河南博物院拥有丰富的短视频内容素材，已经推出的系列如藏品、展览、科普、文创、文物讲解等，可供开发的还有中原历史文化宣讲团、暑期少儿活动节、历史教室、中原国学讲坛等品牌教育活动，以及结合国际博物馆日、文化和自然遗产日、中国旅游日及传统节日开展的主题活动等，这些都是短视频内容的重要素材。在不乏素材的基础上，关键在于根据素材创作优质短视频。优质短视频内容的内核是能够与用户产生情感共鸣，且用户从中能够获取价值。对于创作者，真诚、专业、创新是内容制胜的法宝。河南博物院抖音短视频定位传播历史文化，实际工作中应"提前规划本年度的短视频创作项目与内容主旨，发出文博音，引领文化潮，体现出博物馆应有的社会担当"。[7] 要把文物价值、文化价值生动鲜活地传达给用户，情景要具有带入性，讲述要充满趣味性，才能引起用户共鸣。随着时代进步和信息流革新，对短视频内容也要不断推陈出新，持久保持创意，并稳定地持续输出内容，以此维持用户的活跃度。

（二）重视短视频编发

短视频编发是抖音运营中尤为重要的一环，决定能否获得用户喜爱。首先，视频时长宜短不

宜长。抖音推荐机制中，视频的完播率越高，系统推荐率越高，一般 30 秒以内的视频可以得到较好的视频完播率，因此"应该直奔主题，摒弃叙事铺垫，摒弃从开头到高潮再到结尾的线性思维，直接将亮点呈现出来，紧紧抓住受众的注意力"[8]，但"也要避免过度追求时间短暂而削弱了宣教作用的问题"。[9] 其次，恰当地编辑视频。在移动互联网时代，将与时俱进的时尚元素融入文物形象的建构之中，正是让文物圈粉无数的关键所在。[10] 抖音平台提供丰富的文字、贴纸、滤镜、道具、美化、字幕等视频编辑工具，可满足受众的信息与娱乐需求。根据短视频内容，博物馆可选择广受年轻用户欢迎的流行元素进行创意编辑，并选择背景音乐，形成完整的短视频。发布时，应选择最精彩的画面作为封面，更易吸引用户。再次，注重文案设计。博物馆发布短视频，应根据内容选用合适的文案，如互动类、悬念类、教程类、段子类等，此类文案更易与用户发生共识，从而激发用户的兴趣和互动。特别是文物短视频，要试图探索古代与现代的结合点，文案要易于引发用户对现实生活的关联。另外，文案也是抖音平台精准推荐用户的依据。博物馆发布的短视频以普及文物知识，传播优秀文化，弘扬社会主义核心价值观为主，其文案设计应围绕此核心进行，这样抖音平台在流量推荐中可为博物馆带来更多的文化、文物爱好者粉丝，更利于短视频的传播。最后，合适的时间发布。根据《抖音用户画像报告》统计，抖音用户的活跃时间在 12 点午高峰和 20 点晚高峰，此时间发布的短视频，可推荐用户更多。同时，博物馆也要在短视频运营中，根据大数据总结精准用户刷抖音的时间点，在最恰当的时间向用户精准推送短视频。

（三）积极与用户互动

抖音平台互动方式多样，博物馆应积极利用各种形式与用户互动，既吸引新用户，又维持老用户。平台的基础互动是评论回复，河南博物院短视频平均评论量较低，在有限的评论下，更需与用户保持互动。在河南博物院"文物纪录片"类短视频评论中，有用户多次提出使用竖屏，博物院尽管给予回复，但并未采用竖屏。竖屏是抖音官方推荐的，更符合用户观看习惯，也是短视频的主流，对此建议显然应予积极采纳。设置话题也是一种互动，在短视频内容或文案中，可设置一些贴近实际的互动话题，如"你喜欢的博物馆是什么样的""镇馆之宝你最喜欢哪一件""分享你与博物馆的故事"等，从情感上吸引用户参与。抖音直播是即时互动，河南博物院在日常和疫情期间，都曾开展"云游"博物馆活动。在直播中，专家学者或讲解员对在线用户提出的问题即时回复，用户易获得满足感。另外，直播不应局限于云游览，中原国学讲坛、学术研讨会、研学等都可以纳入直播，开展线上互动，扩展博物馆用户，扩大博物馆文化传播范围。抖音挑战是发起人制定一个拍摄主题，号召用户一起拍摄分享。河南博物院可结合实际策划一些挑战，如"我来带你游河博"，通过设立相应激励机制，激发用户互动积极性，让用户成为主角，从用户层面带动博物馆文化广泛传播。

（四）加强创作者培训

抖音平台在不断地改进功能和完善用户体验，抖音用户对短视频的内容需求也在不断提高。因此，创作者需要加强培训学习，既熟练掌握平台规则，也深入了解用户需求，这样才能做好短视频运营。抖音开设有"直播大讲堂""抖音创作者学院""抖音推广助手""抖音广告助手"等官方号，创作者可以关注相关抖音号进行学习。对河南博物院而言，抖音短视频的运营维护不仅需要设立专职人员，而且要善于组织人员利用抖音教学资源，加强拍摄技巧、内容策划、视频剪辑、版面设计、营销推广、引流变现、数据分析等各方面知识学习，不断为用户提供更好更多的优质短视频。

总之，短视频为博物馆注入了更加鲜活、更具时代气息的年轻生命力，让中华民族宝贵的文化遗产走近更多的年轻受众，推动了博物馆文化广泛传播。博物馆应深刻认识到短视频强大的传播作用，以更加大胆、多元的表达让文物"活"起来，助力博物馆文化传播力不断提升，进一步发挥博物馆在培育和弘扬民族自信、构建中华优秀传统文化传承体系中的重要作用。

[1] 抖音日活跃用户超6亿！每天有一半中国网民在用它[OL]. https://new.qq.com/omn/20200915/20200915A0CN1A00.html, 2020-09-15.

[2] 2020年抖音用户画像报告[OL]. http://games.sina.com.cn/y/n/2020-03-11/imxxstf8189848.shtml, 2020-03-11.

[3] 杜积西,陈璐. 西部城市形象的短视频传播研究：以重庆、西安、成都在抖音平台的形象建构为例[J]. 传媒, 2019（15）.

[4] 谢青. 抖音APP的社交互动与文化功能之思[J]. 电影评介, 2019（4）.

[5] 抖音"文物戏精大会"播放量破亿，是大英博物馆全年参观人次184倍[OL]. http://www.xinhuanet.com/expo/2018-05/21/c_129877468.htm, 2018-05-21.

[6] 唐婷婷. 博物馆文化的跨界传播"新"表达：以H5产品《第一届文物戏精大会》为例[J]. 科技传播,2018（15）.

[7] 崔钧平. 短视频与博物馆宣传[J]. 中国民族博览, 2020（16）.

[8] 蔡盈洲. 从电视到短视频：一种演化的视角[J]. 中国电视, 2020（9）.

[9] 张欣. 信息时代博物馆短视频宣教研究[J]. 文化产业, 2020（14）.

[10] 邵学达,张思梦. 呈现与传播：从抖音看文物类短视频的实践与发展[J]. 新闻论坛, 2018（5）.

博物馆舆情正面宣传的蝴蝶效应
——河南博物院"考古盲盒"事件舆情分析

丁赟
河南博物院

摘要：伴随着百年未有之大变局的到来，博物馆事业也面临着新的发展、挑战和机遇。博物馆作为传统文化传播的重要媒介和窗口，担负着优秀文化基因的延续、思想精华的萃取、精神魅力展现的使命。博物馆事业的繁荣与否，标志着一个国家和民族的文明程度。在信息化时代，传统的藏品、保管、研究、陈列等职能的推广与分析已不能完全满足观众需求，只有加强博物馆公共关系的对外宣传与考量，才能提高观众的参与性，增强对应的社会效应。因此，本文以博物馆的舆情宣传现状为切入点、以最近河南博物院推出的文创产品"考古盲盒"卖到脱销的舆情进行探究，希望对我们研究如何寻求有效的博物馆宣传方式及提升博物馆品牌影响力提供数据支撑。

关键词：考古盲盒；舆情分析；主动引导；正面宣传

一、博物馆舆情宣传的现状

在人们的固有观念中，博物馆是对文物进行存储、人们观赏文物的场所，甚至有部分人将博物馆戏称为储藏室。但随着我国经济水平的提高，人们对精神文明有了更高的追求，而博物馆人更是把不断满足人民群众日增长的美好生活需要作为奋斗目标。因此，博物馆的文化和教育功能就得到了充分体现，人们对博物馆也有了新的认识：博物馆是一个能够对文化进行传承，对人们进行教育的公共场所，其在经营的过程中并不是为了谋取利益。文化和教育是博物馆的主要功能，而且博物馆还能够对文物进行存储、保护，让人们进行赏析。在这一情况下，随着人们对于精神文化需求的逐渐提升，也促使我们要加大力度对博物馆进行正面宣传，明确博物馆的地位，让更多人通过参与博物馆活动宣传，从而在精神上得到满足。[1]在现代化的视角上，博物馆对外宣传活动属于博物馆公共关系大系统当中的一个重点环节，这些正好为博物馆开展教育与服务内容奠定了良好的基础。对此，博物馆不仅需要分析有效的宣传方式，还需要在舆情的基础上，对博物馆的各类媒介实施有效的评估。在原有的基础上，扩大影响力，增强民众对博物馆的信任。[2] 引导正向的社会舆论，提高人们对博物馆的热爱之情，获得更多的有效支持，促进博物馆良性循环、繁荣发展。在博物馆宣传的过程中，更要注重对公共关系追求，鼓励受众参与博物馆的宣传，树立美好的形象，增强品牌效应。因此，"博物馆如何寻求有效的宣传方式？如何提升国家博物馆的品牌影响力？"成为我们需要探究的重点方向。

二、河南博物院"考古盲盒"事件舆情分析路径

（一）分析对应的舆情

1. 事件概述：2020年12月1日由豆瓣论坛网友发布了一篇现场直播河南博物院"考古盲盒"的文章后，引发大量网友至河南博物院官方淘宝店进行考古盲盒的购买。这一不寻常的现象立刻引起了院文创工作人员的高度重视，第一时间与院宣传部门进行了沟通协商，响应习近平总书记提出的"建设中国特色中国风格中国气派的考古学"号召，大力秉承让文物"活"起来的理念，河南博物院在官方微博上同步开通了"考古盲盒"的线上线下互动活动。由此在后来的一个月里，开启的"博物馆文创营销＋舆情正面宣传"联动模式彻底带火了盲盒热、考古热、参观博物馆热，极大提升了传统文化传播的速度，同时也给公益场馆开辟了新的创收途径，打开了公共文化服务

事业发展新空间。2020年12月，考古盲盒共卖出2.3万个，收入达200多万元。（表1）

表1　考古盲盒事件首发媒体

发布时间	标题	信息来源
2020-12-01 11:20	咦，我的文物盲盒到了！	豆瓣小组
2020-12-01 16:04	这种文物盲盒好有意思哦！	新浪微博
2020-12-03 18:19	河南博物院也卖起了"盲盒"：一个40元起　能挖到元宝、青铜器	百度百家
2020-12-05 07:08	豫博文创"考古盲盒"卖脱销	河南日报－头版
2020-12-07 23:41	博物馆推出的考古盲盒很受欢迎　河南博物馆卖到脱销	腾讯视频
2020-12-27 17:35	小盲盒，缘何"开"出百亿元大市场	东方财富网－博客

2. 传播范围：从2020年12月1日至2020年12月31日监测周期内共获取相关舆情信息22178条（网媒：2739条；论坛：128条；博客：1条；微博：16994条；报刊：63条；微信：468条；视频：6条；APP：1770条；其他：9条），其中12.35%来自网媒，0.58%来自论坛，76.63%来自微博，0.28%来自报刊，2.11%来自微信，0.03%来自视频，7.98%来自APP，0.04%来自其他。（图1，图2）

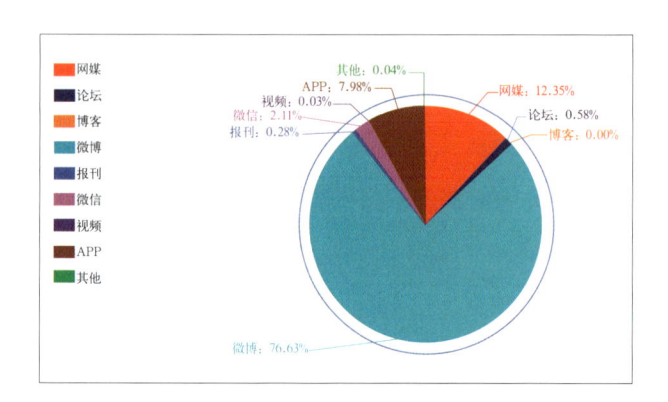

图1　媒体分析

图2 舆情发展趋势线

从舆情媒体分析，按照信息量的排名顺序，分别为微博、网络媒体、APP。相关信息所在媒体分布在新浪微博(16964)、微信(468)、搜狐新闻(349)、懂车帝(217)、百度百家(203)、UC头条(184)、看点快报(170)、网易号(151)、一点资讯(146)、企鹅号(143)等各大网站。网络媒体中，人民网、新华网等属于传播性较大的新闻；中央级纸媒、河南省属纸媒都属于报刊媒体的范畴。

（二）从新闻信息传播的视角看

在舆情发展趋势中，经过分析研判，第一时间在官方微博开通了"考古盲盒"话题的讨论和线下文创活动联动机制，因此该现象舆论信息最多讨论量出现在2020年12月4日，当日共产生3572条相关舆情信息，其中微博平台最为突出，最高达到3495条传播量，成为该事件的主要传播媒体。之后信息量有回落，12月7日出现回升态势，12月13日之后新闻量基本上保持平稳的状态，波动不大，曝光率也保持稳定的状态。从媒体类型分布来看，微博信息排位第一，以"娱乐感"为主要依据，原创信息达80%的比例，并且内容丰富，可以得到受众的有效支持。

（三）从新闻报道量的有效分布看

媒体参与影响力最大，传播受众人数为435219519人，其中，媒体为338281157人；名人为78954248人；政府为10262253人；企业为5772265人；机构为1629614人；网站为319982人。（图3，表2）

1．微博大V分布

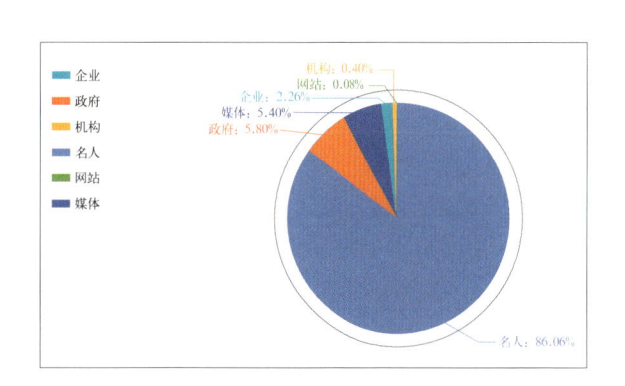

图3 微博大V公布

表2 新闻报道单位粉丝量对比

类型／数量	政府	媒体	名人
粉丝数＞50W人	5	36	37
粉丝数＞100W人	3	31	26
粉丝数＞1000W人	0	6	0

2. 影响力排行

（1）政府（表3）

表3 影响力排行（政府）

序号	名称	粉丝数	事件发帖数
1	苏州发布	2504557	2
2	河南教育	1747109	1
3	郑州发布	1081601	3
4	河南考古	993399	3

（2）媒体（表4）

表4 媒体影响力排行

序号	名称	粉丝数	事件发帖数
1	人民日报	123241088	1
2	新华网	74798480	1
3	扬子晚报	18425962	1
4	大河报	13601583	1
5	河南日报	6213933	5
6	河南新闻广播	5810635	3
7	CGTN	5442770	2
8	大公报—大公网	5428495	1

（3）博主地域：河南信息数921条、北京信息数902条、广东信息数874条、上海信息数764条、江苏信息数642条、浙江信息数567条。（图4）

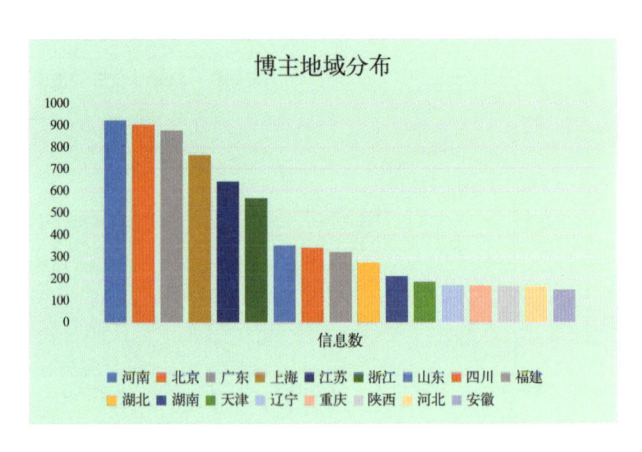

图4 博主地域分布

（4）关键词云：通过对关键词云的分析，可以发现媒体和网民对于该事件主要关注洛阳铲、活起来、考古等信息。（图5，表5）

图5 关键词云

表5 事件高频词

事件高频词	出现次数
莫慌	5005次
洛阳铲	1339次
刨出	1209次
博物院	1181次
考古	1007次
活起来	621次

综上所述，从舆情的视角分析可以看到：（1）中央媒体自身强大的影响力，提高了受众人群参与度，满足了现代化的发展路径，从而带动了博物馆文创产品的推广度。各类媒体当中，《人民日报》等中央为代表的媒体，秉承科学发展观思想，建立有效的正面形象，扩大对应的知名度。另外，在展现过程中，中央级报纸媒体在延伸的路径上，体现了很强的权威性，提高了大众的关注度。[3]（2）像《河南日报》等其他的日报也在报道中展现了不一样的理念，间接带动了当地熟

识环境的博物馆文创产品的全面发展。(3) 由于博物馆文创产品"考古盲盒"的自身特点，符合现阶段年轻人的主流思想，能引起受众人群的共鸣，所以盲盒热很容易在像豆瓣这样有特色、有针对性的网络媒体上燃爆。(4) 从信息发布热点分布地域来看，沿海先进地区的热度扩散更为迅速而广泛，对新鲜事物的接受能力也更强。从一定的程度上看，在不同的视角影响下，不同类型的媒体全部参与进来，并且在中央级媒体报道为主，展现了强大的推动性和鼓动性，可以让更多的人参与到此次推广中来，引领着博物馆事业的全面发展。

从舆情的反馈来看，"考古盲盒"得到了大家的广泛关注和传播，并且获得了一致的好评，连带着让最近已经很热的考古和博物馆更受到观众的欢迎，让不少心怀考古梦的人们，切身体验拿起各种工具到现场发掘的魅力，并提高了参与者的主观能动性，获得了积极的评价。这个时候，网民主要在以微博为代表的网站上，实施体验互动，感知知名度和影响力。此次"考古盲盒"话题仅在新浪微博就发布了16994条之多。在这些内容中，也包含了转载的信息，不仅丰富了相关的内容，也提高了博物馆及相关产品品牌的关注度与影响力，得到了政府、相关领域专家及参与者的一致好评。

从舆情热点看，此次事件宣传的力度比较全面，呈现了多元化的视角，满足了大众的需求，取得了良好的效果。也就是说，此次宣传在"立体式、全方位、多角度、有重点、有亮点、有节奏"的基础上，统筹规划，并有效地将传统媒体与现代媒体等相互结合起来，增强了国内的覆盖性，提高了海外的辐射性。不仅在官网上实施科学的发布与宣传，同时也在淘宝、豆瓣等网站上，添置相关内容，制造正面舆论的走势，并在第一时间与使用者互动，及时更新完善"考古盲盒"并进行升级，缩小博物馆产品与公众之间的距离感，让更多的受众加入到博物馆的全面建设当中。由此可以看到，严密的宣传计划是舆论宣传效果的保证，媒体的良好互动是取得宣传效果的前提，注重参与者感受是完美产品产生的根本立场。

三、博物馆舆情正面宣传的蝴蝶效应

随着社会的进步，博物馆文化体现了较强的复杂性、多样性与特殊性。博物馆在做好藏品、保管、陈列、科研等相关职能的同时，还需做好对应的博物馆文化正面的宣传推广工作。主动引导、因事制宜，向着多元化的宣传策略实施延伸，提升博物馆公共服务水平，积极创造有核心内容、文化内涵的产品，鼓励文化、文物思维创新，用人民群众喜闻乐见的形式让文物"活"起来，在潜移默化中实现传统文化创造性转化，最终达到博物馆事业经济效益和社会效益的"双丰收"。

---

[1] 梁炎鑫. 利用融媒体手段实现博物馆传播创新 [J]. 新闻研究导刊, 2019 (11).

[2] 亚历山大·P, 亚历山大·M, 陈双双. 博物馆变迁 [J]. 国际博物馆（中文版）. 2017 (Z1).

[3] 单霁翔. 增加高校博物馆社会亲和力的思考 [J]. 国际博物馆（中文版）. 2017 (Z1).

"大象中原——河南古代文明瑰宝展"反映的汉代中原地区社会风貌

王莉娜

河南博物院

> **摘要**："大象中原——河南古代文明瑰宝展"陈列展览以翔实丰富的考古资料为依托，以大量实物展示为基础，以中国古代历史与文明发展为纲，着重反映了河南这一中国古代历史上中心地域的重要文明成果，其中"有容乃大——两汉魏晋南北朝时期"展厅展出的文物反映了汉代中原地区经济繁荣和庞大的文化气势等社会风貌。
>
> **关键词**：大象中原；汉代河南地区；社会风貌

一、"大象中原——河南古代文明瑰宝展"概况

"大象中原——河南古代文明瑰宝展"陈列展览以翔实丰富的考古资料为依托，以大量实物展示为基础，以中国古代历史与文明发展为纲，着重反映了河南这一中国古代历史上中心地域的重要文明成果。

展览以河南博物院院藏文物为展示主体，以大量图版为辅助，展品涉及石器、陶器、瓷器、青铜器、金银器、石刻、雕像、金银、骨牙、玉器、珐琅器、书画等，选取多件文物精品如"贾湖骨笛""妇好鸮尊""云纹铜禁""汝窑天蓝釉刻花鹅颈瓷瓶"等，多层面向观众讲述文物知识，让观众感受河南博物院精品文物的审美意趣，体会河南文化的深厚底蕴。展览对文物的历史文化内涵进行深度阐释，分为四个单元，分别为"文明曙光——原始社会时期""定鼎中原——夏商周春秋战国时期""有容乃大——两汉魏晋南北朝时期""盛世荣华——隋唐宋元明清时期"，结合每个时期重要的文物，将280余件文物组合在一起，展现河南大地的古老文明，展现河南厚重的历史文化，展示河南古代文明的辉煌成就，集中反映河南省历年重要的考古发掘成果，是不可多得的精品陈列。

二、"有容乃大——两汉魏晋南北朝"展厅反映的汉代中原地区社会风貌

河南地处中原，在中国古代发展史上长期处于全国政治、经济和文化中心。西汉时期，商丘曾是大汉帝国的兴起之地和最强大的藩国——梁国都城所在地；东汉王朝定都洛阳，南阳为东汉光武帝刘秀发迹之地，故有"帝乡"之称。这些地区创造了灿烂辉煌的历史，在中华文明进程中发挥了重要作用，形成了中原文化的庞大气势。河南博物院"大象中原——河南古代文明瑰宝展"中"有容乃大——两汉魏晋南北朝"单元展览较为全面生动地展现了汉代河南地区先进的生产技术、发达的经济和繁荣昌盛的文化艺术。

（一）南阳帝乡

南阳古称宛，是有三千年历史的文化名城。战国时期，伯夷因治水有功封于吕（今河南南阳西），西周时，宣王封申伯于谢（今河南南阳市东北）。因此，古时南阳又称申吕之国。战国时属秦，当时已是全国闻名的冶铁中心。西汉时仍为冶铁中心，汉武帝起用的大农丞孔仅就是以冶铁为业发迹于南阳的。1959年发掘的南阳市北关瓦房庄汉代冶铁遗址，反映出宛城冶铁业的规模和面貌。[1] 南阳冶铁业的繁荣和发展，为南阳农业提供了高效的生产工具。据《南阳汉代冶铁》一书统计，在南阳北郊瓦房庄汉代冶铁遗址出土的器物中，镢、耒、犁等农具占了相当大的比重。由于铁农具"用力少得功多……其功相什而倍"[2]，铁农具的广泛使用，提高了汉代农业的发展水平。

铁器的广泛使用，使得大规模兴修水利工程成为可能。南阳土地肥沃，水利事业是农业生产的重要保障。召信臣任南阳郡太守时开沟渠、建水闸数十处，灌溉面积多达三万顷。水利工程的兴修，使"民得其利，畜积有余。……其化大行，郡中莫不耕稼力田，百姓归之，户口增倍，盗贼狱讼衰止"。铁制农具的大量使用，使得精耕细作有了保证，对农业的生产发展起到了巨大的促进作用。

两汉时南阳郡商贾云集，商业繁荣，桑弘羊在《盐铁论》中说："宛、周、齐、鲁，商遍天下。"南阳郡时有"富冠天下"之誉，史称"南都"。宛城规模宏大，与洛阳、长安、成都、临淄并列为全国五大都市。《汉书·地理志·南阳郡》载："南阳郡，秦置。户三十五万九千（三）百一十六，口一百九十四万二千五十一。县三十六：宛，故申伯国，有屈申城。……户四万七千五百四十七。有工官、铁官。"[3]

西汉政权建立初期，实行休养生息政策，南阳人口数量增加，到召信臣为南阳太守时，百姓慕名而归，户口更是倍增。据文献记载，平帝元始二年（2年）时，南阳郡人口总数已逾百万。东汉时，南阳成为全国政治经济文化中心，皇亲贵戚纷至，商贾云集，其所带来的大量依附民使得南阳境内人口急剧增加，至永和五年（140年），人口已超过两百万，是南阳汉代人口增长的最高峰。除此之外，各历史时期到南阳的移民也是促进其人口大量增加的重要原因。秦时分迁六国十二万人于南阳和咸阳等地，光武帝刘秀在位期间，将居住在浙江南部的十万人迁往南阳地区从事农业生产。[4]

由于优越的自然条件和繁荣的经济，许多达

官贵人受封于这块膏腴之地。特别是东汉一朝，因南阳是"帝乡"，所以皇族国戚云集，使其在政治经济文化上处于全国显赫地位。

南阳出土的汉画像砖是古代嵌砌在墓壁上的一种装饰砖，多数模印各种图案，具有雕刻与绘画的特征。这些画像砖从各个角度反映了两汉时期政治、经济、文化和社会生活的方方面面，是一部形象化的汉代社会史。

展出的泗水捞鼎画像砖，高34厘米，宽112厘米，1985年河南省南阳市新野县樊集24号汉墓出土。其图案是模印而成的，正面上下各有一条菱格纹。在整幅画面的中央刻有泗水桥，桥呈拱形，桥面上有护栏。桥中间偏右处有一面建鼓，鼓两边各有一人击鼓；桥左侧有一马车在过桥；桥两端各有二人正奋力拉绳提鼎，桥下水面有一龙跃出，龙头左侧有一鼎，鼎下连着断裂的绳子。[5]该画像砖画面内容包括了车骑出行、过桥、水中取鼎等场面，构图繁密有致，场面宏大；以印模压印的形式，压印出浅浮雕的形象，风格迥异于同时代的南阳画像石，对研究汉代的墓葬制度、社会思想和当时的绘画艺术有着重要的参考价值。（图1）

展出的二桃杀三士画像砖，长122.5厘米，宽33厘米，厚7.3厘米。[6]画面左为车骑出行，前一轺车，上为一人持节跪跪车旁，车后有小吏匍匐在地，一人躬身迎接。画像右半部描述的是历史上著名的"二桃杀三士"的故事。（图2）齐景公身边有三个勇士：公孙接、田开疆、古冶子，他们号称"齐国三杰"。这三人个个英勇无比，深受齐景公的器重，但他们却恃功自傲。相国晏婴担心"三杰"为势力越来越大的田氏效劳而危害国家，屡次建议景公除掉"三杰"，然而景公很为难。晏婴想出一计，他给了三位勇士两个桃子，要求其"计功而食桃"，三人因性格狂妄而互不相让，古冶子没抢到桃子而愤愤自刎，公孙接、田开疆两人亦因为羞愧难当而自杀。

在画像砖中，有三个人，高足豆右侧站立着公孙接，他伸出手傲慢地取到了盘中一桃，十分镇定与自我，反映出他自负的性格特征。高足豆左侧的田开疆亦不甘示弱，他右手握剑，正伸手

图1 泗水捞鼎画像砖

抓盘中另一桃，唯恐自己落后。离豆稍远的古冶子，整个身体呈蓄势待发状，却发现其他两人各自抢到一桃，不禁怒火中烧，怒目而视，须发飞扬。

（二）洛阳故城

到了汉代，洛阳由于得天独厚的地理位置及自然环境，再次显示了它举足轻重的地位，东汉、曹魏、西晋、北魏诸朝先后建都于此，见证了这段历史的风云变幻。洛阳太学是汉代的国家最高学府，太学传授儒家经典，太学生很可能成为未来的国家官员。

《熹平石经》，出土于洛阳太学遗址，是东汉灵帝于熹平四年（175年）命蔡邕整理的儒家七经，曾刻在46块石碑上，立于洛阳太学讲堂前，史称"熹平石经"，为我国第一部官定石刻经本。[7] 汉献帝初平元年（190年），因董卓之乱，石经被毁。熹平石经在汉字字体由隶书变楷书的过渡中起到了桥梁的作用，其精美的字体、严谨的结构是研究汉代书法的重要史料；它拉开了历史上以多部经典文献为内容的大规模刻石的序幕。

作为国家都城，东汉洛阳也是当时名人汇聚之地。展出的《袁安碑》就记录了东汉司徒袁安的一生。袁氏家族在东汉地位显赫，四世三公。袁安为袁绍高祖，在《后汉书》中有他的生平记录。这通碑的字体更是通体小篆，锋颖如新，结构宽博，笔画圆润厚重，骨力劲拔而富有弹性，是研究我国汉代篆书及碑制演变的实物资料。（图3）

（三）西汉梁王陵

西汉时分封于河南东部的梁国，梁孝王时成为当时全国最大的藩国之一，也是当时实力雄厚的诸侯国，都城在睢阳（今河南商丘市睢阳区）。

图2 二桃杀三士画像砖

图3 袁安碑

梁国国力强盛，文化经济繁荣。西汉梁国王陵，位于永城市东北处20公里处的芒砀山，包括保安山陵区、僖山陵区、夫子山陵区。梁共王墓（柿园墓），位于梁孝王墓东南500米的山顶上。该墓墓门向西，由墓道、甬道、主室、耳室、过道等组成。墓葬主室顶部绘有四神云气壁画，长5.5米，宽3.35米。画面主体为一昂首飞动的苍龙，舌缠鱼类生物，应为玄武，左右携朱雀、白虎。整个壁画色彩鲜艳，线条流畅，形象栩栩如生。这是我国目前发现时代最早、保存较完好的壁画，被誉为"敦煌前的敦煌"，是我国早期壁画的代表作。[8]（图4）

（四）庄园经济

西汉初年，社会经济凋敝，汉高祖为巩固政权，采取了一系列措施。高祖下诏："民前或相聚山泽，不书名数。今天下已定，令各归其县，复故爵田宅。"即招抚因战乱逃离家乡的人回归土地，进行生产，社会经济逐渐发展起来。

汉武帝以后，社会经济得到迅速发展，到了西汉末年，庄园经济已经初具规模。东汉时期是地主庄园经济空前发展的时期，河南出土的大量建筑明器以及画像砖，反映了地主庄园经济的发展盛况。

1988年出土于河南省焦作市的七层连阁式陶仓楼，通高175厘米，进深78厘米，面阔87厘米[9]，现藏于河南博物院。由院落、主楼、附楼、阁道等四大部分组成。院落坐于主楼之前，三面用墙围成，前墙中央开一门，置双门扉，院外卧一陶狗，主楼为六层四重檐楼阁式建筑。附楼为三层高台建筑，可拆卸。该陶仓楼主楼高大雄伟，配楼挺拔秀丽，又有阁道横架，使其巧妙地连为一体，这正是汉代"复道行空"高超建筑技术的真实写照。该建筑明器实属罕见，为研究当时社会状况和建筑艺术的发展演变提供了珍贵的实物资料。（图5）

西汉时，养狗之风盛行，养狗、驯狗是当时

图4　四神云气图

图5　七层连阁式陶仓楼　　　　　　　　　　图6　卧姿红陶狗

极为重要的社会习俗，也是上层社会常见的娱乐方式。汉朝中央朝廷设有专门为皇帝管理"狗事"的机构——"狗监"，一些历史人物曾在此任职，如李延年就曾任"给事狗中"。《史记集解》引徐广曰："主，猎犬也。"《史记索隐》则称是"犬监"。汉武帝时，甚至建有"犬台宫"，《三辅黄图》载："犬台宫，在上林苑中，去长安西二十八里。"足见武帝喜狗。汉代厚葬之风盛行，汉代人以陶狗为明器下葬，并用陶狗来镇邪。

本次展出的卧姿红陶狗，高42.5厘米，长50厘米，出土于河南南阳市。红陶胎，模制而成。狗面向左顾，昂首竖耳，双目外凸，张口露齿，内空，粗尾贴地，四肢着地，呈卧姿态。该红陶狗造型生动，神态逼真，反映了这一时期陶塑烧制工艺的较高水平。它不仅是一件陶塑艺术珍品，而且对于汉代社会生活及墓葬习俗研究有一定的参考价值。（图6）

（五）文化艺术

根据史料，我国最早的杂技出现于春秋时期。《国语·晋语》中有"侏儒扶卢"的记载，即侏儒攀爬矛戟作杂技表演，王国维认为这就是汉代寻橦之戏的起源。汉代把杂技称为蔓延之戏或奇伟之戏，后来叫"杂戏"，它与角抵、幻术等多种表演形式相结合，形成"百戏"，形式灵活，轻松幽默，广受各阶层喜爱。《史记·李斯列传》应劭注曰："战国之时，稍增光武之礼，以为戏乐，用相夸示，而秦更名曰角抵。角者，角材也；抵者，相抵触也。"

六博是一种掷采行棋角胜的局戏，由两人分执六枚棋子。行棋时用投箸的方法决定行棋的步

图7　绿釉陶六博俑

数。1972年河南灵宝市张湾汉墓出土的绿釉陶六博俑[10]，高24.2厘米，长28厘米，宽19.2厘米，现藏于河南博物院。下为坐榻，上置长方形棋盘，盘的半边有六条长方形箸，是用来决定下棋者胜负的筹码；另半边置一方盘，两边各有六枚方形棋子，棋盘两端各有一俑坐于榻上，一俑作谦让姿态，另一俑双臂平伸，掌心向上。该六博俑再现了汉人的棋弈形象，为研究我国古代棋弈历史、雕塑艺术提供了宝贵的实物资料。（图7）

三、结语

河南自古以来就是华夏文明的奥区，夏、商、周乃至春秋战国多都于河南，奠定了河南作为华夏文明中心区的地位。两汉时期，河南继续成为中国的政治、经济、文化中心，形成博大精深、气势磅礴的中原文化。中原文明作为中华文明的代表和缩影，其领先的生产技术给整个两汉社会带来巨大的经济效益；教育文化的兴盛促进人口素质的提高和艺术的繁荣。"大象中原——河南古代文明瑰宝展"中"有容乃大——两汉魏晋南北朝"展厅通过展示河南独特的汉代文物遗存，反映了汉代中原地区社会文化发达，表现出多元性和包容性，呈现出"大风起兮云飞扬""博大兼容"的风貌。

[1] 河南省文化局文物工作队. 南阳汉代铁工厂发掘简报[J]. 文物，1960（1）.

[2] 桓宽. 盐铁论[M]. 北京：中华书局，1992.

[3] 班固. 汉书[M]. 北京：中华书局，1962.

[4] 刘克. 南阳汉画像与生态民俗[M]. 北京：学苑出版社，2008.

[5][6] 河南省南阳地区文物研究所. 新野樊集汉画像砖墓[J]. 考古学报，1990（4）.

[7] 王竹林，许景元. 洛阳近年出土的汉石经[J]. 中原文物，1988（2）；中国社会科学院考古研究所洛阳工作队. 汉魏洛阳城太学遗址新出土的汉石经残石[J]. 考古，1982（4）.

[8] 河南省商丘市文物管理委员会，河南省文物考古研究所，河南省永城市文物管理委员会. 芒砀山西汉梁王墓地[M]. 北京：文物出版社，2001；阎道衡. 永城芒山柿园发现梁国国王壁画墓[J]. 中原文物，1990（1）.

[9] 索全星. 河南焦作白庄M6东汉墓[J]. 考古，1995（5）.

[10] 河南省博物馆. 灵宝张湾汉墓[J]. 文物，1975（11）.

河南博物院专题展"明清河南"的陈展思路与文化亮点

谭淑琴　杨　璐
河南博物院

> **摘要**：河南博物院专题展"明清河南"是2020年展览提升工程中的创新展。以往的通史陈列展从原始社会至宋元，没有明清的历史。此次提升展览新增加了明清河南历史陈列，从政治、经济和文化三个方面，选取相关文物，并配合图片文字、多媒体、模型等多种陈展手段，进行叙事性的解说，可以说是基本陈列的补充与延续，也是观众认识河南明清历史的重要途径。
>
> **关键词**：明清河南；陈展思路；文化亮点

2020年9月河南博物院经过提升改陈重新对外开放。三楼11厅"明清河南"是新增加的专题展（图1），其中许多馆藏明清时期的文物首次亮相。展览在内容方面，分为政治、经济、文化三部分，策展人在深入挖掘藏品资源的同时，通过出土文物、版面文字、图片、视频多媒体，力求在这200多平方米狭小的空间里，浓缩展示明清时期河南历史文化的精华，通过主题阐释和信息构建着力讲好每一个单元故事，向观众解读传统文化的当代价值。下面按照展线顺序简述此展览的策展思路与文化亮点。

一、明清时期的河南行政区划

明清时期是河南省行政区成型的重要时期，是观众了解展览的入门。（图2）明代为河南独立设省之始，此前，"河南"作为一个省级行政区的名称始于元代的"河南江北行省"。然此时河南虽是省名，其地域与今河南省相去甚远，包括今天的湖北、江苏、安徽等省，也从未形成共同的省域文化。1368年，明朝建立，洪武元年，置中书分省，治开封府，是为河南独立设省之始。随后，把河南省改为承宣布政使司（习惯上仍称行省或省），驻

图1 河南博物院"明清河南"展厅入口

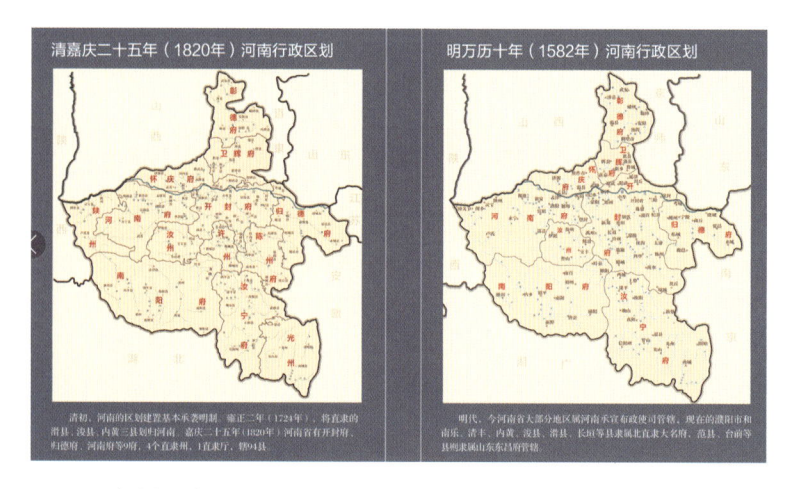

图2 明清时期河南行政区划

省城开封（祥符县），布政司下设府（直隶州）、县（属州）二级地方政权。共设8府、1直隶州（如汝州，直属布政司，相当于府）、11属州（归府管辖，相当于县）和96县。《明史·地理志》载河南省辖区："北至武安，与北直、山西界。南至信阳，与江南、湖广界。东至永城，与山东、江南界。西至陕州，与山西、陕西界。"和现在的河南版图大体相近。自明代以来，河南一直是省级行政区专名，所指范围也基本稳定，即使所辖范围有调整，其调整的幅度也比较小。清承明制，顺治初年，河南确定为河南省，设河南巡抚为本省最高行政官员，亦驻省城开封。为了加强中央政府对地方的统治和管理，中央做了必要的调整和改革，分省、道、府、县四级。展览以明万历十年与清嘉庆二十五年河南省地图及行政区划作为大背景拉开了"明清河南展"的序幕。

二、衙署文化

衙署是封建社会地方政权和机构官僚办公的地方。封建统治者以"民非政不治，政非官不举，官非署不立"的认识，十分重视衙署的设置。明清时期衙署已标准化、制度化，地方衙署分为总督部院、府衙和县衙三级。由于河南是黄河流域的主要省份之一，又是漕运的重要通道，顺治五年（1648年），设直隶总督，总辖直隶、河南、山东三省，驻大名（今河北大名）。使京畿和直隶强大的军事和政治辐射兼顾河南。直隶总督署，位于河北省保定市，是中国现存唯一一座最完整的清代省级衙署。河南省明清衙署有府、县二级文化遗存，展览以图版加文字的形式，向观众展示了河南现存的南阳府衙、内乡县衙及叶县县衙三个保存完整的府县级衙署。

衙门是国家形象的代表，布局建筑皆和中国故宫有某些类似之处，均为坐北朝南，多进四合院形制，轴线对称，主从有序，中央殿堂，两侧辅助的建筑格局。北京故宫、河北保定直隶总督府、山西霍州署和河南南阳府衙、内乡县衙分别成为我国明清时期中央、省、州、府、县五级官府遗存的代表。其中县衙在古代官僚体系中等级较低，是当时老百姓击鼓鸣冤、伸张正义的地方，建筑规制在当地也是气势恢宏。中国古代官衙大多毁于战火，古建筑遗存以明清衙署建筑为主。本单元从河南明清行政区划地图作为历史大背景，导出明清河南府、县二个级别的署衙图版与文字，通过讲解可以让观众了解中国古代的官文化。

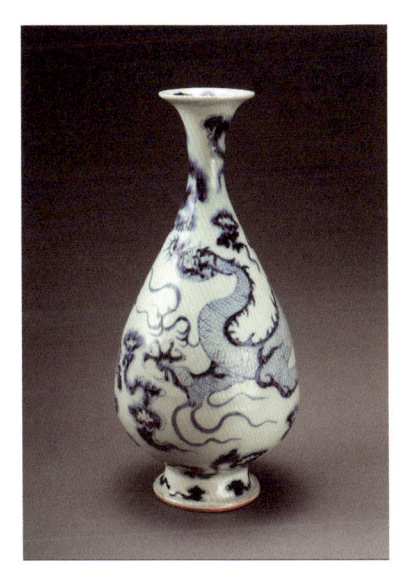

图3　青花云龙纹玉壶春瓶

三、藩王文化

从元代开始封建王朝的首都已迁到北京，大运河也截弯取直，不再通过河南。明清时期河南延续着元代开创的局面，失去了政治经济文化中心的地位。由于明代藩王的分封，河南的文化遗存和出土文物成为此时的亮点。

《明太祖实录》卷五一："建藩屏，上卫国家，下安生民。"1368年，朱元璋建立明朝后，为巩固统治，自洪武三年（1370年）起，陆续分封其二十四子就藩全国各地，以起到"夹辅王室"的作用。明朝十分重视对河南的统治，建国伊始便在这里设立各级地方政权机构，确定军事与法律制度，并分封诸王就藩河南，河南是分封宗藩最多的地区之一，约占分封宗室总数的百分之二十。为了让观众对河南封藩的情况一目了然，展厅特制作了"明代河南宗藩一览表"，从表中可知自洪武十四年始，明王朝先后在河南分封了周、唐、伊、赵、郑、卫（因早殇建藩未就）、秀、崇、汝、潞、福等十余个藩王，其封地可以和明代地图中的府州区域相对照。明朝对所封藩王实行世袭制度，亲王嫡长子立为亲王世子，诸庶子封为郡王。展览以河南首藩周王和万历皇帝胞弟潞王作为重点，选取保存完好、规制较高的明周定王朱橚陵和明潞简王陵做背景图版，实物以河南藩王墓出土瓷器为主，如1958年荥阳县贾峪镇明周惠王墓出土青花云龙纹玉壶春瓶，龙的形象为明初特有，是景德镇御窑生产的皇家专用瓷器。（图3）开封市朱仙镇朱橚嫡子周宪王墓出土白釉黑彩"内酒"瓶、白釉黑花勾莲细酒梅瓶、青花梅瓶盖等。同时还展出了2018年开封周藩永宁郡王墓最新发掘出土的小件生活用品——王府用瓷及王府遗址发掘出的带龙纹建筑装饰构件等。第一代永宁王朱有光为朱橚庶六子，封于永乐元年（1403年），永宁王一系共历八代，在开封生活延续了196年。出土实物可以看出周郡王府在当时的生活状态及较高的建筑规格，对研究中国明代郡王府规制具有重要意义。

明代藩王的存在对中原的政治、经济、文化有重要的影响。河南其他藩王及郡王墓还出土有王妃生前所用规制较高的金银器，在另一单元与官宦人家女性墓葬出土金银饰品一并展出。

四、移民文化

每个朝代都有移民政策，明初移民是有史以来规模较大的、有组织的移民活动。元末由于连年战争，社会经济凋敝，人口骤减，造成土地荒芜无人耕种的局面。顾炎武《日知录》："明初，承元末大乱之后，山东、河南多是无人之地。"明初，劳动力不足，经济恢复缓慢，而当时与河南毗邻的山西则"人多地狭"，人丁兴旺。明洪武年间，在河南施行了移民屯田和开垦荒地的政策，由政府组织狭乡的人迁徙到宽乡去屯田耕地，为河南地区的农业恢复做出了巨大贡献。

展览中制作了"明初山西、河南人口数量对比表"[1]及"明代中后期河南户口数量对比表"，可以看到明初河南人口不足200万，山西人口却超过400万。到了明万历年间河南人口已达到500多万。实物展出院藏明洪武二十四年（1391年）迁民碑（拓片），碑文记载，汲县（今河南卫辉）郭全屯原为双兰屯，后因由山西泽州（今山西晋城）迁民至此，里长名郭全，故更名郭全屯。此碑所记对研究明代地名史、基层组织形式等具有重要价值，是明代初年由山西向中原迁民的有力证明。

五、治黄文化

中华文明的发展史和治理黄河密不可分，从四千年前大禹治水开始，历朝历代都有治理黄河的功绩，可以说是一部治黄奋斗史。明清时期，黄河决溢更加频繁，平均"三年两决口，百年一改道"，《清圣祖实录》载："河决而塞，塞而复决。决无宁日，遂止弗塞。听其崩溃，河患极矣！"由于黄河河南段处于中下游分界点，人民的生命和财产受到威胁。明清两朝在黄河河南段的治理上花费了巨大的人力、物力、财力。"有清首重治河""治黄保漕"的政策深刻影响着河南政治、经济和社会的发展。为了在面积狭小的展厅有重点、有选择地表现明清时期河南治理黄河的功绩和文化遗存，我们制作了模型、多媒体视频、图片、列表及相关文物进行展示。（图4）

图4 明清河南展厅一角——治理黄河

（一）回顾历史

历史上黄河下游河道共决溢1500多次，其中黄河大的改道有26次之多，仅河南占了20次。改道北达天津，南抵江苏、安徽。为了让观众了解从秦至明清黄河决溢改道的次数和黄河变迁的历史，我们制作了"历史时期黄河下游洪水灾害统计表"和"历史上黄河改道示意图"电子模型。通过对比，可以看到明清时期河患比历史上任何一个时期都要严重。电子示意图展示了历史上黄河六次大的改道：最早的禹贡河道是东北流向，在天津入海；《汉书·沟洫志》记载："定王五年河徙。"东周定王五年（前602年）黄河开始了有史记载的大决口，形成了文献中记载的汉志河，即图中的西汉河道；东汉派王景治河，形成了安流期达800年的东汉河道；北宋北流东流二股道、明清南流故道及1855年兰考铜瓦厢东流改道。决口地点基本上在河南的濮阳、浚县、滑县、武陟、郑州等地，说明黄河改道主要决溢发生地之三分之二在河南境内，给河南造成沉重灾难。

示意图还可以帮助我们辨识古代地图的时代特征，如夏代以前的黄河流向东北经天津入渤海，东汉河道已向东经利津流入渤海，南宋元明清时期的黄河已往南走，夺淮入黄海。

（二）《饥民图说》

明清时期为"保漕"而"治河"，而黄河河南段并不是南漕通路，故中央对河南黄河治理有忽视的倾向，而把治河重点放在山东、江苏段。因此河南段黄河决口频仍，阻塞乏力。清代治河名臣靳辅曾指出"治河与保漕，不可颠倒其次"，认为"河南在上游，河南有失，则江南淤积"，故他把加固黄河工作放在河南段。但从清康熙末年到道光朝，治河以保漕为重心，一直占主流，因此，河南的黄河治理也难以获得持久的成效，黄河水患给河南人民带来了残酷的灾难。

明万历二十二年（1594年），黄河在河南虞城县决堤，特大灾害导致饿殍遍野。时任刑科给事中的杨东明（1584—1624年），将灾荒中饥民的种种惨状绘制成24幅图，并配以文字，编成《饥民图说》上奏万历皇帝，请求朝廷予以赈济。院藏杨东明上疏《饥民图说》木印雕版（1组6件）配以拓印的拓片，形象展示水灾给人民带来的灾难。这册《饥民图说》由杨东明的后人雕版印行。这组文物配以印制拓片展示了黄河泛滥给人民带来的苦难。（图5，图6）

（三）治理黄河

明清时期官方治理黄河是重要的政治举措，涌现出了许多治黄名臣。为了让观众对治河名臣有一个大致的了解，我们制作了"明清黄河河南段治河名臣一览表"，对12个治黄名人的籍贯、职务和功绩列表罗列。通过文物及图片，展示了古人借助神的力量治河的文化遗存——镇水神兽及名臣林则徐和栗毓美经过实际调研的较为科学的治河功绩。

中国古代民间和官方常以神牛、神兽、楼塔镇水，其文化的"根"在于古巫观念中的"镇"与"厌（压）"，这种用于镇水的神兽在我国其他地区也普遍存在。如1950年春，青铜峡大坝三闸湾清理唐徕渠时，出土一铁牛，牛耳有铭云："铁牛铁牛，水向东流。"乃唐人防黄河改道而铸。其他镇水灵物还有铁犀、锁水阁、大钟、山石等。[2]黄河下游镇河铁犀（铁牛）较常见，牛属坤兽，坤在五行中为土，土能克水。黄河屡屡泛滥，古人认为是由于河妖作怪，只有铁犀能镇伏河中妖

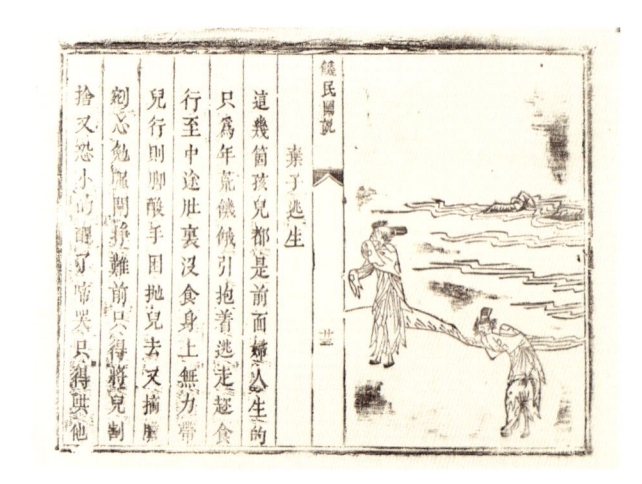

图 5 《饥民图说》图版之一"弃子逃生"

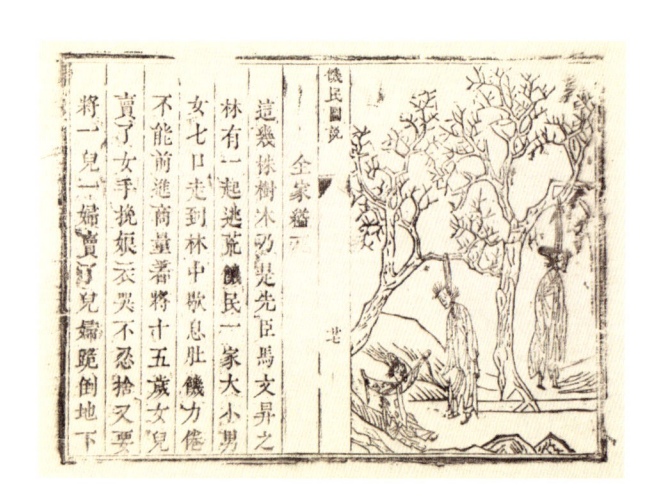

图 6 《饥民图说》图版之一"全家缢死"

图 7 开封明代镇河铁犀

图 8 清镇河铁牛

孽。这与中国古代的阴阳五行观念和镇压文化有密切联系。在黄河沿岸出土了许多镇河铁犀，展览图版择选了明正统年间于谦（1398—1457年）巡抚河南时，在开封主持铸造的一尊"镇河铁犀"，高2.04米，供于开封城北辛庄回龙庙内（后俗称铁牛庙）。（图7）铁犀落款为"正统十一年岁在丙寅五月吉日，浙人于谦识"。背上铸有阳文"镇河铁犀铭"四言韵语88字，表达了人民要求根除河患的强烈愿望。河南博物院院藏"镇河铁牛"为第一次展出，原存河南荥阳广武镇孤柏嘴渡口，原有两只，一只早年沦入河中，这一只铁牛，用合金铁铸造，伏卧造型。（图8）背铭刻"金牛金牛，蛇尾龙头，镇值芒山，河不南流"。牛臀部刻唐人诗句："白日依山尽，黄河入海流。"下有款文"乾隆十三年九月吉日"，"开封府郑州汜水住持僧人性琳各出己财黄河不敢南流"，现大部字体漫漶。

治河名臣突出展示了林则徐在河南开封的治

河功绩。林则徐（1785—1850年），福建省侯官人，晚清民族英雄、水利工程杰出人才。在近四十年的宦海生涯中，他历官十三省，从北方的海河，到南方的珠江；从东南的太湖流域，到西北边陲的新疆伊犁地区等，都留下了他治水的足迹。林公堤、林公渠、林公井等遗迹是林则徐治水的有力见证。[3]但是我们大部分人只了解他主持虎门销烟，对他治水的功绩知之甚少。本次展览制作了创作画《林则徐治理黄河》，并赴开封林公堤拍摄了开封林公堤林则徐塑像。（图9）林公堤为纪念林则徐治理黄河而得名，属今河南省开封市黄河大堤的一段。清道光二十一年（1841年）一月，林则徐被革职遣戍伊犁。八月黄河在开封决口，道光因林则徐治水有方，旨令其"改役东河"治理。他在开封堵口筑堤，使黄河复归故道。如今他的全身塑像仍屹立在黄河大堤旁。展品以林则徐治水经验的著作和信件为主，如《畿辅水利议》刻本，该书作为林则徐治水的唯一专著，集中体现了他的治水思想。《致沈维鐈的信》（福州林则徐博物馆提供）中提到河南祥符工程，记有林则徐"亲驻苇土之中，夜以继日，其余孰敢暇逸"之事。另外开封黄河两岸，出土了当时治黄专属机构制造的河工砖，是道光十五年（1835年）时任河东河道总督贾毓美（1778—1840年）主持豫鲁两省河务时首创"以砖代埽"的筑河两岸堤坝工程的发明创造，为我国古代水利工程技术的发展做出了重要的贡献。展出的河工砖为二块复制品，椭圆形，每块重20斤左右，中有圆孔，可以用绳穿系，易于抛修，并可用以砌筑坝体。这是黄河治水工程的一次革新。

（四）祭祀河神

明清时期在河南治理黄河过程中留下了一个保存完好、规模宏大的清代建筑群——嘉应观。嘉应观，亦称黄河龙王庙，坐落在焦作市武陟县，始建于雍正元年（1723年），是雍正为祭祀河神、封赏历代治河功臣而修建的集宫、庙、衙三位一体的黄淮诸河龙王庙，也是我国历史上唯一记述治黄史的庙观。按照中国古代镇水文化的观念，建楼亭、寺庙或竖碑是可以镇水的，武陟嘉应观也体现了镇水文化的观念。嘉应观印证了河南黄河文化的历史积淀，也是黄河文化旅游带的亮丽品牌，在治黄文化中有重要的地位和影响。为了向观众介绍嘉应观，我们现场拍摄了图片，搜集素材制作了短视频，同时展示了嘉应观御碑亭"御制蛟龙碑"（拓片），此拓片于1987年嘉应观维修时由技术人员搭建脚手架精心拓印，此拓在

图9　开封林公堤林则徐塑像

资料室封存了30多年后，经过装裱室工作人员的精心修整，焕然一新。（图10）雍正皇帝的御笔御印终于借此良机展示给广大观众。该碑在全国绝无仅有，被誉为"治河丰碑，国之瑰宝"。

表现治理黄河的文物许多，黄河治理的历史，很有必要做个专题展，让观众了解黄河治理的艰辛和曲折，治水者治天下的道理。我国现代历史学家岑仲勉先生（1886—1961年），本着经世致用、为国家有所裨益的爱国情怀，利用自己历史考证的专长，1955年完成了《黄河变迁史》的撰写[4]，弄清了许多黄河历史上纠缠不清的问题，确是经世致用之学，很值得我们文博考古工作者学习和借鉴。

六、商贸文化与世俗生活

河南省有许多明清时期的建筑群，如会馆、官宅和民居，其中以山陕会馆居多，和当时便利的交通与商贸活动有很大关系。明清时期的河南，水陆通达，既有国际商路万里茶道贯通南北，也有中原运河漕运北上。沿河两岸的漕运与贸易也带动了市镇的发展，商贾云集，会馆林立，为明清时期河南社会经济的发展发挥了重要作用。（图11）时至今日，沿河两岸仍存在许多文化遗存，极其丰富地展现了当时人们的世俗生活。

（一）中原运河与万里茶道

明清时期的中原运河是京杭大运河的重要辅助路线，也是经由中原腹地沟通黄河、淮河、海河三大水系的水上通道。由于黄河溃决，运河淤塞，为了保持漕运的通畅，明代开始采取河海并漕、水陆兼程、绕道中原的办法，以避开黄河对

图10 "御制蛟龙碑"拓片

运河的干扰。河南省内的卫河、贾鲁河、沙颍河沟通南北，成为京杭大运河的辅助通道，客观上促成了中原运河的产生。《明史·河渠志四》载："永乐元年，平江伯陈瑄督海运粮四十九万余石，饷北京、辽东。……至是，命江南粮一由海运，一由

图 11　河南博物院"明清河南"第二单元展厅

淮、黄，陆运赴卫河，入通州，以为常。"除了中原运河水系，当时贯通南北的国际商路万里茶道也经由中原西部水系北上贸易。由于交通的优势，在商路河流沿岸兴起了诸多商业城镇。为了让观众直观地了解中原运河和万里茶道，根据明清史专家陈隆文[5]、张民服[6]、许檀的论文[7]，我们精心制作了中原运河与四大名镇的地图，在地图上还标明了万里茶道由南向北的行走路线以及中原运河漕船运载粮食从江南运河经淮河、沙颍河，转运至周家口码头，至贾鲁河北上，再经过朱仙镇，转运至卫河，直达京师的过程。同时赴四大名镇拍摄古迹，获取素材，制作了多媒体视频演示四大名镇的地理位置和漕运路线。观众可以在短时间内了解河南当时的水运线路和今天的地理关系，回顾现在古镇曾经的繁华与喧闹。（图12）

（二）会馆文化

交通便利带来了市镇繁荣，市镇的主要文化遗存就是会馆文化。"会馆"之名始于明代，是同乡或同业所组建的民间团体。明清之际，在各个水、陆商道沿线兴起的商业城镇中，出现了许多以经贸活动为主的商业会馆，其中以山陕商人在河南的经贸活动及会馆建设最为突出，极大地推动了河南商品经济的发展、区域文化的交流。《泌阳县志》卷十一载："秦晋人商贾于中州甚夥，凡通都大邑巨镇，皆会建关帝庙，其规模有备极壮丽者。"河南现存明清时期的会馆有30多个。我们择选了6个会馆图片，如开封山陕甘会馆、淅川荆紫关山陕会馆、洛阳山陕会馆、洛阳潞泽会馆、周口关帝庙及社旗山陕会馆进行展示。这些会馆皆为建筑艺术价值较高的古建筑群，见证了当时河南经济的发展和繁荣。其中建于清乾隆二十一年（1756年）的社旗山陕会馆，是河南乃至中外建筑史上的一颗璀璨明珠，也是全国现存规模最大的会馆。我们特制作了模型使观众对明清建筑的布局与规制有一个宏观的认识。

（三）货通天下

经济的发展离不开货币，河南博物院库房里有许多明清时期的钱币，一直没有机会展示。本次经过挑选，展出明清钱币一组，包括珍贵的明洪武"大明通行宝钞"纸币——明朝官方发行的唯一纸币，可以说是世界上迄今为止票幅面最大的纸币，当时是用桑叶纸制作，仅流通了130多年。还有棉纸蓝墨印刷的清咸丰四年"大清宝钞"纸币，清顺治、康熙、嘉庆、道光通宝各一串（1串500枚）。有些钱币有特殊的流通作用，如体现清代初始政权的清满文"天命汗钱"铜钱，是女真族首领努尔哈赤在满洲建大清国，建元天命时铸造。面文为老满文，是清朝第一代货币。新政权铸行新的货币，大多是为了明确建元，证实自己政权的合法性，政治意义远远大于经济意义，这在中国的货币发行史上还是非常罕见的。这种货币铸造时间短，发行量小，非常珍贵。展览中仅选择二枚展示给观众。

（四）民用瓷品

民用瓷品是商贸活动的重要商品，明清时期，瓷器"为民生饮食日用所不可离"，"其值价廉，其销路至普"，生产颇具规模，产品的贸易量很大。本次我们精心挑选滑县窖藏出土青花纹盘碗（1组8件）、信阳鲍楼庄出土白釉瓷盘、褐釉瓷罐、青灰釉瓷碗、褐釉瓷灯（1组4个）等，保存完好，生活气息浓厚。大件的瓷器，如清乾隆青釉暗花鼎式炉、清无双谱人物青花瓶及哥瓷，造型完美，釉色亮丽，从一个侧面反映了明清两代瓷器工艺的兴盛。原本内容设计上有市镇货栈经营场景：以赊店镇为例，镇上流通的商品以粮食和盐为大宗货物，其余展示布、皮、羊毛、油、丝、烟、绸缎、海味、金属器皿、珠宝首饰、鞋帽、陶瓷、铁器、煤、茶、铜等。还附加了明清时期商号匾额、秤杆、秤砣等。另外还有漕运文化的物证——如作为古代衡器使用的石权、铁权、方升、方斗，交纳公粮后官府发给的文字凭据——完纳漕粮执照等等。由于文物的缺失和展场面积不足，未能如愿。

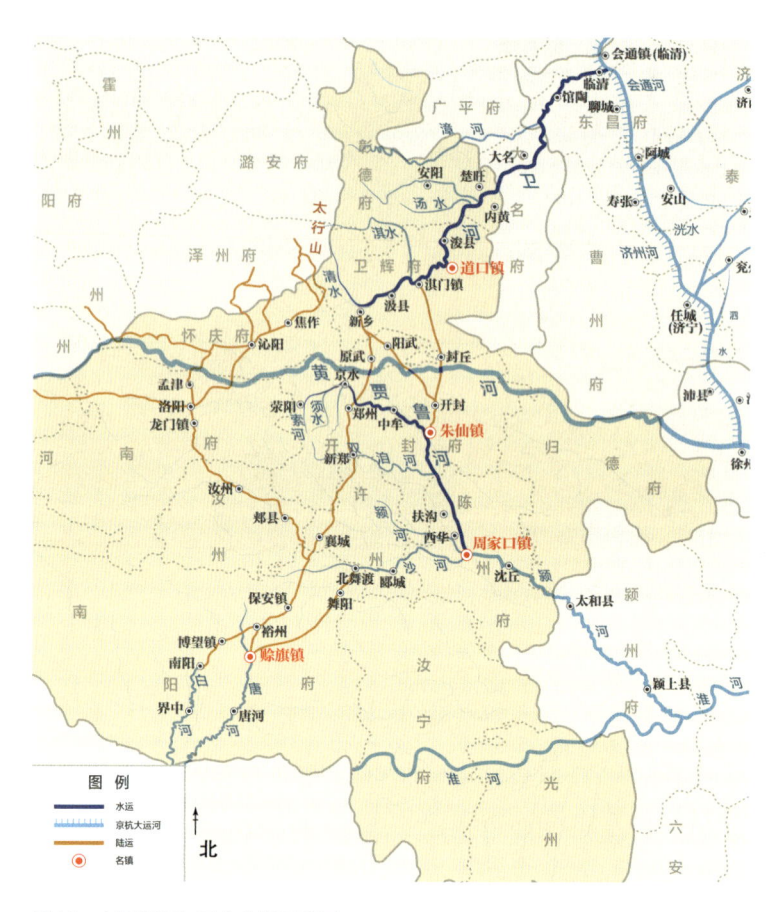

图12 中原运河与四大名镇示意图

（五）金银器、铜器及陶器

明清两代，河南整体上考古发掘出土的贵重、成组文物，多来自藩王、品官及地主阶层墓葬，从一个侧面反映了中原地区多样化的社会生活方式及人情世风。我们把这些墓葬出土的文物，如金银器、陶器及铜器放在此单元的世俗生活中展示。

明清时期考古发掘出土的工艺精致、图案华丽的金银首饰主要出土于藩王、品官墓中。金银器整体风格雍容华贵，宫廷气十足，反映了这一时期金银器的制作水平。展览中择选河南藩王妃及官宦人家女性墓葬出土的金银器14件，其中宝石镶嵌色彩斑斓，龙凤图案细腻精致，造型多样，工艺考究，体现了这些"金枝玉叶"生前的高贵与生活状态。其中明代上蔡县顺阳王墓出土的金凤纹帔坠（图13）、明代浚县兵部尚书王越之女王百禄墓中出土的金首饰，可管窥明代藩王妃及官宦阶层子女奢侈享受的生活待遇。（图14，图15，图16）

1986年，在灵宝市大王乡南营村发现明代许氏家族3座墓葬，共出土彩绘铜俑58尊，均为铜模所制。展览择选这组彩绘铜俑（1组27件），有仪仗俑、侍奉俑、女乐俑、武士俑等，反映了明代高官出行的威武场面。这些铜俑制作精细，姿态各异，生动传神，表情逼真，为研究明代铸造工艺、雕塑艺术和服饰文化提供了实物例证。（图17，图18）除了这些成组铜俑明器，河南博物院藏散存民间铜制生活用具较多，其中明独角兽铜熏炉、清螭耳铜三足炉应为当时富有人家的日常生活用具。前者兽首为炉盖，盖以活榫与炉身相连，制作讲究；后者有底款"明宣德年制"，为清代仿明宣德炉用具。熏炉具有熏香、除秽、熏衣、取暖的功能，是当时达官贵人的奢侈品。

图14　王伯禄墓志

图15　金臂钏

图13　金凤纹帔坠

图16　镶宝石蝴蝶（1对）

青烟冉冉，千载余香，我们可以想象古人的家居日常。

明清时期的陶器雕塑出土大多为手可把玩的小件物品，或者是小件物品的组合形式，院藏小物件比较零碎，品相不太好看。仅选以往在基本陈列中的 1960 年河南郏县前塚王村王韩墓出土的明代"彩绘三进陶宅院[8]作为重点展示。该宅院由一座牌坊和三进院落组成，院内有"一"字形照壁、一座堂楼、九座平房及人物俑，前院有一乘陶轿，后院右角有一盘磨与一套臼杵，右角猪、羊各一。大门外有八字墙、牌楼，及与宅院配套的成对骑马俑、男女迎送宾客俑、生活仆俑。此陶院落是河南民居的缩影及真实写照，也是明清四合院布局的典范。（图 19）明清河南民居大约有一万多处建筑文化遗存，以宅院式住房为多，建筑样式有四合院、三合院、半个院等形式。典型的四合院是按南北轴线对称布置房屋的，以上房（主房）、东西配房（厢房）、南房组成，这种正规的建筑布局形式，多为官宦及富商人家居住。为了借出土文物延伸展示具有中原地方民间建筑特色的文化遗迹，在此陶宅院明器附近，借助图版选择了河南现存四个保存较好、布局严谨、错落有致的商丘穆氏四合院、巩义康百万庄园、周口叶氏庄园和安阳马氏庄园，为观众了解明清建筑文化和人文历史提供了更多信息。

图 17　吹笛铜俑 　　图 18　吹笙铜俑

图 19　明代彩绘三进陶宅院

七、名人文化

查阅《河南历代名人史迹》中明清名人有73个[9]，主要是河南籍科举入仕的官员、在河南做出贡献的外籍名臣以及长期在河南生活的宗藩士子，他们中有的在京城及外省为官，功名远播；有的弃官弃爵，把坎坷磨砺化作骇世杰作，在自然科学、文学及艺术领域贡献了毕生精力，成就举世瞩目。其文化遗存有故居、著作和碑刻等，第三单元从自然科学、文学及书法艺术三方面来展示他们的成就。（图20）

（一）自然科学

自然科学方面，明清之际，随着中西文化交流的增多，农业、手工业生产和商品经济的发展，河南一些知识分子在部分科技领域取得了一定的成绩，产生了几位知名的科学家，有的走在全国乃至世界的前列。如乐律学家朱载堉、著名医药学家朱橚、植物学家吴其濬等，为人类做出了杰出成就，在国内外享有盛誉。其中"乐圣"朱载堉（1536—1611年），万历三十三年（1591年）辞爵让国，把毕生精力投身于科学研究。首创"十二平均律"的数理和音准，解决了几千年来前人一直未能解决的乐律难题，是对世界音乐理论的巨大贡献。李约瑟尊称他为"东方文艺复兴式的圣人"。展览有版面文字和图片展示了他的科研成果，并通过多媒体视频播放，让观众看到并聆听了他发明的律管演奏的音乐成就。医药学家朱橚的医学著作有刻本传世，由于缺少文物，我们用图片展示了他的著作《救荒本草》中的书影。固始人吴其濬是清代河南唯一的状元，曾在家乡编绘而成《植物名实图考》[10]，是中国本土植物学逐步走向独立的标志，为世界植物学的发展做出了一定的贡献。原先设想做一个场景表现他在老家的植物园做研究的场景，借此激发中小学生对植物科学的兴趣，但因展厅面积有限，只用图片展示了他的故居。其他自然科学家是根据《河南通史》[11]所记列表展示。

（二）文学

文学方面，由于明清时期河南整个文化界为程朱理学所控制，人们思想僵化，不思创新。随着商品经济的发展，市民阶层逐步壮大，在黄河文化滋养和熏陶下河南出现了几名文坛巨匠。如明弘治正德年间的李梦阳，清代复社文人侯方域、作家李海观在诗文、戏曲、小说创作领域有突出表现，皆在中国文学史上占有一席之地。河南长篇小说的创作较少，可以和《红楼梦》比肩的有河南宝丰人李海观（1707—1790年）创作的长篇古典小说《歧路灯》。《歧路灯》共一百

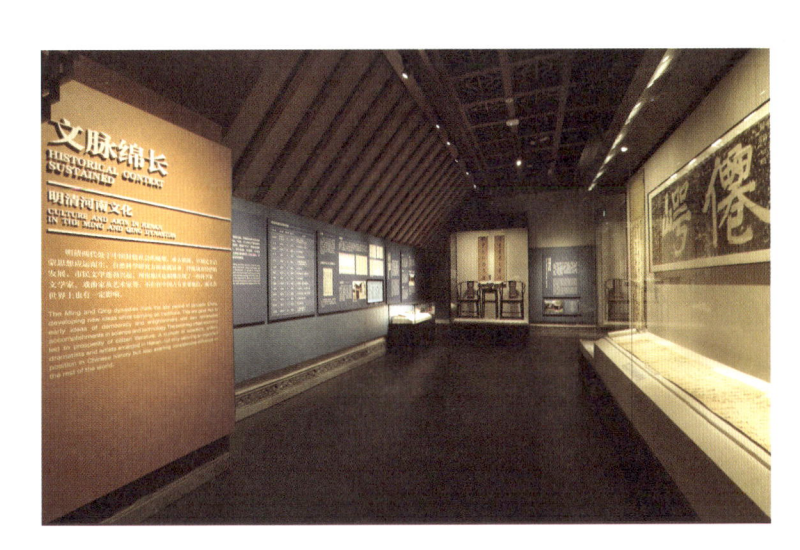

图20　河南博物院"明清河南"第三单元展厅

零八回,成书于清乾隆后期。此书是以康乾时期的社会生活为背景,运用当时的开封方言描述了富家子弟谭绍闻浪子回头重振家业的长篇白话小说。朱自清评价《歧路灯》(1928年11月22日)说:"若让我估量本书的总价值,我以为只逊于《红楼梦》一等,与《儒林外史》是可以并驾齐驱的。"但由于河南封闭落后,缺少传播途径[12],与其他明清长篇小说传播情况迥异。终清之世,没有刻本,只有抄本。《歧路灯》版本有许多,今知《歧路灯》一书最早的旧抄本,为乾隆四十五年(1780年)由新安传出,残存第一至四十六回。此次展出了栾星校注本(1980)《歧路灯》上、中、下三册。

(三)书法艺术

书法艺术方面,明初受台阁体影响,书法刻板,千篇一律,工整的小楷,被奉为科举的标准用体。明中期书法逐渐从僵硬的台阁体中解放出来,向个性方向发展,劲秀潇洒的行书和狂草占据主流地位。至明末清初,帖学兴盛,书法张扬个性、标新立异的主张走向高潮。河南孟津人王铎另辟蹊径,行草奔放而显露章法,个性鲜明,极具艺术觉醒的意识。他以雄强古厚的独特书风和书学成就,成为北方最具个性、独领风骚的一代宗师,在中国书法艺术发展史上谱写了重要的篇章。王铎的作品在河南留存较多,我们在一个大通柜中集中展示了清顺治四年(1647年)王铎草书《〈秋日西山上〉等诗六首》手卷、明崇祯十七年(1644年)王铎楷书"仙崿"拓片(原刻在浚县大伾山龙洞南崖壁上)及明崇祯十四年

图21 "明清河南"展厅一角——书法艺术

(1641年)王铎行书《望白雁潭作》诗轴,称得上是院藏王铎书法的专题展示。(图21)

在这一单元,为了突出明清文人生活的气氛,营造了书房复原场景,包括清代花梨木座椅一对、卷轴对联、茶几等。对联根据尺寸大小和名人作品选择了清吴其濬行书七言诗作:"读书岂为文章设,纵步不知湖岭深。"下联作者自题款"吴其濬印""沧斋"阴阳印记,并展出了院藏南阳独山玉李占鳌私印四方。印主李占鳌,字冠卿,汝南西平县人。清光绪年间历任湖南永顺镇副将、常德镇参将等职。这四方印体量大,印面文字清晰,内容分别为其姓名、书斋名号、籍贯归属、诗文格言,深得观众喜爱。

八、贡院文化

贡院始置于唐代,是科举时代考试贡士的场所,也是朝廷选材的重要机构。明清时期除京师外,各省省城均建有贡院。河南贡院始建于北宋,

是河南举行乡试、选拔举人的场所，历史上历经变迁，为封建统治者选拔人才发挥了重要作用。

河南贡院可以展示的图片有河南贡院大门、贡院考棚和执事楼等老照片，有现屹立在河南大学校园的贡院碑亭、清雍正十年（1732年）太子太保兵部尚书总督田文镜撰文的"改建河南贡院记"碑、清道光二十四年（1844年）兵部侍郎鄂顺安撰文的《重修河南贡院碑记》的拓片等。根据展场的实际情况，最后展览选取了《改建河南贡院记碑》拓片为实物展出（图22），碑文记载了因开封周王府的旧址地势低洼，地下的器物常被人屡屡挖掘，致使贡院东、西、北三面形成水塘（今龙亭湖）。遂另选址在省城东北隅上方寺南（今河南大学外语楼一带），购得197亩地，经上奏应允，修建号舍9000间。向后人证明清代河南贡院的存在和辉煌。碑文正书，工整秀丽，堪称书法佳作。另外在科举考试知识层面，有许多知识应当向观众传授，仅制作"明清科举考试分级取士图"，并与河南大学碑亭图片放在一个版面内展示。明清时期，河南籍进士共计三千多人，在全国排名第六。鉴于当时"南人官北，北人官南"的任官回避制度，河南籍进士及第后或在京城为官，或被分派到其他省份任职，在政治、教育、治水、边防、科学著述等方面，功绩卓著，声名远播。观众可以通过《明清河南籍科举入仕名人表》了解河南籍科举入仕名人情况。

"国运兴衰，系于教育"，历史上河南贡院是清朝最后一次科举考试的地方，可以说是科举制度的终结地，故把河南贡院作为落脚点放在展览的最后。

九、结语

"明清河南"在270平方米的空间内以文物、图版和多媒体展示了河南明清时期政治、经济和文化方面的内容。与基本陈列"泱泱华夏，择中建都"的主题相比，明清时期随着首都的北迁及运河的截弯取直，河南失去了自夏商周以来确立的比较稳固的政治经济文化的中心地位，出土文

图22 "改建河南贡院记碑"拓片

物与前期相比缺少气势与力度，在反映制度与题材方面明显薄弱。展览既要表现河南明清时期的历史文化遗存，又不能回避我们落后衰退的事实。所以语言方面力求平铺直叙、实事求是。展览既是基本陈列的延续，也是明清时期河南基本情况的缩影。另外，配合展览内容，在形式设计方面，展厅融入了明清时期的建筑文化元素，如有正对着大门作屏障及装饰的影壁墙、三进四合院及有彩绘图案的垂花门、几何图案的窗棂等，既有装饰作用，可以烘托气氛，又可以分隔空间，都是历史文化的组成部分，其中垂花门是中国民居四合院中一道很讲究的门，位置在整座宅院的中轴线上，界分内外，建筑华丽，是全宅中最为醒目的地方。因其檐柱不落地，垂吊在屋檐下，占天不占地，迎合了展厅狭小的面积。整个展厅与明清四合院的建筑格局相契合，表现出与基本陈列迥异的审美情趣，雅而不俗，独具特色。(图23)

由于展厅面积的限制，院藏许多明清时期的实物及拓片，如王铎手书"朱载堉墓碑（残）"、吴大澂的篆书"郑工合龙碑"、明代兵部尚书"王越墓志"、明周定王妃"陈妙宝墓志"、明"周懿王圹志"，还有表现明清时期儒释道三教合流的镏金铜佛造像、菩萨造像、力士造像等文物未能上展线。原先设想的场景设计，如康熙皇帝视察黄河、清代植物学家吴其濬在故乡建立植物园进行科学实验等也未能如愿。治理黄河和植物科学应是这个时期重点表现的地方，有利于观众思考在17世纪中叶之后，也就是明清时期，中国的科学技术为什么明显衰落了，为什么近代科学没有产生在中国，而是在17世纪的西方？这也是著名的耐人寻味的李约瑟难题。期待下一次展览有足够的空间和展地留

图23 "明清河南"展厅垂花门

给明清时期的历史，能够让观众看到更多的实物，使河南明清历史陈列内容更加完善。

（摄影：牛爱红）

---

[1] 明太祖实录[M]. 北京：中华书局，2016.

[2] 王政. 黄河边的镇河兽与中国古代"镇""压"文化[J]. 敦煌学辑刊，2010（1）.

[3] 魏晓明. 林则徐治水遗物遗迹考述[J]. 华北水利水电大学学报（社会科学版），2015（2）.

[4] 岑仲勉. 黄河变迁史[M]. 北京：人民出版社，1957.

[5] 陈隆文. 明清卫河与京杭大运河[J]. 中原文化研究，2013（2）.

[6] 张民服，张鹏伟. 清代中原商路与城镇的发展[J]. 黄河科技学院学报，2007（7）.

[7] 许檀. 清代河南的商业重镇周口：明清时期河南商业城镇的个案考察[J]. 中国史研究，2003（1）.

[8] 河南郏县文化馆. 河南郏县前塚王村明墓发掘简报[J]. 考古，1961（2）.

[9] 河南省文物管理局. 河南历代名人史迹[M]. 郑州：中州古籍出版社，2002.

[10] 张灵. 简论吴其濬的《植物名实图考》[J]. 中国文化研究，2009.

[11] 程有为，王天奖. 河南通史：第三卷[M]. 郑州：河南人民出版社，2005.

[12] 刘畅.《歧路灯》传播与接受之难探因[J]. 重庆社会科学，2007（2）.

"人民呼唤焦裕禄"展策划思路与实践

马合菊　袁鹏博
河南博物院

摘要："人民呼唤焦裕禄"展经过长达一年的筹备,于2019年11月28日在河南博物院开幕。展览在我院领导的大力支持下,围绕河南博物院藏焦裕禄同志相关文物,配合大量图片、报道、纪录视频等资料,生动展现了焦裕禄同志光辉伟大的一生,深入挖掘了焦裕禄精神的时代价值,积极响应党中央在新时期开展"不忘初心、牢记使命"主题教育的号召,在全省取得了极大影响。对此次展览进行全面总结,必将提升我院新时期红色文化展览策展工作的水平。

关键词：焦裕禄精神；策展；实践

1966年2月7日,《人民日报》头版头条发表文章《县委书记的榜样——焦裕禄》,同时刊发社论《向毛泽东同志的好学生——焦裕禄同志学习》,揭开了全国上下学习焦裕禄同志的序幕。焦裕禄同志为党和人民工作的大部分时间都在河南,给河南这片红色沃土烙上了深深的印记。当时的河南省博物馆(河南博物院前身)及时响应党的号召,于1966年3月30日举办了"毛主席的好学生——焦裕禄"展览。为筹办此次展览,河南省博物馆征集了大量焦裕禄同志生前珍贵的实物资料。这次展览全面、客观、真实地再现了焦裕禄同志的光辉事迹,是全国最早推出的焦裕禄同志事迹展览,为完整搜集和妥善保存焦裕禄同志相关珍贵文物资料提供了契机。

为庆祝中华人民共和国成立70周年、积极配合中共中央开展"不忘初心、牢记使命"的主题教育活动,在新时代进一步弘扬焦裕禄精神,河南博物院于2019年11月举办了"人民呼唤焦裕禄"展,为党员干部"守初心、担使命,找差距、抓落实"营造陶冶心灵的集结地。(图1)

一、结合时代　创新思路

自20世纪60年代以来,报纸、书籍、广播、

图1 序厅

近年来，围绕学习焦裕禄精神，全国各地各行业举办了丰富多彩、不同形式的焦裕禄精神展、事迹展等。如何使本次展览更具有鲜明的特色，更具有亲和感和时代气息？经过认真研讨，我们确定首先从博物院珍藏的一百多件/套焦裕禄同志相关文物入手，以物述史、述事，以情动人，使观众带入式地体验、感受焦裕禄精神产生的时代背景。我们利用焦裕禄一生大部分工作在河南、收藏的实物故事链相对清晰完整这一优势，以实物代出故事，勾画焦裕禄同志完整的故事线，打造一个可看、可听、可以触摸的展览；其次我们坚持围绕"不忘初心、牢记使命"这一主题，彰显榜样的力量，诠释干部的好榜样，解读在为中国人民谋幸福、为中华民族谋复兴的伟大实践中形成的焦裕禄精神。（图2～图5）

电视、电影等对焦裕禄同志进行了持续报道，焦裕禄精神传遍千家万户。

党和国家领导人高度重视焦裕禄同志的伟大精神力量。1966年毛泽东同志亲切接见了焦裕禄同志的女儿焦守云；1990年邓小平同志为纪实文学《焦裕禄》题写书名；1991年江泽民同志到兰考向焦裕禄陵墓敬献花圈并题词"向焦裕禄同志学习，全心全意为人民服务"；1994年胡锦涛同志参加纪念焦裕禄同志逝世30周年大会并为"焦裕禄同志纪念馆"落成剪彩；习近平总书记指出："焦裕禄精神无论过去、现在、还是将来，都永远是亿万人民心中一座永不磨灭的丰碑，永远是鼓舞我们艰苦奋斗、执政为民的强大思想动力，永远是激励我们求真务实、开拓进取的宝贵财富，永远不会过时。"

如何结合新时代对焦裕禄精神进行更深层次的解读？这是策展面临的首要问题。

为帮助观众了解焦裕禄同志成长的心路历程，我们选用了他童年时使用过的劳动工具，同时采用大量创作画来综合展示他的成长故事。

焦裕禄同志一贯善于树立榜样带动群众的方法，我们把焦裕禄在兰考县劳动模范大会上亲手颁发的四面红旗奖状进行独立展示，让文物诉说那激动人心的一幕。

为表现焦裕禄同志探索改变兰考面貌的过程，

图 2 焦裕禄童年时代挖野菜用的柳条篮

图 3 焦裕禄在誓师大会上颁发给韩村的奖状

图 4 兰考县委制订的《关于治沙、治碱和治水三五年的初步设想（草案）》

图 5 焦裕禄生前用过的藤椅

展览一一讲述焦裕禄同志领导兰考治理"三害"的史料、文物及兰考今昔图片，使观众完整地深入了解焦裕禄同志全面改造兰考的全过程。

为改变过去灌输式的讲述方式，展览精心选取了对焦裕禄同志亲人、战友的采访视频，使观众从第二视角感知焦裕禄同志工作、生活的点点滴滴。

为体现焦裕禄生命最后时刻的情况，展览将馆藏焦裕禄同志在开封、郑州、北京住院时的病历集中展示，观众看了这3份病历，焦裕禄同志与病魔顽强斗争的情景自然浮现于眼前。（图6）

为增加与观众的互动，展览在尾声部分设"桐语"体验厅，观众可观赏焦裕禄影视片，并在艺术化的"泡桐树"下留言、留影，仰视焦裕禄

同志的伟岸身影。(图7)

二、用心策划 打造精品

"人民呼唤焦裕禄"展自2018年11月立项，到2019年11月举办，筹备历时一年。河南博物院领导高度重视此次展览，业务主管副院长牵头成立涵盖陈列、藏品管理、社会教育、文物保护、文创、保卫、后勤管理等各部门的策展团队。为亲身真切了解焦裕禄同志一生的完整经历，策展团队沿着焦裕禄同志的足迹先后赴博山、尉氏、洛阳、大连、兰考实地调研，大大充实了焦裕禄同志的相关资料，为形成完整的陈展脉络打下了坚实的基础。

在撰写大纲过程中，策展团队仔细翻阅了1966年"毛主席的好学生——焦裕禄"展览资料，温故而酿新。为不放过每一个细节，策展团队整理了各个博物馆、纪念馆的焦裕禄题材展览，搜集了大量书籍、报刊、视频等宣传资料，保证了大纲撰写的全面性、真实性。

为保证展览的学术水平，河南博物院先后三次组织省内外研究焦裕禄精神的专家召开"人民呼唤焦裕禄"展览论证会，请专家们从标题、框架、语言等各个方面对大纲进行仔细斟酌，补充了有关焦裕禄同志的最新研究成果。

展览得到了河南省档案馆、兰考焦裕禄同志纪念馆、大连现代博物馆、中信重工焦裕禄事迹展览馆、尉

图6 焦裕禄在河南医学院第一附属医院的病历

图7 "桐语"体验厅

氏焦裕禄事迹展览馆、博山焦裕禄纪念馆的大力支持，使展览资料得到极大的补充。

三、内容翔实　具体入微

展览分为序厅、"榜样的足迹"、"精神的丰碑"、"人民的呼唤"和尾声五部分，展出文物166件／套，对焦裕禄精神的形成过程及其影响进行了全面解读。（图8～图10）

序厅简要介绍了焦裕禄同志生平，展示了焦裕禄同志履历表，梳理了党和国家领导人关于弘扬焦裕禄精神的指示，使观众对焦裕禄同志和他在社会主义文化建设中的重要地位有所了解。

第一部分"榜样的足迹"。按时间顺序依次展示了焦裕禄同志在博山、尉氏、洛阳、大连、兰考等地学习、工作、生活的事迹，对他饱历旧社会磨难后投身党和人民事业的一生进行全景式诉说，使观众对焦裕禄精神形成的背景和过程有了清晰的认知。

第二部分"精神的丰碑"。按照习近平总书记提炼的焦裕禄同志"亲民爱民""艰苦奋斗""科学求实""迎难而上""无私奉献"的五种精神，结合实物对焦裕禄精神进行具体剖析和阐释，使观众在沉浸式体验中走进焦裕禄同志的伟大精神世界。

第三部分"人民的呼唤"。着重介绍焦裕禄同志对后世的巨大影响，焦裕禄精神不朽，它深刻地传播到每个中国人内心，外化到社会主义现代化建设的各个角落，激励着我们一代又一代中华儿女为实现中华民族伟大复兴的中国梦奋斗不息。

展览每一部分紧密联系，环环相扣，以焦裕禄同志相关文物为依托，解读每件文物背后的故事，将每个故事中凝结的闪光点体现出来，以焦裕禄同志日常工作、生活的细微处来传递他伟岸的人格魅力。除文物外，展览还采用创作画、照片、多媒体、沙盘等综合手段辅助展示，图文并茂，兼顾了艺术性与通俗性。

四、设计巧妙　简约大方

展览着力营造时代感，使观众进入展厅后如同回到20世纪那个激情燃烧的岁月，与焦裕禄精神对话，融入沉浸式体验之中。

展览在形式设计方面力求打破传统的平面设计理念，着力营造多元化、多层次的四维空间——时间与三

图8　展厅实景图（1）

度空间的有机结合。强调陈展语言，弱化装饰元素，用艺术诗画的手法表达焦裕禄精神，达到视觉冲击力，加强观众印象。光源选择LED轨道射灯和LED灯带，分为环境照明、重点照明、情景照明三个层次，从而塑造展示气氛。展版风格运用整体、对称、对比、韵律等形式美的法则进行构图，在统一中求变化。

展览空间规划结合各部分所要表达的主题内容和观众的心理、行为特点，沿顺时针方向依次展开，进行独特的空间分割，主次分明。展线设计注意人流走向和人流分布，重视参观流线的合理布局，各部分展示衔接恰当、转换自然。展项设计体现人体工程学因素的科学性，使空间的形状、尺寸与人体身形之间配合恰当适宜，贴切地运用现代高科技声光电展示技术，营造参观氛围，提高陈展的解读性、观赏性和体验性。

辅助展品采用视频短片、多媒体投影、背板图表、3D地图形式的电子沙盘、场景复原等多种形式相结合，以加深观众对展览的理解。图版分为展柜外大展板与展柜内背板两类，均为对焦裕禄及相关文物的解读与延伸。

展览边柜与独立展柜相结合，展柜材料使用镀锌钢管框架、超白夹胶玻璃、进口密封条，制作大通柜多个。文物展品底座统一使用实木基座，灰色展台。展览符合建筑、装饰工程、环保、安防、消防要求以及国家相关要求。

图9　展厅实景图（2）

图10　展厅实景图（3）

展厅环境采用中央空调系统调控环境温湿度和空气质量；利用文物保护环境无线监测系统对展厅环境温湿度、二氧化碳、总挥发性有机化合物含量等空气污染物实时监测；对重点文物展柜微环境采用恒温恒湿控制系统；对展厅环境进行虫害检查，及时采取消毒灭虫措施；有专职保洁人员负责展厅环境卫生和展柜的保洁处理等。

展厅安全防范系统按照一级风险防范等级设计、施工，安装防盗报警前端入侵探测器。门禁控制系统为电磁门控制，均有报警软件集中控制。展厅根据展览工艺要求并按照国家有关消防规范，布置自动消防报警探测器，新增消防自动排烟风机，增设室内消火栓，改造和新设置疏散指示标志灯、消防应急照明灯。

五、多元宣传　贴近群众

为加强宣传效果，"人民呼唤焦裕禄"展举行了隆重的开幕仪式。为展览专门创作的歌曲《焦桐花》首场演出，引起观众的强烈反响，并广泛传唱。（图 11）

为提供高质量的讲解服务，河南博物院社会教育部组成"人民呼唤焦裕禄"讲解词编撰小组，紧扣展览大纲撰写讲解词；为满足观众的多样需求，展览讲解打造讲解员、志愿者、微信小程序预约等多元化服务，展览志愿咨询服务实现规范化管理，由经过培训的志愿者承担。

宣传推广定位于全方位、多层次、全过程、有重点，融合传统媒体和新媒体的推广优势，通过新华网、中国文明网等多渠道发布展览信息和活动动态，营造舆论氛围。展览报道参与媒体 28

图 11　配合展览创作歌曲《焦桐花》

家。其中，平面媒体、广播电台、网站报道 6 次，网络报道及转载 4470 次，微信和微博推送文章百余条，吸引观众达 19 万人次。展览在社会上引起了强烈反响。

该展览免费开放，在研究观众的基础上，制定了科学人性化的观众服务计划和应急预案，为观众提供便捷、舒适的参观环境。观众们纷纷留言，对展览给予高度评价。观众贺先生说："焦裕禄事迹感人，人民需要更多这样的党员干部，应让更多党员干部来参观这个展览。"观众周先生说："焦裕禄展览参观后令人感动，展览回顾了焦裕禄的一生，用焦裕禄精神贯穿始终，有很多珍贵的展品都是第一次见，足见展览举办者的用心！这个展览与'不忘初心、牢记使命'主题教育活动相得益彰，给党员干部一次心灵的洗礼，很赞！"

一位观众专门撰写了名为《人民呼唤焦裕禄　时代需要"领头羊"》的观后感发表在河南博物院网站上，对展览展出文物的丰富性和展览的及时性给予高度评价，对焦裕禄精神的当代价值进行了系统性论述。

在防控新冠肺炎疫情期间，河南博物院推出网上虚拟展览，实现了展厅无死角观看、热点深度解析，大大满足了广大观众在家看展览，充实精神文化生活的需求。

与此同时，我们挖掘展览主题，开发出焦裕禄同款手提包、兰考泡桐花毛巾、焦裕禄肖像剪纸等文化创意产品，在公共空间设置文创商店，采用开放式销售的方式，满足前来参观的观众将博物馆"带回家"的愿望。

作为全国中小学生研学实践教育基地，河南博物院为广大中小学生准备了纪念意义十足的研学项目"从博物院到兰考——焦裕禄精神体验活动"。参加研学课程的小观众们在河南博物院参观展览，而后乘车赴兰考焦裕禄同志纪念馆参观，瞻仰焦裕禄同志手植树，参观当地对泡桐进行加工制作的乐器厂。通过一天的体验活动，同学们深深体会到焦裕禄同志一心为民、功在当代、利在千秋的崇高品格。（图12）

"人民呼唤焦裕禄"展着力展现焦裕禄同志对群众的那股亲劲、抓工作的那股韧劲、干事业的那股拼劲，引导观众在看中思、在思中学、在学后行，适应了中国特色社会主义进入新时代的历史方位对博物馆陈展工作的新要求，贯彻了党中央增强"四个意识"、坚定"四个自信"、做到"两个维护"的要求，为努力实现中华民族伟大复兴的中国梦聚人心、鼓干劲、促行动。

图12 青少年参加"焦裕禄精神"体验活动

寿县西圈墓地M25出土金属器的金相和成分分析

刘思然[1]　韩　玉[1]　蔡波涛[2]　王志雄[1]　陈坤龙[1]

1　北京科技大学科技史与文化遗产研究院　2　安徽省文物考古研究所

摘要：本研究对安徽寿县西圈墓地M25出土的36件战国早期金属器物进行了金相和扫描电镜能谱分析。结果显示其中16件为青铜材质，主要包括箭镞、铜铃两类器物，另外20件为铅锡质，主要包括各类马器和1件明器铃钟。青铜器中15件为铅锡青铜，1件为锡青铜，均为铸造成型。不同类型及形制青铜器的合金成分存在显著差异，而同类青铜器则高度一致，显示了较高的标准化生产水平。铅锡器可按其成分分为两类，A类锡含量较高，而B类成分接近铅锡合金的共晶点。A类器物主要为表面贴金的圆形节约与长方形马络饰，而B类器物则包括工字形双管，虎形马镳和明器铃钟等。金相分析显示两类铅锡均主要为铸造成型，但B类铅锡较多见铸后冷加工组织，且含有更多的棒状Sn-Fe-As夹杂物。综上所述，M25墓葬出土的青铜器和铅锡器均显示，此时期工匠在金属生产过程中可以根据器物类型与功能进行差异化的工艺选择，并已具有了较好的标准化生产体系。

关键词：战国；蔡；青铜；铅锡；金相；成分

西圈墓地位于寿县县城西南方向，距离1955年寿县县城内发现的蔡侯墓仅约800米。1983年在该区域取土时发现东周时期墓葬群[1]，2011年定湖大道建设过程中也发现有同类墓葬[2]。现有研究认为，该区域为春秋晚期蔡国迁下蔡以后形成的重要墓葬区之一。M25位于西圈墓地的中南部，于2017年被发掘。该墓葬的年代约为战国早期，出土了大量随葬金属器物。对这批器物开展科学分析，可为研究战国早期淮河流域楚系金属器物的生产技术水平等问题提供重要资料。西圈M25墓葬共出土金属器物182件，包括32件兵器、146件车马器和4件明器铃钟。兵器中包括1件青铜戈、2件青铜剑；车马器中100件为马器，46件为车器。北京科技大学科技史与文化遗产研究院与安徽省考古研究所合作对这批器物进行科学分析，通过手持式X射线荧光仪（pXRF）分析发现其中103件为铅锡器，其余79件为青铜器。铅锡器中87件为马器，9件为车器，其余为明器化的铃钟和兵器。部分铅锡车马器与青铜车马器的形制相似，可能配套使用。此外，M25中出土了数量较多的圆形节约和方形马络饰，两类器物表面都残留有贴金装饰，类似器物曾在随州曾侯乙墓[3]和荆门左冢楚墓[4]等战国早中期的高等级墓葬中出土，显示了 M25 墓主人的身份可能较为特殊。本研究对 M25 出土的 36 件金属器物进行了取样分析，通过金相观察与扫描电子显微镜能谱分析，揭示其材质与制作工艺。（图1）

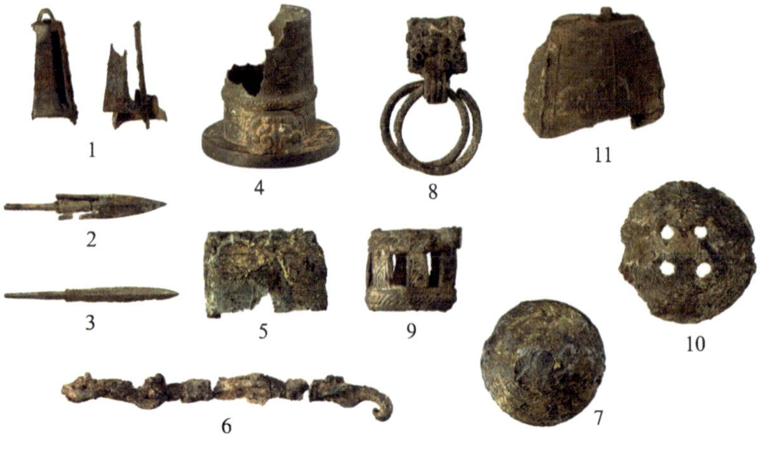

图1 西圈 M25 出土金属器物照片
1.M25：222 铜铃；2.M25：157 铜箭镞；3.M25：4 铜箭镞；4.M25：226 车軎；5.M25：167 方形马络饰；6.M25：209 虎形马镳；7.M25：150 圆形节约；8.M25：212 工字形双管器；9.M25：214 圆形器；10.M25：147 圆形泡；11.M25：79 明器铃钟

一、分析方法

利用北京科技大学科技史与文化遗产研究院 Leica DM4000 金相显微镜，Tescan Vega Ⅲ 扫描电镜配备 Bruker XFlash 能谱仪对样品的金相结构、物相组成和化学成分进行分析。青铜样品使用 $FeCl_3$+HCl 进行侵蚀，铅锡样品中铅含量较高者使用硝酸-醋酸-甘油溶液（1:1:8）侵蚀，锡含量较高者使用 HCl+H_2O_2 进行侵蚀。扫描电镜能谱分析条件为加速电压 20kV，采集活时间 60s。以 MBH 32LB10E 作为标准参考样品，确定能谱仪检出限为 0.1%，元素含量低于检出限时数据表中以 bdl (below detection limit) 表示。含量在 0.5% 以上元素的分析相对误差在 10% 以下，含量在 0.1%—0.5% 之间的元素分析相对误差在 20% 以下。对小件金属样品进行扫描电镜能谱分析时主要选取样品内部未锈蚀的区域进行，分析结果中给出氧元素的半定量结果，以便评估所分析区域的锈蚀程度。

二、分析结果

本次共分析车器 14 件，包括 10 件铜铃、1 件车軎和 3 件工字型双管器；兵器 5 件，均为箭镞；马器 16 件，包括 7 件马络饰、3 件圆形节约、1 件长条形节约、1 件圆形泡、1 件虎形马镳、1 件环形器和 2 件薄片饰；明器铃钟 1 件。其中 6 件方形马络饰和 3 件圆形节约的表面贴金装饰。扫描电子显微镜能谱分析显示全部 4 件铜铃、3 件箭镞以及 1 件车軎为铅锡青铜，1 件铜镞为锡青铜，其余样品均为铅锡器。金相分析显示全部青铜器均为铸造成型，基体为 α 固溶体树枝晶组织以及 α+δ 共析体组织，未见铸后受热现象。铜铃及车軎样品的锡含量在 17% 以上，共析体已连接成网，而箭镞样品的锡含量在 15%—16%，大量共析体呈岛屿状分布。除M25:4铅含量低于能谱检出限，为Cu-Sn二元合金外，大部分样品的铅含量在2%以上，为Cu-Sn-Pb三元合金。铜铃样品的铅含量均在10%以下，金相组织中铅呈细小颗粒弥散分布在树枝晶晶界处。箭镞和车軎样品的铅含量在10%左右，金相组织中可见大量团聚铅颗粒，直径大于100μm，割裂网状共析体组织。（图2）

铅锡器中除一件薄饰片为纯铅质之外，其余器物的锡含量均在40%以上。器物的锡含量直方图呈现明显的双峰分布规律（图3），据此可将M25铅锡器大致分为两组，A组锡含量在80%以上，B组锡含量在65%左右。A组器物包括方形马络饰、圆形节约、长条形节约、圆形泡等，B组器物主要为工字形双管器，推测其可能为一种车饰组件。此外，虎形马镳以及明器铃钟也均属于铅含量较高的B组器物。A组器物中锡含量高于90%者主要为纯锡α相等轴晶构成（图4:4），M25:139方形马络饰等样品的α相晶粒内部呈现明显的局部晶粒尺寸不均匀现象（图4:3），可能经退火处理。M25:147圆形泡样品较为特殊，其纯锡α相等轴

表1 西圈M25金属器物的扫描电镜能谱分析结果

序号	编号	器型	Cu/%	Sn/%	Pb/%	Fe/%	As/%	O/%
1	M25:1	铜铃	75.9	19.3	4.9	bdl	bdl	bdl
2	M25:74	铜铃	75.4	18.0	6.0	bdl	bdl	0.6
3	M25:114-1	铜铃	75.7	19.0	4.5	0.1	bdl	0.7
4	M25:224	铜铃	75.7	18.6	5.7	bdl	bdl	bdl
5	M25:222-2	铜铃	76.4	18.4	5.2	bdl	bdl	bdl
6	M25:31	铜铃	76.5	18.8	4.0	bdl	bdl	0.7
7	M25:121	铜铃	76.8	19.2	2.5	bdl	bdl	1.6
8	M25:223	铜铃	77.4	18.2	3.8	bdl	bdl	0.6
9	M25:41	铜铃	77.6	18.7	3.7	bdl	bdl	bdl
10	M25:25	铜铃	75.2	18.7	5.5	bdl	bdl	0.6
11	M25:226	车軎	68.1	17.3	13.5	bdl	bdl	1.2
12	M25:199	箭镞	72.5	15.7	10.8	bdl	bdl	1.0
13	M25:90	箭镞	73.8	14.7	10.2	bdl	bdl	1.3
14	M25:133	箭镞	74.1	15.9	9.2	bdl	bdl	0.8
15	M25:157	箭镞	69.8	18.1	11.0	bdl	bdl	1.0
16	M25:4	箭镞	89.1	17.2	bdl	bdl	bdl	0.8
17	M25:212	工字型双管器	bdl	67.3	30.0	0.6	bdl	2.0
18	M25:213	工字型双管器	bdl	48.0	44.5	0.1	bdl	7.5
19	M25:130	工字型双管器	bdl	64.0	33.2	bdl	bdl	2.8
20	M25:79	明器铃钟	bdl	57.7	36.1	bdl	2.9	3.4
21	M25:210	薄饰片	bdl	98.0	0.0	bdl	bdl	2.0
22	M25:69	薄饰片	bdl	0.8	80.4	bdl	bdl	18.8
23	M25:144	方形马络饰	bdl	95.2	0.8	bdl	bdl	4.0
24	M25:145	方形马络饰	bdl	80.0	16.0	bdl	bdl	4.0

续表

序号	编号	器型	Cu/%	Sn/%	Pb/%	Fe/%	As/%	O/%
25	M25:167	方形马络饰	bdl	94.2	1.1	0.6	0.3	3.8
26	M25:172	方形马络饰	bdl	84.5	6.8	bdl	1.5	7.2
27	M25:200	方形马络饰	bdl	81.0	14.9	bdl	bdl	4.0
28	M25:139	方形马络饰	bdl	96.4	0.0	0.2	bdl	3.3
29	M25:209	马镳	bdl	69.8	29.1	bdl	0.5	
30	M25:214	锁形器	bdl	57.4	38.2	bdl	0.3	4.2
31	M25:111	圆形节约	bdl	82.8	13.8	bdl	bdl	3.4
32	M25:150	圆形节约	bdl	81.4	17.5	bdl	bdl	1.1
33	M25:152	圆形节约	bdl	75.5	21.0	bdl	bdl	3.5
34	M25:208	圆形马络饰	bdl	77.3	18.8	bdl	0.8	3.1
35	M25:147	圆形泡	bdl	94.9	2.1	bdl	1.0	2.0
36	M25:102	长条形节约	bdl	91.7	7.6	bdl	bdl	0.6

表2　西圈M25金属器物的金相分析结果

器物编号	器物名称	材质	工艺判断	取样部位	金相描述	照片编号
M25:1	铜铃	青铜	铸造	残断处	α固溶体树枝晶，大量α+δ共析体连接成网，铅颗粒弥散分布	——
M25:74	铜铃	青铜	铸造	残断处	α固溶体树枝晶，大量α+δ共析体连接成网，铅颗粒弥散分布	——
M25:114-1	铜铃	青铜	铸造	残断处	α固溶体树枝晶，大量α+δ共析体连接成网，铅颗粒弥散分布	图3:2
M25:224	铜铃	青铜	铸造	碎片	α固溶体树枝晶，α+δ共析体连接成网，铅颗粒弥散分布	图3:1
M25:222-2	铜铃	青铜	铸造	肩部	α固溶体树枝晶，α+δ共析体连接成网，少量铅颗粒弥散分布	——
M25:31	铜铃	青铜	铸造	残断处	α固溶体树枝晶，大量α+δ共析体连接成网，少量铅颗粒弥散分布	——
M25:121	铜铃	青铜	铸造	残断处	α固溶体树枝晶，大量α+δ共析体连接成网，少量铅颗粒弥散分布	——
M25:223	铜铃	青铜	铸造	残断处	α固溶体树枝晶，大量α+δ共析体连接成网，少量铅颗粒弥散分布	图3:3
M25:41	铜铃	青铜	铸造	残断处	α固溶体树枝晶，大量α+δ共析体连接成网，少量铅颗粒弥散分布	——
M25:25	铜铃	青铜	铸造	残断处	α固溶体树枝晶，大量α+δ共析体连接成网，少量铅颗粒弥散分布	——
M25:226	车軎	青铜	铸造	残片（有纹饰）	α固溶体树枝晶，α+δ共析体岛屿状分布，大量铅颗粒弥散分布，部分区域存在明显的铅颗粒团聚现象，颗粒直径超过100μm	图3:4
M25:199	箭镞	青铜	铸造	铤残断处	α固溶体树枝晶，α+δ共析体岛屿状分布，铅颗粒弥散分布	图3:5
M25:90	箭镞	青铜	铸造	铤残断处	α固溶体树枝晶，α+δ共析体岛屿状分布，大量铅颗粒弥散分布	图3:6
M25:133	箭镞	青铜	铸造	翼残断处	α固溶体树枝晶，α+δ共析体岛屿状分布，大量铅颗粒弥散分布	图3:7

续表

器物编号	器物名称	材质	工艺判断	取样部位	金相描述	照片编号
M25:4	箭镞	青铜	铸造	铤残断处	α固溶体树枝晶，晶粒较为粗大，大量岛屿状α+δ共析体	图3:8
M25:212	工字型双管器	铅锡B类	铸造+冷加工	环残断处	铅锡合金共晶组织，富锡β相内部可见大量细小的重结晶晶粒。样品中可见大量针状－棒状物相，扫描电镜能谱分析显示其为Fe-As化合物	——
M25:213	工字型双管器	铅锡B类	铸造+冷加工	残断处	铅锡合金共晶组织，富锡β相内部可见大量细小的重结晶晶粒。样品中可见大量针状－棒状物相，扫描电镜能谱分析显示其为Fe-As化合物	——
M25:130	工字型双管器	铅锡B类	铸造+冷加工	环残断处	铅锡合金共晶组织，富锡β相内部可见大量细小的重结晶晶粒，样品中可见大量针状－棒状物相，扫描电镜能谱分析显示其为Fe-As化合物	图4:1
M25:79	明器铃钟	铅锡B类	铸造+冷加工	残断处	铅锡合金共晶组织，富锡β相内部可见大量细小的重结晶晶粒。样品中可见大量针状－棒状物相，扫描电镜能谱分析显示其为Fe-As化合物	图4:2
M25:210	薄饰片	纯锡	锻制	小残片	锡α单相等轴晶，晶粒大小不均匀，可能锻打后经过退火处理。	——
M25:69	薄饰片	纯铅	锻制	残断处	铅α单相等轴晶	——
M25:144	方形马络饰	铅锡A类	铸造	残断处一角	锡α单相等轴晶，晶粒大小较为均匀，为铸造组织。晶粒有轻微拉长变形，可能是取样过程导致。基体中可见岛屿状分布夹杂物	图4:4
M25:145	方形马络饰	铅锡A类	铸造	碎片	铅锡过共晶组织，可见大量富锡β相树枝晶与岛屿状分布的富铅α相固溶体	——
M25:167	方形马络饰	铅锡A类	铸造	基体残断处	锡α单相等轴晶，晶粒大小较为均匀，为铸造组织。基体中可见岛屿状分布的夹杂物	——
M25:172	方形马络饰	铅锡A类	铸造	碎片	锡α单相等轴晶，晶粒大小较为均匀，为铸造组织。基体中可见岛屿状分布的夹杂物	——
M25:200	方形马络饰	铅锡A类	铸造	残断处	铅锡过共晶组织，可见大量富锡β相树枝晶与岛屿状分布得富铅α相固溶体	——
M25:139	方形马络饰	铅锡A类	铸造	残断处	锡α单相等轴晶，晶粒大小不均匀，可能经过退火处理	图4:3
M25:209	虎形马镳	铅锡B类	铸造+冷加工	残断处	铅锡合金组织，富锡β相为等轴晶，内部可见大量细小的重结晶晶粒，样品中可见大量针状－棒状物相，扫描电镜能谱分析显示其为Sn-Fe-As化合物。样品可能在铸后经过退火与冷加工	图4:5
M25:214	环形器	铅锡B类	铸造+冷加工	残断处	铅锡合金共晶组织，富锡β相内部可见大量细小的重结晶晶粒。样品中可见大量针状－棒状物相，扫描电镜能谱分析显示其为Sn-Fe-As化合物	——
M25:111	圆形节约	铅锡A类	铸造	残断处	铅锡过共晶组织，可见大量富锡β相等轴晶与岛屿状分布得富铅α相固溶体。β相晶粒较大，局部可见少量重结晶晶粒	图4:6
M25:150	圆形节约	铅锡A类	铸造	残断处	铅锡过共晶组织，可见大量富锡β相树枝晶与岛屿状分布的富铅α相固溶体	图4:7
M25:152	圆形节约	铅锡A类	铸造	残断处	铅锡过共晶组织，可见大量富锡β相树枝晶与岛屿状分布的富铅α相固溶体	——
M25:208	圆形马络饰	铅锡A类	铸造	铸造毛刺	铅锡过共晶组织，可见大量富锡β相等轴晶与岛屿状分布得富铅α相固溶体。β相晶粒较大，局部可见少量重结晶晶粒。样品中可见大量针状－棒状物相，扫描电镜能谱分析显示其为Sn-Fe-As化合物	——
M25:147	圆形泡	铅锡B类	铸造+冷加工	残断处	锡α单相等轴晶，晶粒内部可见细小化的重结晶晶粒。样品中可见大量针状－棒状物相，扫描电镜能谱分析显示其为Sn-Fe-As化合物	图4:8
M25:102	长条形节约	铅锡A类	铸造	缺陷处	铅锡过共晶组织，可见大量富锡β相树枝晶与岛屿状分布的富铅α相固溶体	——

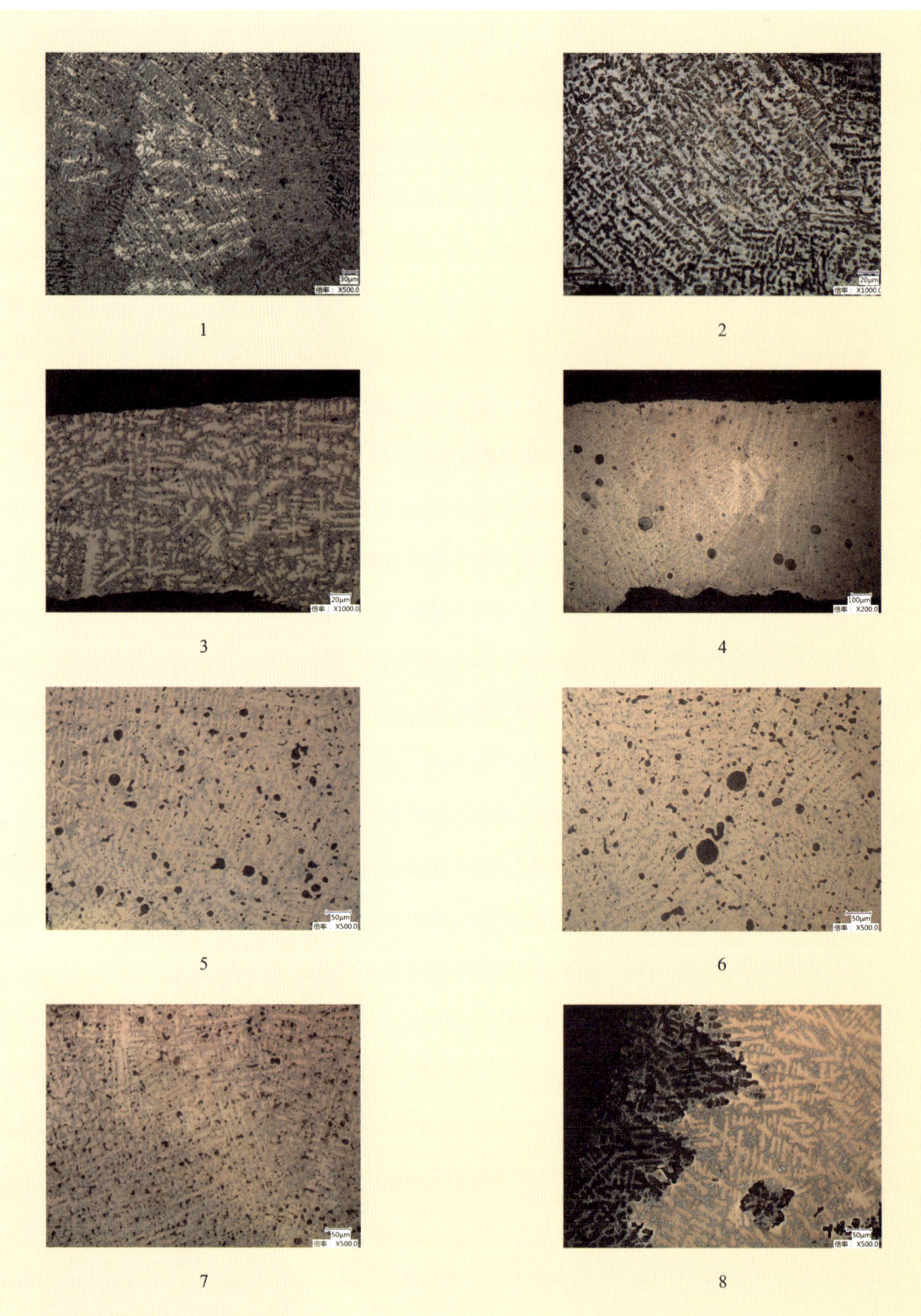

图 2 西圈 M25 青铜器金相组织

1. M25：224 铜铃；2. M25：114-1 铜铃；3. M25：223 铜铃；4. M25：226 车軎；5. M25：199 箭镞；6. M25：90 箭镞；7. M25：133 箭镞；8. M25：4 箭镞

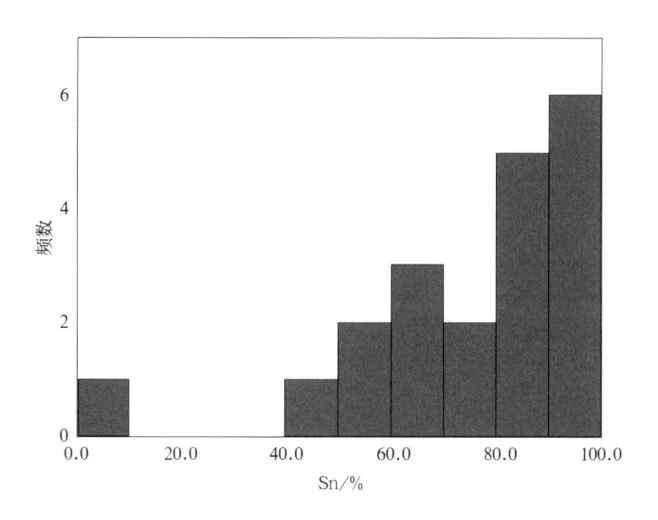

图3 西圈M25铅锡器的锡含量分布图

晶晶粒内部有明显的细小化重结晶现象，说明器物可能在铸造后经过少量冷加工（图4：8）。由于锡的重结晶温度低于室温，因此冷加工后α相等轴晶内部会生成细小的重结晶晶粒[5]，但考虑到α相等轴晶的拉长不明显，其加工量应较低，可能是器物边沿在使用或埋藏过程中受到挤压所致。锡含量在90%以下的A组器物一般呈现铅锡合金过共晶组织，包含岛屿状分布的富铅α相，富锡β相则一般为树枝晶。（图4：7）M25：111圆形节约的β相呈等轴晶，可能是铸造成型后经过退火处理。（图4：6）B组器物的铅含量较高，锡含量在60%左右，接近铅锡合金的共晶点。金相组织多为铅锡共晶组织，富锡β相内部均有细小化的重结晶晶粒（图4：1），可能与铸后的冷加工有关。B组器物中均可见大量棒状或长条形物相，常出现在β固溶体内部或晶界处。（图4：2）扫描电镜能谱分析显示，这类棒状物相为Fe-As或Fe-Sn金属间化合物。A组器物中则较少见这种物相，仅M25：147一件器物中可见长条形的Sn-Fe-As化合物，其余器物仅可见少量岛屿状分布的颗粒状Sn-Fe-As化合物。

三、讨论

1. 铜器材质与生产工艺

观察青铜样品的Sn-Pb二元散点图可以发现，铜铃、箭镞和车軎三类器物的成分具有明显差异。其中车軎的铅含量高达13.5%；8件铜铃的铅含量在2.5%—6%之间，锡含量在18.0%—19.2%之间；4件铜镞的铅含量均在10%左右，锡含量在14.7%—18.1%之间，另1件铜镞的铅含量在检出限以下，锡含量17.2%。青铜锡含量对于其机械性能影响主要体现在抗拉强度和布氏硬度两个方面，布氏硬度随锡含量的增加上升，而抗拉强度在锡含量10%左右达到最大。综合来看，使用中对于机械性能要求较高的器物一般需要将锡含量控制在10%—17%之间。车軎、箭镞等器物的锡含量基本在此范围之内，但铜铃的锡含量略微超过这一区间。车軎和箭镞的铅含量较高，其金相组织中可见团聚成较大球状的铅颗粒。在铸造过程中少量铅的加入可以降低青铜熔化温度，改善金属液的冲型能力，但一般只需要5%左右即可达到以上效果。当铅加入过量时会形成如上所述的大铅颗粒割裂铜锡合金的进行组织，会对其强度造成负面影响。

《考工记》记载："金有六齐，六分其金而锡居一，谓之钟鼎之齐；五分其金而锡居一，谓之斧斤之齐；四分其金而锡居一，谓之戈戟之齐；三分其金而锡居一，谓之大刃之齐；五分其金而锡居二，谓之削杀矢之齐；金锡半，谓之鉴燧之齐。"如果将金视为纯铜，则钟鼎之齐的锡含量为14%，斧斤之齐的锡含量为17%，削杀矢之齐的锡含量为28%。西圈M25青铜器中的箭镞锡含

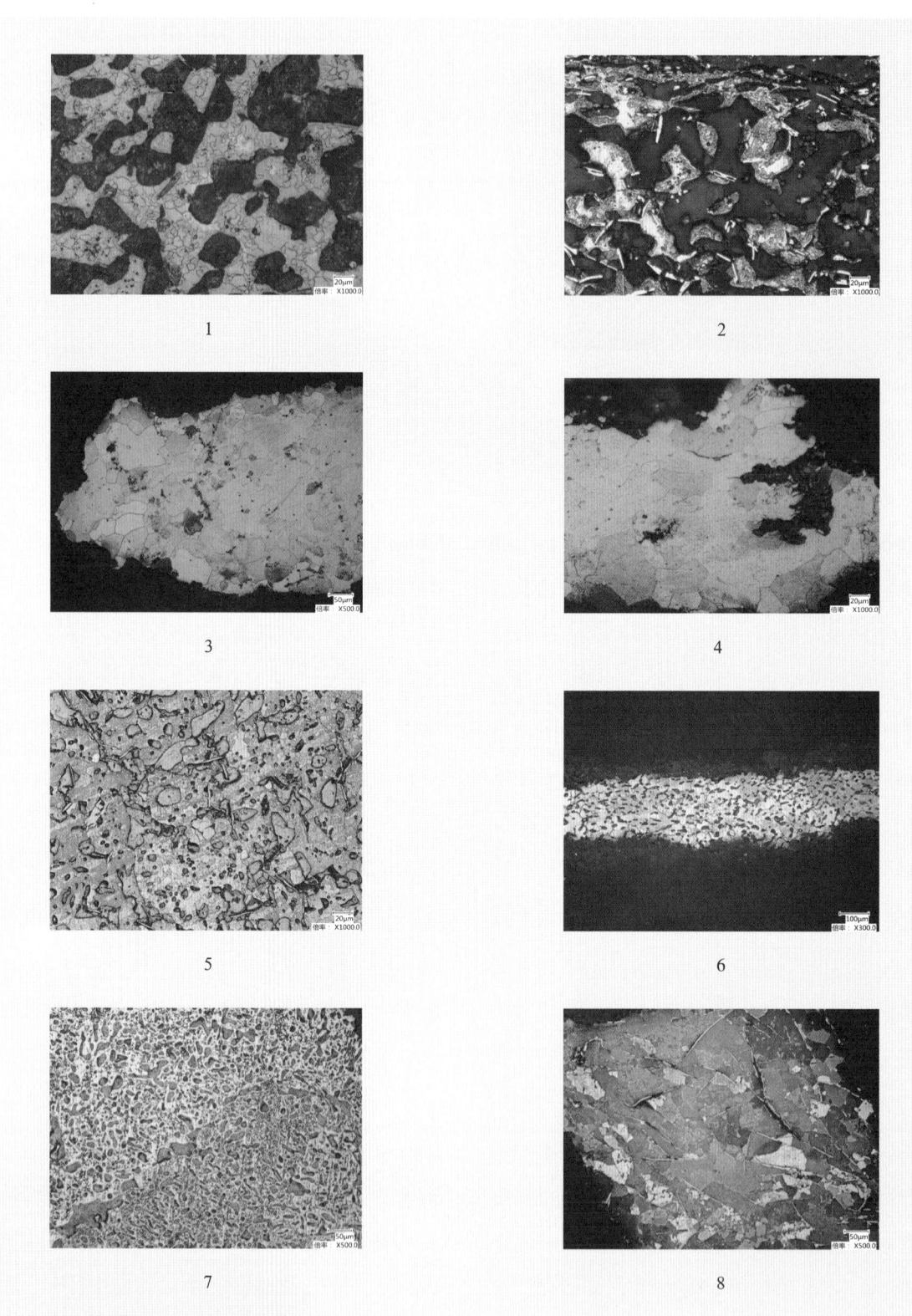

图 4 西圈 M25 墓葬铅锡金相照片

1. M25：130 工字型双管；2. M25：79 明器铃钟；3. M25：139 方形马络饰；4. M25：144 方形马络饰；
5. M25：209 虎形马镳；6. M25：111 圆形节约；7. M25：150 圆形节约；8. M25：147 圆形泡

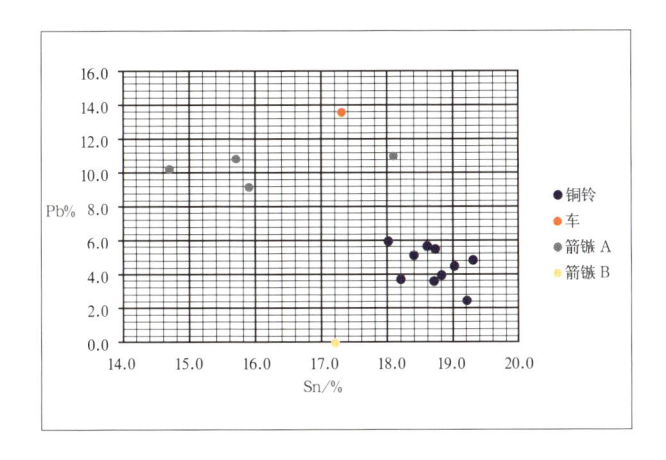

图5 西圈M25出土不同类别青铜器的铅锡含量散点图

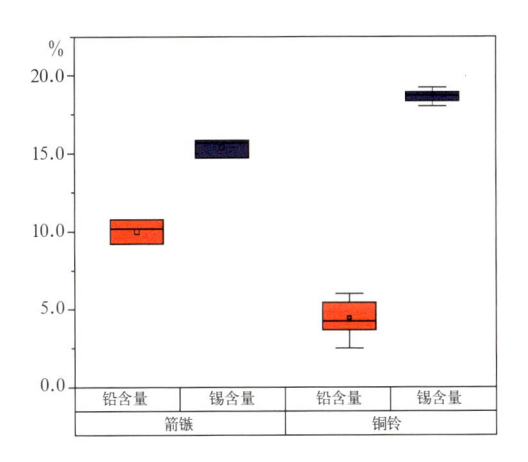

图6 箭镞和铜铃铅锡含量波动范围对比图

量显然低于《考工记》中记载的削杀矢之齐,但如果将铅锡合并,则4件带翼箭镞的合金元素的总含量在25%左右,较为接近《考工记》的记载。虽然西圈M25的铜器在锡含量上无法与《考工记》中的六齐完全对应,但其生产过程应该受到了较为严格的组织管理。首先,工匠可以有针对性地选择不同合金配比来生产不同功能的器物,并且能够较好地控制每类器物铜锡铅含量的波动范围。以分析样品数量相对较多的箭镞和铜铃为例,两组器物的铅锡含量的绝对值存在显著差异,但其组内波动均很小,基本在1%以内。这样看来,战国时期工匠已有意识地选择高锡低铅合金制作铜铃,而使用铅锡含量均较高的合金制作箭镞。M25:4为箭镞中的异常点,其铅含量低于检出限,与其他4件箭镞的差异显著。然而值得注意的是,这件箭镞为三棱锥形,而其余3件含铅铜镞截面为菱形,两翼呈条状细长,这可能说明存在多个不同的工匠组从事箭镞生产,他们在箭镞型制与合金配比上均存在差异化的技术选择。

2. 铅锡器的材质与生产工艺

铅锡器物最早出现于青铜时代早期,如河南偃师二里头遗址即出土过铅块,商代遗址中已发现了较多纯铅制成的器物以及少量铅锭。[6] 西周以后,铅锡制品的数量和种类均开始增加,春秋战国时期铅锡器的使用进入了高峰期,大量墓葬中出土铅锡制品,其形制则包括容器、兵器、车马器和小件饰品等多个类别。[7] 截至目前,针对春秋战国时期铅锡器的科学分析工作尚未大量开展,仅有少量金相和成分数据得到发表。王颖琛等对湖北当阳曹家岗M5和赵巷M12以及河南新蔡葛陵三座楚墓出土的铅锡箔片进行了系统分析,发现较厚的金属片主要为铅锡合金制品,而较薄的金属箔则多为纯锡,并通过模拟锻造实验研究了其加工成型与纹饰制作工艺。[8] 此外,还有多位学者对春秋时期铅锡焊料的工艺和成分进行了研究。[9] 本次分析的20件铅锡制品主要为车马器,并包括1件明器化的铃钟,这些类型的铅锡器在以往的金相检测工作中较少涉及。M25铅锡器的成分大致分为两组,其中高锡的A组器物12件,主要为贴金的方形马络饰和圆形节约,还有长方形节约、圆形泡、圆形马络饰等。这些器物中除1件薄片饰外均为铸造成型,仅M25:139方形马络饰和M25:111圆形节约显示铸后受热退火迹象,M25:147圆形泡可能经过少量铸后冷加工。大部分A组器物中的Sn-Fe-As夹杂物含量较低,除

表3 两组铅锡器物的特征对比

	A 组	B 组
器 型	方形马络饰，圆形节约，圆形马络饰，方形节约，圆形泡，薄片饰	工字形双管，虎形马镳、明器铃钟，
成 分	铅含量小于20%	铅含量大于20%
夹 杂 物	少量，块状	大量，棒状或长条状
加工情况	少部分铸后受热	均见铸后受外力或冷加工迹象

M25：147外其余样品仅见少量块状夹杂物弥散分布。

B组器物共8件，其铅含量在30%左右，器物类型主要包括工字型双管器和明器铃钟等。金相分析显示，B组器物大部分具有铅锡共晶金相组织，富锡β相树枝晶内部出现细小化重结晶晶粒。一般来说，这种金相组织说明器物在铸后经过冷加工，但这些器物宏观观察时未见明显的锻造痕迹，且富锡β相晶粒并未发生明显的拉长形变。考虑到锡的重结晶温度低于室温，这些器物可能在使用和埋藏过程中受外力挤压促进了富锡β相的重结晶，但也不能排除器物铸后经过少量冷加工修整的可能性。

综上可知，A、B两组铅锡器物在器型、成分、夹杂物和铸后加工等方面均存在明显差异，说明工匠制作铅锡器时可根据器物功能用途的差异，差异化地选择不同原料和加工方式。

四、结语

寿县西圈M25墓葬出土金属器物包括青铜和铅锡两种材质。青铜器中铜铃、箭镞与车軎的铅锡含量差异明显，但同一类器物间的成分较为统一。铅锡器大致分为高锡A组和接近铅锡合金共晶点的B组，其中A组主要为贴金马器而B组包括工字型双管器、虎形马镳和明器铃钟。两组器物除成分存在差异外其夹杂物含量、铸后加工情况等也明显不同。从成分、工艺与器物形制的对应关系考察，这一时期的金属生产应具有较为明确的管理制度与体系，工匠会根据其生产器物的型制与功能进行差异化的技术选择，并在生产中达到了较高的标准化水平。

致谢：本文写作过程中得到武汉大学历史学院何晓琳副教授的帮助，在此致以感谢。本研究受到国家社会科学基金重大项目"中国冶金史"（17ZDA178）、"先秦时期中原与边疆地区冶金手工业考古资料整理与研究"（17ZDA219）和中央高校基本科研业务费（FRF-IDRY-19-001）资助。

---

[1] 张钟云. 寿县西圈发现的墓葬[J]. 东南文化，2005（6）.

[2] 安徽省文物考古研究所，安徽博物院. 安徽寿县定湖大道M6发掘简报[J]. 考古，2020（2）.

[3] 湖北省博物馆. 曾侯乙墓[M]. 北京：文物出版社，1989. [4] 湖北省考古所. 荆门左冢楚墓[M]. 北京：文物出版社，2006.

[5] 孙淑云，韩汝玢，李秀辉. 中国古代金属材料显微组织图谱：有色金属卷[M]. 北京：科学出版社，2011.

[6] 聂振阁. 夏商西周时期铅锡器研究[D]. 河南大学，2019；李敏生. 先秦用铅的历史概况[J]. 文物，1984（10）.

[7] 汪常明. 先秦铅器及相关问题探讨[J]. 广西民族大学学报（自然科学版），2013（3）.

[8] Y. Wang, J. Mei, Y. Yu, C. Xiao, K. Chen. 2019. Imported or indigenous? The earliest forged tin foil found in China. *Journal of Cultural Heritage*, 40, pp.177-182.

[9] 孙淑云，梅建军. 中国古代铅锡焊料的分析[J]. 北京科技大学学报，2009（1）.

浅析书画装裱实践中的款式设计理念及操作中的注意事项

李耀华

河南博物院

摘要：随着现代社会的不断发展，中国书画创作的艺术表现形式可谓日新月异，人们对传统书画装裱的艺术审美也发生了新的变化，传统书画装裱款式已经不能满足社会的正常需求。在装裱款式设计理念需要不断创新的同时，传统的实践操作技术也需要不断继承。本文针对博物馆相关技术人员在装裱款式设计理念及操作中存在的实际问题做了简要探讨。

关键词：书画装裱；款式设计；理念；操作；注意事项

中国书画装裱技艺是我国独特的传统工艺，具有悠久的历史，它的产生与发展，对于保存灿烂的民族文化遗产、传播人类文明起到了特殊作用。书画装裱是书画艺术的扩展和再创作，是书画艺术的第二空间。书画作品经装裱后，还能够提高作品的艺术效果，傅抱石先生曾在《装画难》一文中说过："作为一件艺术品，除画面的艺术水平决定画家而外，装裱是最重要一关。"[1] 俗话说"三分画、七分裱"，此话虽略有夸张，却比较形象地概括了书画装裱在书画收藏及展示中的重要性。

马王堆汉墓出土的"T"形帛画被公认为装裱技艺最原始的实物证明，其工艺在魏晋时期得到初步发展。至南北朝时，已经出现了装裱工艺里的基本款式——卷轴；随着卷轴和册页这两种传统书画装裱款式在唐代形成，装裱工艺上的基本款式已经定型。到了北宋宣和年间，书画装裱工艺更加成熟，装裱技艺及款式有了新的发展，书画装裱艺术家名家辈出，诞生了至今久用不衰的"宣和装"。明清之际在装裱修复理论研究方面出现了《装潢志》《赏延素心录》这样的专业论著，书中相关方法和技能影响至今。时至今日，装裱技艺的款式越来越丰富，更加趋于个性化。民间亦有所谓"南裱、北裱""苏裱、京裱"之分，文献古籍中关于装裱方面的著述，也多散见于一些相关的画史、画论及杂记之中，且大都只言片语。唐代张彦远《历代名画记·论装背裱轴》、宋代周密《齐东野语·绍兴御府定式》算是比较详细的相关论述。而明代周嘉胄的《装潢志》和清代周二学的《赏延素心录》对装裱论述比较系统周详，两书均为珍贵的经验之谈，迄今仍被奉为圭臬，理应深入整理和研究。

一、书画装裱款式设计理念

如果要装裱一幅书画，首先想到的是装裱成什么款式、要求多大规格以及采用何种镶料和配以什么色调，等等。对于装裱书画款式与用料，周嘉胄主张"宾主相参"[2]，其曰："宾主定当预为酌定装式，彼此意惬，然后从事，则两获令终之美。"[3] 就是说装裱工作者应与客户预先商量好书画的装裱形式，以达到彼此满意。因此，一幅成功的书画裱件必然是技术与艺术的完美结合。（图1，图2）

设计理念是裱好一幅作品的关键，我们也要有好的鉴赏能力。在艺术鉴赏中，鉴赏者要想从中获得审美感受和审美享受，深刻理解艺术作品的思想意蕴，就要求鉴赏者必须遵循艺术鉴赏的规律，懂得艺术鉴赏的正确方法，这才称得上是自觉的鉴赏。艺术作品只有通过正确的鉴赏，才能使其社会功能由可能性转化为现实性。以不正确的态度和方法来鉴赏艺术作品，就会取消或者贬低、歪曲作品的社会意义。正确的艺术鉴赏方法，主要包括以下几个方面：要以审美的态度，即用艺术的眼光来鉴赏艺术作品，才能从中获得艺术的享受，并在思想上受到启迪；要"知人论世"和"以意逆志"，具体了解艺术作品产生的时代背景与艺术家的创作意图；要将艺术作品的形式和内容结合起来鉴赏，从整体上全面完整地

鉴赏艺术作品；要善于运用比较的方法，鉴赏包括鉴别和欣赏两个方面，鉴别离不开比较，没有比较也就没有鉴别，也就谈不上自觉的欣赏；既

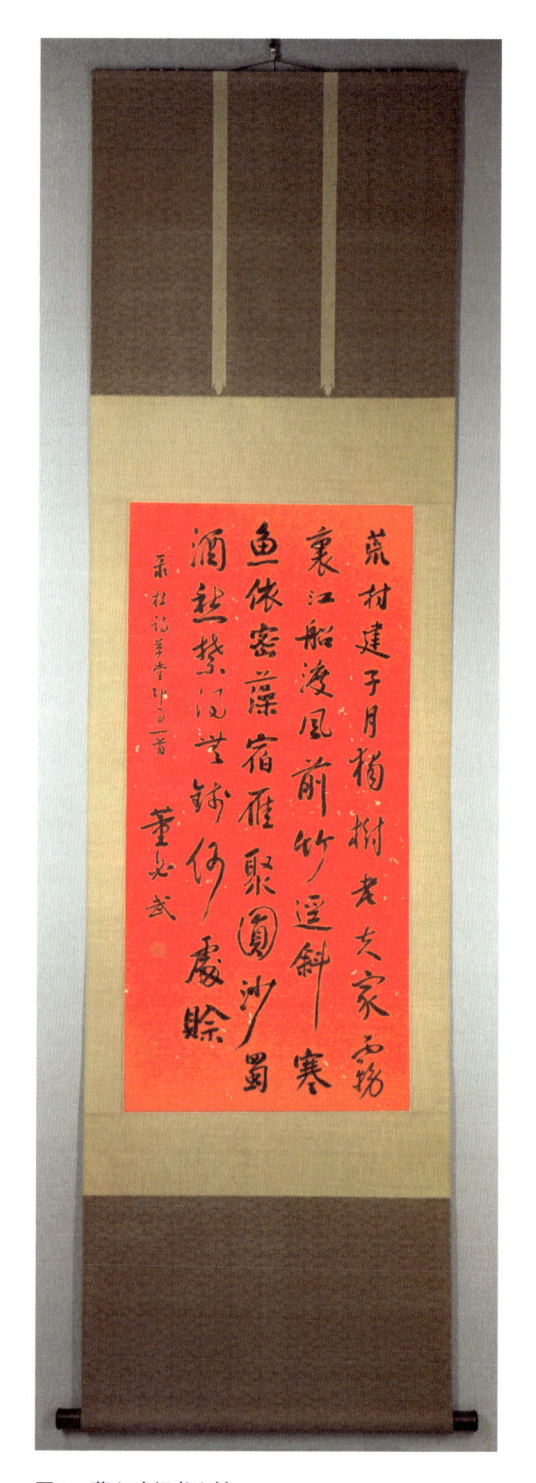

图1 董必武行书立轴

要"入乎其内",又要"出乎其外";既要重视"初感",又要促使鉴赏不断深化;既要着力剖析艺术作品的"聚光点",又要把握好整体形象;要反复欣赏、品鉴、玩味,不断发现,以揭示、领悟艺术作品的深层底蕴。我们在完成装裱的同时也要在作品中反映我们的个性。这是凝聚在作品中的艺术个性,也是艺术家的独创性,这都是裱好一幅作品的关键。装裱的学习是一个艰苦的学习过程,我们要不断地摸索求知,才能在装裱领域拥有自己的一片天地。

款式设计首先要有创新,要有自己独特的艺术审美,同时还要符合书画作品的风格。在用料上大胆地去打破传统的用料常规,但不要偏离正确的轨道,用装饰材料来弥补书画的单一感,给书画作品增加闪光点,符合当代人的欣赏水平。

在创作过程中的思路是如何的呢?首先书画作品是主要的,我们装裱书画是为了使它们更美观,丰富书画的层次感。其次在装裱之前在心里要有一个整体思路(要画草图),然后进行从款式到色调的整体协调。在颜色搭配上要注意几个问题:注意调和、巧妙的对比、利用色彩效应、对比调和的应用、注意色彩的均衡、选好主色调、忌用饱和色、色块不要琐碎要整体、忌程式化等。在每次设计时都要大胆地去构思,要有不断的创新精神,只有不断地突破才会设计出更多与众不同的款式来。在款式设计时切记不要偏离传统裱法,最好能将传统与创新合二为一,融为一体,恰到好处。现代书画作品在进行款式设计时思路要清晰,要时刻了解当代艺术走向,同时要考虑欣赏人群的差异,用联系的眼光看问题,同时在设计过程中要结合实际,体现自己独特的艺术风格。

装裱工艺和款式的重要性,要求我们在学习和实践过程中做到点滴积累,不断完善工艺流程,

图2　倪田国画人物图轴

丰富自己创新思维，装裱出更好的作品。装裱书画一定要心细如发，越到后期工序越得谨慎，否则会前功尽弃。工作时必须做到心如止水，宁可不工作，也不可带着浮躁的心去工作，不可因小而失大。

装裱亦如同书画，它同中国几千年的历史文化是分不开的。古人把世间万物分为技和道。只知工艺流程而不知其原理者称之为技。得道者则随心所欲，收发随心，遇一事而知万事也。古往今来，装裱亦如书画，南北不同，各派别之间亦有所差异，但大致流程、基本理念是一样的。

二、书画装裱实践心得

传统书画装裱在具体的操作过程中应注意以下几个问题：

1. 打糊：调淀粉时不能有疙瘩，调成稀糊状即可；在锅里煮到有光泽，逐渐冒出气泡时，去火；过生或过熟都会减其黏性。刚打出的糨糊不能用，其性躁太烈，裱出的画硬，容易起瓦，放置三五天用较好，糨糊有了酸味就不要用了。

2. 托画：托画不宜刷糊太多，上命纸时不容易上；不能用力过大，否则会使画心撕裂；刚创作的书画或墨色质量不好的书画容易跑墨晕色，可事先放在蒸锅里蒸一下，也可刷一遍胶矾水或在画下垫一层纸再托。

3. 托绫绢料：刷糊不要太厚，更不能薄厚不匀，这样装裱出的作品会瓦楞不平；刷糨糊用力要均匀，不要过大，否则容易使绢料抽丝，影响视觉效果。

4. 方心裁料：画心可先裁靠近落款的一边，以免书画虽方正了，可画心损坏了。裁料不论大小，镶好后裁与否，都应该采用方裁画心一样的方法进行方正，不能有丝毫差错，否则镶出的画幅参差不齐。

5. 镶画：用糨糊不能太稠，糨糊太稠口容易收缩不平；也不宜太稀，否则镶口粘结不牢固，裱件上墙挣平阶段容易从此处撕裂开。另外，上糊不均匀也容易造成裱件撕裂；作品镶完以后往往会画面不平整，如有误差也不宜裁齐，可先喷水上墙挣平，不过这样比较危险，喷水后用机器或重物压平，转边或包边用糊不宜过稠，否则也会影响画面的平整度。

6. 托背纸：用糊太稠，画幅会比较厚、硬；太稀，画容易空壳。在覆背纸接口衔接处，尽量用马蹄刀把接头刮薄。画上墙后容易从此处崩开，可在没有镶缝处喷少许水。覆背纸应提前裁切好避免出现宣纸红口，影响效果。覆背纸最好先托出来晾干，这样可降低画幅上墙崩裂的危险度，也可使裱件更平些。

7. 上画：闷润画心不宜喷水太多，躲开糊口，但一定要喷均匀，否则裱出的画不平，也容易使画走形。画心与镶料遇水伸缩性往往不一致，在揭裱古旧书画时更加明显，如画心比镶料伸缩性大，可在料上多喷些水；镶料伸缩性大时反之即可。上画时用刷力度要均匀平稳，否则会使裱件走形，糊口破裂。上画时最好先垫一层宣纸，防止画走墨跑色。

8. 排画：第一遍时尽量用宣纸垫着排，技术娴熟后可用刷口顺的棕刷潮湿后直接将覆背纸排刷结实。如果采用湿覆背的做法，再采用直接在正面排刷极容易将画心刷坏，把绫绢刷起毛、抽丝，可垫纸排几遍吸去水分，然后把画翻过来置于案面直接排刷，但裱件与废边相接处，容易刮薄损坏，致使上墙后画从此处崩裂，可垫纸多排几遍。裱件包边或转边处厚不易粘住，可顺着边再刷一遍稀糨糊，多排几遍即可，排刷时用力一定要均匀，否则容易使画走形。

9. 上墙：裱件覆背之后便可上墙挣平，但大画最好先晾干再上墙，这样可降低裱件崩裂的危险度，也能使裱件更加平整。这是因为纸张多经历一次干湿变化，纸的性能就更稳定一些。裱件上墙时，一定让画的四条边呈直线，否则裱件也会参差不齐。遇到大的裱件时一定要在有镶缝的地方少喷一些水，这样可以降低裱件崩裂的危险度。如果是熟宣纸和熟绢等不易吸水的材质不宜正面喷水，因为材质不吸水，水滴在画面上容易留下水痕。裱件在墙上要尽量经历不同的干燥潮湿等天气，这样使裱件更加平整。装裱修复室内环境一般是下部潮上部干燥，也容易造成书画裱件崩裂，可在裱件上部多喷些水，让裱件干燥速度一致。

10. 下墙：一般裱件大致一月左右即可下墙，巨幅书画及古旧书画上墙挣平时间应当稍微长一些。启画时，尤其是大幅画面，如果遇到大风干燥天气时容易崩裂，一定要用正确的方法下墙，也可事先将工作室的地板用拖布拖一下或在室内少喷些水，适当增加一些湿度。但切记不要在阴雨天将裱件下墙。下墙时应保留部分废肩，有利于砑画。

11. 砑画：砑画是为了使画面更薄、更柔软一些，但是如果操作不当也会损坏画件，前功尽弃。砑画前先用蜡轻轻地打磨一遍，在砑画时会顺畅许多，同时也使背纸更光滑并起到防潮作用。砑画时应垂直上下砑，石头应倾斜呈一定角度，防止把边损坏。在砑磨天地头及两边时最好呈45°角砑磨，这样能更好地保护画面；左右两边应顺着边砑，把糊口砑平。砑画时力度要均匀中稳，否则会影响画面的平整度。

12. 剔边：将废边折回卷边的二分之一处，用锋利的刀子剔除，这样会留下毛边，视觉上不工整，可在剔完边后用石头顺着边再砑一遍。

13. 上杆：选择天地杆一定要直，两头粗细一样，干燥，否则也会影响画面的平整度。丝带也应选择柔软一些的，捆扎书画时轻束一下即可，否则亦会损坏画心。

新时代下，关于书画装裱的款式与用料问题，我们也不要拘泥于前人的经验，应随着时代的发展，设计出新的款式，选配出新的材料和色调，以适应新时期书画艺术的发展和人们审美意识的提高。装裱修复技艺的提升，只有通过技术人员不断的实践和感悟，慢慢积累，胆大心细，既要遵从传统又要不断创新。只有这样才能适应中国书画艺术在传统审美与现代理念激烈碰撞的时代，更好地服务于中国书画艺术的创作需求。

---

[1] 傅抱石. 裱画难 [N]. 人民日报, 1957-01-03.
[2][3] 周嘉胄. 装潢志 [M]. 南京：凤凰出版社, 2014.

《河南博物院院刊》征稿启事并2021年专题指南

为适应文博事业发展的新内容、新趋势和新要求，提升文博学术研究水平，搭建学习交流的平台，推动河南文博事业的创新发展，河南博物院集结出版《河南博物院院刊》，每年两期。刊物栏目如下：

1. 考古探索（考古资料及相关理论方法研究）
2. 博物馆学（博物馆学理论方法与实践探索研究）
3. 展览评议（以国内外原创性展览为主要研究对象）
4. 文物品鉴（馆藏及考古出土文物研究）
5. 史学发微（历史文化研究）
6. 院史专题（河南博物院早期历史研究）
7. 文化遗产与保护（物质、非物质文化遗产的保护研究）
8. 艺文园地（艺术史、艺术作品等方面研究）

《河南博物院院刊》2021年计划推出"纪念中国共产党建党100周年""保护和弘扬黄河文明"等专题；文章的选题要求围绕重要红色文物研究、革命陈列展览、革命遗址研究，尽量不涉及党史和重要人物的研究；以黄河文化为主题的陈列展览、文物研究、文化遗产研究。

现将投稿要求和具体格式启事如下：

1. 投稿文章，敬请提供电子文本，提供文章的关键词、中文摘要及作者简介（工作单位、职称、主要研究方向、邮政编码、联系方式等）。投稿时请标明"投稿《河南博物院院刊》"。

2. 来稿要求文字精练、标题准确、层次清晰、观点鲜明、图文并茂。引文核对准确，注释一律放在文末并注明出处，注释的格式参照国际标准；图片请提供600dpi以上的清晰大图，图表请注明名称、来源。

3. 自收稿之日起，编辑部将在3个月内给作者答复来稿处理意见，如在此期限内未收到采用通知，作者可另行处理稿件并告知我刊。稿件恕不退还，请自留底稿。

4. 凡向本刊投稿，稿件录用后即视为授权本刊，并包括本刊关联的出版物、网站及其他合作出版物和网站。

5. 在不改变原意的前提下，本刊有权对来稿进行必要的文字处理。

6. 所有稿件应为作者独创，不得侵犯他人著作权或其他权利，如有侵权，由稿件署名人负责。

7. 本刊已许可中国知网以数字化方式复制、汇编、发行、信息网络传播本刊全文。本刊支付的稿酬已包含中国知网著作权使用费，所有署名作者向本刊提交文章发表之行为视为同意上述声明。如有异议，请在投稿时说明，本刊将按作者说明处理。

通讯地址：河南省郑州市农业路8号河南博物院研究部　　邮编：450002
电话：0371-63511064　　电子信箱：hnbwyyk@163.com

《河南博物院院刊》编辑部